RECUEIL GÉNÉRAL

ET COMPLET

DES

FABLIAUX

DES XIIIe ET XIVe SIÈCLES

IMPRIMÉS OU INÉDITS

Publiés avec Notes et Variantes d'après les Manuscrits

PAR MM.

ANATOLE DE MONTAIGLON

ET

GASTON RAYNAUD

TOME SIXIÈME ET DERNIER

PARIS

LIBRAIRIE DES BIBLIOPHILES

Rue de Lille, 7

M DCCC XC

RECUEIL

DES FABLIAUX

FABLIAUX

CXXXVIII

DES .III. DAMES
QUI TROVERENT L'ANEL AU ÇONTE

[PAR HAISEL]

Bibl. roy. de Berlin, Mss. Hamilton 257, fol. 3 *d* à 4 *c*.

Un riche quens d'estrange terre
Aloit par le païs pour querre
Le deduit de chevalerie.
A Roen vint en Normendie :
Hors de la vile en .I. vergier
S'ala li quens esbanoier.
Li vergiers par estoit trop beaus ;
Si li avint que ses aneaus
Par aventure li chaï :
En tel maniere le perdi.
.III. dames de mout grant noblece,
De grant beauté, de grant richesce,

Por aler joer s'asemblerent.
Enz en cel vergier s'en alerent :
L'anel troverent, ce me semble ;
Si valoit trop bien, con moi semble,
.XL. livres tout pour voir.
Chascune le voleit avoir,
Tant que l'une se pourpensa :
Cele qui mieus conchiera
Son baron, ou mieus, ou plus bel,
Cele avra gaaignié l'anel.
A ce se sunt entracordées :
A lour ostel sunt reperées.
« Sire, » fet l'une à son baron,
« Il a là fors trop bon poison :
Donez m'en .I. à metre en paste ! »
Li bourgeis meintenant se haste ;
Si li a fet tost aporter.
El dit qu'el ira enpaster,
Et commande à apareillier,
Si qu'il n'i eit fors du mengier,
Si tost con ele revendra.
Atant s'en torne, si s'en va :
.VIII. jours fu là où il li sist,
Et à cele huiteine reprist
.I. poison autel com estoit
Cil que son baron li avoit
A autretel jour acheté ;
Raporte le tot en pasté,
Et dit : « Or cha ! mengeron nos ? »
Dist li bourgeis : « Dont venez vos ?

— Par foi, » fet el, « ge vien du four.
— Mout i avez fet lonc sejour!
Mès, par la cervele bouele,
Vos i mourrez! — Harou! » fet ele,
« Ha! seint Hindevert de Gournai,
Là où tote nupiez irai,
Qui garissiez les hors du sens,
Tenez mon baron en son sens! »
Chascun acoroit à son cri :
« Beles genz, » fet ele, « merci,
Il covient mon seignour lier :
Hors du sens est trés devant ier! »
Chascun i court. « Estez! » fet il.
— Diex soit avesques vos! » font il.
— Qu'esce? » fet il, « que volez vos?
— Quoi, sire Gautier, dites nos
Que vos demandez vostre fame?
— Quoi, » fet il, « je vos di par m'ame
.VIII. jours a que ne la vi mès!
— Merci, » dist ele, « or fetes pès :
J'alai oreinz au four porter
Cest poison ci pour enpaster.
Je l'overrai : si le verrez;
Lors si entendrez et sarez
S'il est ou novel ou puanz. »
Tantost lour montre par dedanz.
Chascun dit : « Je ne m'en dout mie :
C'est voirement forsenerie! »
Trestout meintenent fu liez :
En tel guise fu conchiez.

L'autre ra dit à son baron :
« Sire, fu il onques mès hom
Qui ne fust aucune foïe
A ese avesques sa mesnie ?
L'en m'a envoié .I. present :
Soion i mès priveément
Ceanz, et je le vos donré. »
Li bourjois li a creanté ;
Cele le prist à esforcier
Plus de boivre que de mengier ;
Et cil s'en est si porveüz
Qu'il est iluec touz coi cheüz.
La cloche estoit piecha sonnée :
Dès icele heure en est alée
Droit as Jacobins la borjoise :
Mout fist à la porte grant noise.
Au portier dist que le prieur
Li voist querre et le soupriour.
Cil n'ose esconduire la dame,
Por ce qu'el iert trop riche fame.
Il sunt venu : cele leur dit :
« Or i parra, se Dieus m'aït,
Se vos de nule rien m'amez.
Pour Dieu merci, or vos hastez :
Misire a une maladie ;
Je ne sai s'il seroit en vie
Tant que li covenz fust levez.
Mès venez, et si l'aportez,
Car il a, ce ne doutez mie,
Requis par devant ma mesnie

La proiere de vo meson ;
Et si me face Dieus pardon,
Se vos n'entendez ma proiere,
Jamès vostre confrere n'iere ;
Ainz m'en irai je as Cordeles. »
Quant il entendent les noveles :
« Vos estes », font il, « nostre amie ;
Nos ne vos escondirons mie.
Mès or alez ; nos vos sievrons,
Et les dras o nos porterons ! »
Ele s'en vint par le barbier ;
Son baron a fet roognier ;
Et li frere meintenant vindrent
Qui en bone foi le vestirent.
Jacobin firent le prodome ;
Tantost l'en portent, c'est la some.
La vaillant dame tot einsi
Se delivra de son mari.
 La tierce dist à son baron :
« Sire, vos estes sages hon :
Une priveté, se j'osoie,
En bone foi je vos diroie.
— Dame, » fet il, « vostre talent
Me dites tot hardiement.
— Sire, nos somes riche gent ;
Encor ne savez vos comment
Ceste richesce nos abonde :
Nos l'avon de par dame Avonde,
Car je sui, nel mescreez mie,
De sa gent et de sa mesnie.

Cele vendra ceanz anuit,
Mès je dout qu'il ne vos anuit,
De soeer et vos contenir,
Einsi con vos estuet servir,
Car ausi tost con l'en avra
Soné cuevre feu, l'en vendra,
Et il convient que vos aiez
Trés cuevre feu les eulz clignez ;
I. grant tuertis ardant tendrez,
Et adès à genoux serez
Trés qu'aus cos chantant devant li.
Se vos ne le fetes einsi,
Jamès autre nuit ne verrez,
Mès grant chose i gaagnerez,
Se vos einsi le volez fere.
— Bele suer, il me doit bien plere,
Puis que je i entent mon preu :
Ja ne me metrez en cel leu
Que je volentiers ne me tiegne ;
Et puis quant li plera, si vieigne ! »
Et quant-cuevre feu fu sonné,
Dis vallez sunt leanz entré,
C'un d'eus qui la bourjoise amoit
Par compaignie i amenoit.
Trestout estoit apareillié :
Quant il ont beü et mengié,
Cil prist la dame qui l'amoit,
Et li preudons li alumoit,
Et se fist cele à son houlier
Devant son baron rafetier !

Jugiez se vos savez pour voir
Laquele doit l'ennel avoir,
Ou cele qui son baron mist
En beart et lier le fist,
Ou cele qui mist son baron
Par ivresce en relegion,
Ou cele, quant qu'en li fesoit,
Son baron devant alumoit.
HAISIAUS dit que ceste l'avra
A qui ses mariz aluma;
Cil fu li mieus afoubertez,
Qu'ivresce et force, ce savez,
Engignerent les autres deus,
Mès cil fu droit maleüreus ;
Plus hardi barat et plus bel
Fist ceste : je li doing l'anel.

Explicit.

CXXXIX

DU PRESTRE TEINT

[PAR GAUTIER]

Bibl. roy. de Berlin, Mss. Hamilton 257, fol. 13 *c* à 15 *d*.

Il est bien droiz que je retraie,
Puis que nus hons ne m'en deloie,
D'une aventure que je sai
Qu'avint en l'entrée de mai
A Orliens, la bone cité,
Où j'ai par meinte foiz esté.
L'aventure est et bone et bele,
Et la rime fresche et novele,
Si con je la fis l'autre jour
A Orliens où fui à sejour.
Tant i sejornai et tant fui
Que mon mantel menjai et bui
Et une cote et .I. sercot.
Mout i paié bien mon escot :
Ne m'en doit riens demander l'oste
Qui volentiers nos gens acoste ;
A l'entrer lor fet bele chiere :
A l'essir est d'autre maniere,
Bien set conter quant qu'il i met,
Neïs le sel qu'el pot remet ;

Les auz, le verjus et la leigne
Ne let rien qu'à conter remaigne,
Einsi son escot rien ne couste.
Ne veil pas jusqu'à Pentecouste
Chés tel oste mon ostel prendre :
Sovent me feroit mes dras vendre.
Tel ostel a maufez commant
. . . .
Que jamès jor n'i enterrai,
Que moi n'en chaut. Or vos diroi
De cele aventure d'ouen,
Devant la feste seint Johan
Qu'avint en la cité d'Orliens,
Chés .I. bourjois, qui mout grans biens
Fesoit .I. prestre son voisin :
Li bourgeis n'eüst ja bon vin
Ne bon mengier dont il menjast
Que au prestre n'en envoiast.
Mès li prestre mout poi prisoit
Quantque le borjois li fesoit ;
Mieus vosist gesir o sa fame,
Qui mout estoit cortoise dame,
Et fresche et avenant et bele.
Le prestre chascun jor l'apele,
De s'amour forment la requiert ;
La bone dame dist ja n'iert
Qu'ele face a son mari tort,
S'el en devoit prendre la mort,
Ne vilanie ne hontage,
Et de ce a el cors grant rage

Que le prestre l'en a tant dit;
Mout le ledenge et le maudit :
Fors l'a geté de sa meson,
Et si fort le fiert d'un tison
Que pou s'en faut qu'el ne l'esfondre.
Li prestres o tote sa honte
S'en vet fuiant à son ostel;
Mout se porpense d'un et d'el
Par quel enging, par quel maniere,
Ou par avoir ou par proiere,
Il porroit son deduit avoir
De ce dont el le fet doloir,
Ne por ce que l'avoit batu
Tot ce ne prise il .I. festu,
Que la dame el chief le feri.
Mout a de ce le cuer mari
Que de s'amour l'a refusé;
Ele i a mis tot son pensé.
Devant son uis s'ala seoir,
Savoir se il poïst veoir
Ne vieille fame ne meschine
Cui peüst dire sa covine,
Qui de ce li peüt edier.
Devant le feu vit son andier,
Si l'a rué à la paroi;
Mout est le prestre en grant esfroi,
Car nul ne set ce que il pense;
Son corbeillon a pris par l'anse,
Entre ses piez l'a depecié :
Onc mès .I. jor si corocié

Ne fut nus hom ; celi provoire
Perdu a tote sa memoire,
Sa sapience et son savoir,
Quant il ne puet icele avoir
Qui li montre son grant orgeil.
Lors vet seoir dessus le sueil,
Et regarde il aval la rue :
Si a dame Hersent veüe,
La marrugliere del mostier,
Qui mout savoit de tel mestier;
Il n'a el mont prestre ne moigne
Ne bon reclus ne bon chanoine,
Se tant feïst qu'à li parlast
Que de s'angoise nel getast.
Quant li prestres la vit venir,
A grant peine se pot tenir
Que il ne l'apelast à soi.
Lors l'a contenciée à son doi.
Dame Hersent dont est venue :
Li prestres de loins la salue,
Puis dit : « Dont venez vos, commere ?
— Sire, d'aval ceste chariere ;
O ma quoloigne vois filant. »
Li prestres dit : « J'ai grant talant
C'ün poi peüse à vos parler. »
Lors si la prist à acoler,
Mès il regarde aval la voie :
Grant paour a que l'en nel voie ;
En sa meson s'en sunt entré.
Or a bien le prestre encontré,

Quant cele a, qui tant par est sage,
A cui puet dire son corage.
Lors s'en entrerent en sa chambre :
Adont li prestres li demande
Tot son anui et son contrere,
De ce dont ne puet à chief trere.
Atant la vieille li fiance
Que ja mar en ara doutance
Qu'ele li aidera sanz faille.
Prent tost le prestre, si li baille
.X. sous qu'il out en s'aumosniere.
Lors se lieve la pautoniere,
Qui des deniers ot plein le poing;
Si li a dit : « A grant besoing
Doit l'en bien son ami aidier. »
Si s'an departi sans targier,
Et li a congié demandé;
Et il la commanda à Dé.
Mout le prie de sa besoigne.
La vieille gueres ne s'esloigne,
Quant ele vint chés la bourjoise,
Qui mout estoit preuz et courtoise.
Quant la dame venir la voit,
Salué l'a, qu'el ne savoit
Que el sa honte venist querre,
Ne la lessa seïr à terre;
En .I. lit l'asist jouste li.
A la vieille mout enbeli :
Ele ne querroit autre chose
Si li a dit à la parclose :

« Dame, à vos m'estuet conseillier;
Si ne vos devez merveillier
Por quoi je sui à vos venue :
Li mieusdres sire vos salue
Qui soit en tote la cité :
Ce sachiez vos de verité.
— Et qui est ce? — Sire Gerbaus,
Qui est por vos et liez et baus,
Par moi vos mande druerie,
Prie vos que soiez s'amie. »
Quant la dame ot tot escouté
Ce que Hersent li ot conté,
Lors li a dit une parrole :
« Dame Hersent, de vostre escole
Encore ne veu ge mie estre :
Ja de ce ne seroiz mon mestre,
Que je por vos face hontage :
Se l'en nel tenist à hontage,
Je vos donasse de mon poing,

. . . .

Ou de ma paume ou d'un baston.
— Dame, ce ne seroit pas bon :
Il n'a bourjoise en tot Orliens,

. . . .

Qui par moi son ami ne face. »
Lorz li done de lés la face
La borjoise .II. mout grans cous,
Et dit : « Dahez eit vostre cous,
Quant vos ceanz venistes hui!
Por poi que ne vos faz anui,

Qui que le deüst amender. »
Hersent, sans congié demander,
Est de la meson fors issue,
De honte palist et tresue;
Clamer s'en vet à son proverre :
Dite li a tote la voire,
Comme la dame l'a menée.
Et quant Hersent se fu clamée,
Le prestre ne fu mie à ese :
A Hersent dit qu'ele se tese,
Que bien la cuidera vengier,
Et sans ferir et sanz touchier.
Lors li afie et dit et jure
Que por iceste bateüre
La dame escommeniera :
Ja autrement n'en partira.
Atant a Hersent congié pris ;
Li prestres est de rage espris :
Si s'en vet tot droit à l'eglise
Comme por fere son servise.
L'esquele prent parmi la corde,
Et après l'autre si acorde,
Et puis les sonne une après une,
Tant que le pueple s'i aüne.
Quant venu sunt li parrochien,
Et cil de près et cil de loing,
Sire Picon l'ententureis
Et sa fame vint de detrés.
Quant li prestre les a veüz,
De meintenant est commeüz :

Si lor a dit, voiant la gent :
« Certes moi n'est ne beau ne gent
Que vos entrez en cest moustier,
Tant com je face mon mestier :
Escommeniez devés estre.
—Dites moi donc pourquoi, dant prestre :
Dites le moi, savoir le veil.
— Vostre fame fist grant orgeil,
Qui bati ier ma marregliere,
Et entre ele et sa chanberiere ;
Clamée s'en est orendroit.
Se vos volez fere le droit
De la grant honte et du tort fet
Que vostre fame li a fet,
Ele le prendra volentiers.
— Or chantez dont endementiers,
Car il vos sera amendez
Le forfet que vos demandez. »
Quant ot le prestre la promesse,
Isnelement chante sa messe ;
Ne fist pas longue demorée.
Puis la bourjoise a apelée
Et la marregliere ensement :
Si en a fet l'acordement.
Chascun s'en vet à sa meson ;
Dant Picons enquiert l'acheson
A sa femme qu'ele li die,
Et sanz mençonge et sanz boisdie,
Por que la clamour a esté :
Savoir en veut la verité.

Cele respont : « Tost vos diré ;
Ja de riens ne vos mentiré
Por quoi a esté la clamours :
Li prestre m'apeloit d'amours,
Si m'envoia sa pautonniere,
Ce sachiez vos de grant maniere,
Qui de folie me requist :
Teles soudées ele quist
Li rendi, car bien li dui rendre. »
Dant Picon, qui bien sot entendre
Que sa fame a reson et droit,
Dist que mout forment li pesoit
Qu'el ne l'ot mieus forment batue :
« Se li prestres plus vos argue,
Dites que vos ferez son buen,
Mès largement vos doint du suen,
Et que il vos face savoir
Le jor que il voudra avoir
De vos tote sa volenté. »
Lors a la dame creanté
Qu'ele fera sanz contredit
Tot ce que son mari li dit.
Atant de sa meson depart ;
Et li prestre de l'autre part,
Qui aloit chés sa marregliere,
Si l'encontra en la chariere.
Quant la vit, saluée l'a,
Et tot enroment l'apela
De ce dont il l'avoit requise.
La dame a dit : « Vostre servise

Ferai tot, mès que mieus m'en soit. »
Le prestre qu'à el ne pensoit,
Et qui pour s'amor estoit ivres,
Li promet à doner .x. livres.
La dame respont : « C'est asez ;
. . . .
Car nos asemblon mein à mein.
Ne puet estre jusqu'à demein,
Que misire ira à la feire ;
Et se vos ne me volez croire,
Bien i poez venir anuit.
— Dieus ! » fet li prestre, « ceste nuit
Quant vendra, qu'à venir demore ?
Je ne quit ja voer cele ore,
Que je vos tiegne entre mes braz ;
Meinte foiz par nuit vos enbraz,
Ce m'est avis, en mon dormant ! »
La dame mout cortoisement
A du provoire pris congié.
Li prestre dit : « Quant iré gié ?
— Sire, demein après la mese,
Et si m'aportez ma pramese :
Ou autrement n'i venez pas. »
De li se part inelepas ;
Si est en sa meson entrée,
Et ses mariz l'a encontrée.
Si li demande dont el vient :
« Sire, » fet el, « ne vos sovient
De sire Gerbaut le proverre ?
Dite m'a tote son afere ;

Comme son afere a enpris.
Se vos volez, demein iert pris
Dant Gerbaut le prestre çaiens. »
De ces moz fu Picons joianz,
Quant set que li prestres vendra :
« Dame, » fet il, « il convendra,
Se bien le volez enginier,
Fetes .I. baing por li baignier
Et .I. bon mengier atorner,
Et je lors m'irai destorner
Là defors parmi cel vergier.
Quant je savrai que le mengier
Sera bien et bel atornez,
Je vendré autresi laienz,
Com de ce se rien n'en savoie;
Et vos l'amenez tote voie,
Et en la cuve entrer inel. »
Atant fenirent lor conseil.
  Einsi fu l'uevre compassée ;
Et quant cele nuit fu passée,
Sire Picons s'est destornez ;
Touz ses serjanz a apelez,
Si les a touz menez o soi,
Onc ne lor vot dire por quoi.
Le prestre, qui ert angoisous
Et de la dame corajous,
Ne fu pereceus ne laniers :
.X. livres prist de ses deniers
Que il avoit dès ier nombrez.
Si ne fu pas si encombrez

Qu'i ne preïst une oue crase.
Tot meintenant la voie pase;
Si s'en entre chés la bourjoise.
A la dame gueres n'en poise :
Les deniers prent à bele chiere,
Puis a dit à sa chanberiere :
« Va, » fet ele, « si clo la porte,
Et si pren l'oe que il porte. »
La chamberiere meintenant
A fet tot son commandemant :
La porte ferme, l'oe a prise
Que li prestres avoit ocise ;
Plumée l'a et enhastée.
Et la dame s'est mout hastée
Du baing chaufer et du feu fere ;
Et li prestres ne tarja gueres,
Deschauciez s'est et despoilliez :
El baing qui fu apareilliez,
Voiant la dame, s'en saut nu.
Atant est dant Picons venu
A sa porte qui fermée iere ;
Puis apela sa chanberiere
Si haut que tuit l'ont entendu.
La chanberiere a respondu :
« Sire, je vois ! » Et endementre
Le prestre saut du baing, et entre
En autre cuve qui fu pleine
De teint, de brasil et de greine,
Où la dame le fist saillir ;
Bien sera teint, n'i puet faillir,

Enceis qu'il ise de la cuve.
Or est li prestres en estuve,
Que la dame l'a bien covert.
La chanberiere a l'us overt;
A son seignor dit : « Bien veigniez!
Vos n'estes gueres enginiez,
Se vos estes ça retornez :
Le mengier est bien apretez,
S'il fust qui la sause feïst. »
De ce dant Picons s'esjoïst,
Qui est venuz à sa bone eure :
Le mortier prent, plus n'i demeure,
La sausse aparreille et atourne.
Et la dame plus n'i demore :
Sus la table la nape a mise.
La danzele qui entremise.....
Si ot de la feste grant joie,
Dist au seignor, que l'on l'en oie,
Qu'i la depiest, que tote est quite;
Cil la depiece sanz grant luite;
Tuit se sunt asis au mengier.
Dant Picons, qui se volt vengier,

. . . .

De son proverre li sovient :
« Alon garder où est le teint,
Se mon crucefiz est bien teint;
Que l'en le m'a hui demandé :
Alon le trere de par Dé.
Dansele, fetes cler le feu :
Si le metton en plus haut leu. »

Quant la parolle entent li prestre,
Dedenz le teint plunge sa teste,
Por ce que ne fust conneü.
Atant Picon s'est esmeü,
Vers sa cuve s'en est alez,
Sa fame et ses serjanz delez,
Qui le covercle sus leverent.
Le prestre estendu i troverent
En tel maniere con s'il fust
Ouvré ou en pierre ou en fust;
Par piez, par cuises et par braz
Lors le prenent de totes pars;
Sus le lievent plus d'une toise :
« Dieus ! » fet dant Picons, « com il poise !
Ne vi crucefiz tant pesast ! »
Se le prestre parler osast,
Il li deïst une reprouche,
Mès il tant a close la bouche
Qu'il n'en ist ne son ni aleine.
Fors l'en ont tret à mout grant peine.
Or oiez ja grant aventure :
Il est si pris en la teinture
Qu'il est plus teint et plus vermeil
Qu'au matinet n'est le soleil
Au jor quant il doit plus roier.

. . . .

Onc nel semondrent de mengier,
Einz l'asistent lés le foier;
Apoié l'ont, ce n'est pas fable,
Puis revont soer à la table.

Si se rasitrent au mengier,
Et recommencent à mengier.
Li prestre fu et gros et cras,
Le chief tenoit .I. poi en bas,
N'ot vestu chemise ne braie :
Le cler feu qui vers son dos raie
Li fet son baudoïn drecier,
Or n'ot en li que corecier.
La dame o .I. cil le regarde ;
Et dant Picons s'en est pris garde,
Sa mesnée vot fere rire :
A sa fame commence à dire :
« Dame, » fet il, « je vos afi
Que més tel crucefiz ne vi
Qui eüst ne coille ne vit,
Ne je ne autre mès nel vit. »
La dame dit : « Vos dites voir ;
Cil n'ot mie trop grant savoir
Qui le tailla en tel maniere :
Je cuit qu'il est crevez derriere ;
Il a plus granz que nus navez
Et plus gros, que bien le savez. »
Lors a dans Picons apelée
Sa danzele, qui fu senée :
« Va, » fet il, « detrés cele porte,
Ma trenchant coignie m'aporte :
Si li couperé cele coille
Et cel vit, qui trop bas pendoille. »
La danzele, qui bien sot l'uevre,
Vint à la porte, tote l'uevre.

Quant ele querroit la coignie,
Li prestre a la coille enpoignie,
Et vet fuiant aval la rue,
Et dant Picons après li hue.
Sailli s'en est en son ostel ;
Dant Picons ne demandoit el
Mès que du prestre fust vengié :
Or est de li bien estrangié.

Explicit.

CXL

DE LA DAME QUI SE VENJA

DU CHEVALIER

Bibl. roy. de Berlin, Mss. Hamilton 257, fol. 34 *a* à 35 *b*.

Vos qui fableaus volez oïr,
Peine metez à retenir;
Volentiers les devez aprendre,
Les plusors por essample prendre,
Et les plusours por les risées
Qui de meintes gens sont amées.

. . . .

Il s'entrevirent quant lor plot,
Car une eure i a desirée
Qui mout petit a de durée.
Mout i eüst noble deduit,
Se il durast ou jor ou nuit.
Cele eure feist mout à loer,
Car ele feist tot oublier,
Povreté, enui et mesese ;
Nul ne le fet ne soit à ese.
Quant la dame vint à cele eure,
Le chevalier, qui est deseure,
En mi le vis l'a esgardée;
Si la vit de douchor pasmée,

Dont ne pot celer sa folie,
Einz dist une grant vilanie :
Demanda li à cele foiz :
« Ma dame, croitriez vos noiz ? »
Ce li dist por li ranposner ;
Mieus li venist lessier ester,
Que la dame s'en coreça,
Qui bien en lieu li remetra.
Or a li chevalier perdue
Tote s'amistié et s'ajeue
Qu'ençois avoit à son voloir ;
Tote s'amour et son avoir
Par sa ranposne le perdi.
Mès s'encor remainsist einsi,
Dont alast bien, mès le greva,
Que la dame puis s'en venja.
Puis remist au chevalier jour
Qu'il venist à lui par amour,
Que son seignor envoiera
Chacier, et puis le mandera,
Gart que il ne soit enginiez.
Quant il l'ot, ainc ne fu si liez ;
La dame ne fist lonc sejour,
Einz dist .I. jor à son seignor :
« Sire, .I. poi sui destalentée ;
Si me sui dès ier pourpensée
Que mout me ratalenteroit
Char qui à chiens prise seroit. »
Li sire dist : « Vos en arois
Orendroit, puisque le volez. »

Et li sire ne tarja mie,
Einz prist serjanz et sa mesnie,
Et cors et chiens, si va chacier;
Et la dame le chevalier
Mande qu'il venist meintenant.
Cil n'aresta ne tant ne quant,
Einc n'arestut quant il le sot.
Et la dame plus tost qu'el pot
En une chanbre l'en mena,
Et tote jor l'i enferma
Desque là que ele oï dire
Que de chacier venoit si sire;
Dont est en la chanbre venue.
Quant li chevalier l'a veüe,
Acoler la volt et besier;
Ele li dist : « Ce n'a mestier;
Mès tenez pès desi au lit
Où il avra mout grant delit. »
Desvestu sunt et deschaucié;
Si sunt enz en .I. lit couchié.
Li chevalier l'a acolée
Et ele s'est vers li tornée;
Durement l'eschaufe et tarie,
Et la dame mout se detrie.
Einz n'i ot point de son voloir,
De quant que il quida avoir
Onques n'en fist ne tant ne quant.
Une meschine vint corant,
Qui bien savoit cele asemblée;
Ausi com s'ele fust desvée,

Li a dit : « Dame, levez sus !
Car misires est ja venus ;
Asez a prise venoison,
Et d'une et d'autre, à grant foison. »
Adont n'ot il que corecier
A tele eure en cel chevalier :
Vestir se volt et sus lever.
Dist la dame : « Lessiez ester !
Estes vos dont si esmaiez
Que vos por che vos leverez ?
Et n'oseriez vos esgarder
Ce que j'oseroie endurer ?
Gesez tot coi por moie amour :
N'en avrez pis que la peour. »
Et cil est trestouz coiz remés,
Qui volentiers se fust levés.
Desque li sire est descenduz
De son cheval qui est crenuz,
Einz ne fina, si vint tot droit
Au lit où sa moillier gesoit
Lès son ami le chevalier,
Qui vosist estre à Monperlier.
Le sire sa moillier salue
Si comme s'amie et sa drue ;
Il li demanda enroment :
« Dame, com vos est convenant ?
— Sire, mout bien, foi que vous doi,
Quant je sein et haitié vos voi.
Avez vos prise venoison ?
— Dame, oïl, à mout grant foison.

— Sire, or vos alez deshueser,
Puis revenez à moi parler. »
Li haus hons s'en va là atant,
Et la dame remest jesant
Delés le chevalier el lit
Qui petit prise son delit,
Et mout puet cel delit haïr,
Que meintenant cuide morir :
La dame prie qu'el le lest
Vestir et aler, se li plest ;
Et la dame li respondi :
« Mout vos voi ore cuer failli ;
Vos avez au mien encient
En la langue le hardement,
Que de poi estes esperduz. »
Atant est li hauz hons venuz
Enz en la chanbre à sa moillier
Por parler et por dornoier.
La dame li dist meintenant :
« De boivre m'est pris grant talant ;
Fetes moi tost boivre aporter
Et lumiere por voer cler,
Et .II. poignies de chandeles,
Et je vos moutrerai merveilles. »
Quant ce li chevalier entent,
Sachiez, mal li vient à talent.
Li sires li fet aporter
Lumiere tost sanz arester
Atot .II. cierges bien espris ;
Et li sire a le henap pris :

Devant la dame vint tot droit,
Le vin li donne et ele boit,
Puis tendi le henap celi
Qui n'en quide aler sanz anui.
Si li a dit : « Sire courtois,
Bevez, et puis si croisiez nois ! »
Quant cil l'entent, de poor tremble
Que les denz li hurtent ensemble :
Entre la coute et la cortine
Au plus tost qu'il puet se sovine ;
Mout doucement merci li prie
Que respit li doint de sa vie ;
Et li haus hons si esgarda :
Le chevalier point veü n'a.
Il demanda à sa moillier
Cui el veut le henap baillier.
Ele respont : « A mon ami,
Qui en mon lit gist delés mi. »
Dist li sire : « Ma douce amie,
De cel ami ne voi ge mie.
— Sire, se je le vos moutroie,
Qu'en feriez vos ? — Je l'ociroie.
— Et jel vos veil as euz moutrer :
Fetes vostre espée aporter,
Dont vos le chief li couperez,
Que sachiez que as euz verrez
Celi, ne sai qu'en avendra,
Qu'entre mes jambes ésté a
Ceste semeine plus sovent
Que vos n'avez, mon escient. »

Li sires a prise s'espée;
Si l'a fors du fuerre jetée:
Devant la dame est venu droit.
Quant li chevalier l'aperchoit,
De poor est mout en malese,
Et ja soit ce que il se tese,
Tel paour a qu'à mout grant peine
Puet il mès reprendre s'aleine;
La dame li dist meinte foiz :
« Sire, et ne croitriez vos noiz?
Vos gesez delés vostre amie.
— Dame, merci, je dis folie :
Fous fui quant je le demandai;
Fous fui, folement me provai,
Dame, merci, por vostre honor. »
La dame dist à son seignor :
« Sire, or parra que vos ferez,
Quant vostre anemi troverez. »
Et li sires mout en jura
Que si le trueve, il l'ocira.
La dame est en son lit asise :
Si a vestue sa chemise:
De son lit issi fors atant,
Desus le sueil vint acorant
De la chanbre, si l'enjamba,
Et à son seignor le moutra :
« Sire, venez ferir cestui ;
C'est cil qui nos a fet l'anui :
Entre mes jambes a esté. »
Li sire en a ris et gabé,

Puis dist : « Bien me savez gaber :
Vestez vos, puis iron souper. »
Ele respont : « Alez devant,
Je me vestirai enromant. »
Il s'en va, et cele remeint,
Et li chevalier qui se pleint
Mout tost se vesti et chauça,
Et la dame le convoia
Par .I. huis devers le jardin,
Et cil se mist tost au chemin ;
Quant .I. poi se fu esloigniez,
Sachiez c'onques ne fu si liez.
Einsi perdi par sa folie
Le deduit de sa bone amie.
Seignors, vallez et damoisel,
Soviegne vos de cest fablel :
Se ja conquerez à nul jour
Que vos aiez de haute amour
Ne vo deduit ne vo voloir,
S'en ouvrez par plus bel savoir ;
Car cil en ot vilein cembel,
Dont je vos ai dit le fablel.
Pour ce qu'il fu fous esbaez,
Perdi de son deduit assez ;
Et cil qui preuz sunt et court ois
I gaaignent sovent ces drois,
Car grant sens gist en cortoisie :
Preuz est qui d'autri se chastie.
Je di des homes mariez,
Et c'est provée veritez,

Quant de lour fames sunt jalous,
Ce est de ceus qui plus sunt cous,
Que cele qui pense folie,
C'est cele qui plus aplanie
Son baron, et oste la plume,
Et plus le deçoit par costume,
Et oste le poil du mantel,
Et si li fet vilein chapel,
Que por ivre le fet tenir ;
Et bone fame, sanz mentir,
Ne set pas son baron blandir
Ne esplumer ne aplanir :
Pleinement li fet sa droiture.
Preude fame ait bone aventure
Qui crient et aime son seignor
Et qui toz jors li porte honor ;
Les plusors ont grant hardement,
Que je cuit au mien encient
C'une fole entreprenderoit
Ce qu'as euz veïr n'oseroit.
Ceste, dont vos ai dit la fable,
Fu trop hardie et desrenable
Qu'entres qu'el avoit son ami
Enz en son lit dejouste li,
Osa apeler son baron,
Et se il fust bien sages hon,
Mout s'en peüst bien aperchoivre ;
Mès ele le sot bien dechoivre.
Trop fu desvée et trop hardie,
Que s'el ne fust si bien aprise,

Il ne remainsist por nuli
Qu'il n'eüst mort ou lé ou li.
Seignours, qui vos moilliers avez,
. . . .
Ceste aventure retenez
Et plus sovent la recordez :
Se nus en mescroit sa moillier,
Pour ce s'en sara mieux gaitier.
Ce est la fin de ceste fable ;
Trop fu ceste fame deable.

Explicit.

CXLI

DU VILAIN QUI DONNA
SON AME AU DEABLE

[PAR RICHART BONIER]

Bibl. roy. de Berlin, Mss. Hamilton 257, fol. 49 *a* à 50 *a*.

Or escoutez sanz fere estrif :
Il se fu ja .I. fol cheitif,
Porce qu'il n'iert pas amassez
Et qu'il n'avoit deniers assez,
Si fu si tristre et si marris
C'onques n'en pot estre garis ;
Tant que il ot tant espié
Con fust d'argent asazié :
En coveitise fu enduit,
Tant i penssa et jor et nuit
Qu'il li sovient d'enchanteours
Qui d'une vache funt .I. ours,
D'entregetierres laronceaus
Qui funt deniers de tessonceaus.
Tant i pensa et mist son cuer
Que il ne lessast à nul fuer
Qu'il ne quesist ces bachelers.
.I. jor monta sus ses soulers :

Oez comment il se prova.
Tant les a quis qu'il les trouva
Là où fesoient lor mestier.
Mout tost avoient .I. setier
Fet de deniers de plus d'un coing;
Tost en avoient fet plein poing
Et si avoient à lour forge
Tost fet .C. sous d'un seul grein d'orge.
Et le cheitif les coveita :
A .I. des mestres s'esploita
Qui n'avoit mie grant someil;
Le fol a tret à son conseil,
Ses bras li a au col portés,
Et dit : « Tu es desconfortés,
Beaus douz amis, por ta poverte. »
Le fol respont : « C'est chose certe;
Se le trovase en aucun lui,
Je li feïsse homage hui,
S'il me donast deniers planté.
— Tu seras hui hors d'orfenté, »
Dist l'Anemi, « se tu me crois. »
Le fol respont : « Par seinte crois,
Je vos crerré mout doucement.
— Or t'en vien donques vistement
Avesques moi en cel plenitre :
Tu n'aras garde du behitre. »
En .I. requoi tantost l'en meine;
Covenance firent certeine
Que l'Anemi li dut trover,
Dont il se porra mieus prover

Asés que nul de ses voisins :
Asez avra vins de resins,
Pein de forment, chars savegines,
Grues, gantes, butors et cines.
Or escoutez, toz mes amis,
Comme cel fol a son cuer mis
Por coveitise en mavès leu,
Qui por argent renoia Deu.
Deniers avra à bosselées
Et à grandes escuelées.
Le fol li dist : « Einz que je muire,
Que je me sache mieus conduire,
Soit en iver, ou en esté,
.IIII. foiz soie amonnesté,
Sire, enceis que vos m'enportez :
S'en serai plus reconfortez. »
L'Anemi dist que non feroit,
Avis li fu que trop seroit,
Mès une foiz au plus ou deus.
Le fol l'entent, s'en ot grans deus ;
Il en jura tantost sa teste,
Se .IIII. foiz ne l'amoneste
Qu'il ne sera jamès à lui.
L'Anemi n'iert pas achali ;
Tot meintenant li creanta,
Ses .II. braz au col li porta :
En cele place où il deus erent,
Par fine amor s'entrebeserent.
Cil dist, qui est as bons nuisant :
« Revien ici dedenz .X. ans,

Si parleron de nostre afere :
Tu seras esquevin ou mere ! »
Et le cheitif s'en est torné.
Son ostel a bien atorné ;
Car tant d'avoir i trueve et voit :
Trestot le bien i aplovoit :
Or et argent, coupes, henas.
Tout ce fesoit li Satenas.
Quant les .x. ans furent passez
Et li termes fu declinez,
Il vint parler à son seignor,
En tot enfer n'avoit greignor.
Et le cheitif le salua,
Et l'Anemi s'esgalua
Et se fist trop grant à merveille :
C'est .I. vallet qui pas ne veille.
Il li a dit : « Lés moi te tien :
Je ne t'avise mie bien :
Je n'ein point home qui va nu ;
Tu me sembles ja tot chanu,
Tu enpires trop malement.
— Sire, chanu sui voirement :
Se je sui baus, liés et chantans,
Si ai ge encore .L. ans.
Si est .I. livre ou ce list hon
Qu'en meins de terme chanist hon. »
Dist l'Anemi : « Tu as dit voir ;
Or me conte de ton avoir.
— Sire, » dist il, « je sui si riches,
Je ne menjus fors blanches miches ;

S'ai beaus enfanz et bele fame
Et tant deniers que jes estrame! »
A l'Anemi pas ne greva;
Il li a dit : « Or t'en reva!
Dedanz .x. anz soies ici. »
Le fol respont : « Vostre merci! »
A la meson s'en vint le fol,
Assez plus lié d'un rosignol.
Ces .x. anz fu en grant baudet :
Il ne menjoit fors pein chaudet
Et bevoit vin de Seint Porcein,
Por ce qu'il li sembloit plus sein.
Sa mesnée joie menerent.
Les .x. anées trespasserent :
A son seigneur l'estut venir
Sa covenance replenir.
Quant son mestre le ravisa,
.I. trop beau mot li aconta;
Si li a dit tot à court terme :
« Beaus douz amis, tu ne voiz lerme;
Ta veüe trop se decline :
Connois tu mès coc de geline? »
Le fol respont : « Chose seüe,
Merveilles trouble ma veüe,
Car j'ai encor des anz quarante. »
Et l'Anemi si li creante,
Qu'encor sera mout trés aese :
« Se tu trueves riens qui te plese,
Si achate tot arraïs,
Et soies seignor du païs;

A amasser torjors te tien :
Dedenz .x. anz ici revien. »
  Et le cheitif son chemin tient;
A sa mesnée s'en revient.
En son païs si riche n'out,
Trestot le païs l'ennorout;
Grans mariages espia
Ou sa mesnée maria.
  Quant les .x. ans furent passés,
Pour revenir s'estoit lassés,
Qu'il ne fust pris à acheson.
Or escoutez quele reson
Son mestre dit, quant l'aperçut :
« Amis, » dist il, « tu es deçut :
Tu as les pouchiers toz crochuz,

. . . .

Or sachez bien certeinement
Que tu enpires malement.
— Sire, » dist il, « que j'afebloie
A amasser, pas ne t'oubloie.
— Or t'en reva chatel atrere :
Dedenz .x. anz ici repere. »
  Le fol s'en vint à sa meson,
Qui du chatel ot grant foison :
A amasser ne s'oublia,
Mès merveilles afeblia,
Qu'il ne poeit aler à pié;
Et l'Anemi en fu mout lié.
Par feblesce se fist chaucier,
Et quant il voleit chevauchier

Ou aler à mont ou à val,
On le montoit sus son cheval
Tot autresi comme .I. contret,
Car il estoit corbe et retret.
Quant les .x. anz trespasé furent,
Le fol et son vallet s'esmurent,
Et sunt venu à l'Anemi.
Le vallet n'iert pas acali :
Son mestre du cheval descent
Qui ot des anz encor .I. cent,
Et l'Anemi si li escrie,
Qui ses serjans bat et mestrie :
« Te convient il issi aler?
Ne pues tu mès à pié aler ?
Or convient il que je t'enport.
— Sire, vos me feriez tort,
Et si ne seroit mie drois :
Ammonestez moi quatre fois :
Si ala nostre convenant.'
— Je t'ai ammonesté sovent, »
Dist l'Anemi, « rien ne te vaut.
Te sovient il, cheitif ribaut,
Ce que je chanu t'apelai ?
Est il ore ne clerc ne lai,
Bien ne sache veraiement
Que c'est .I. ammonestement ?
La segonde amonicion
Fu quant te fis denoncion
Que ta veüe se troubloit,
Et de chacie se conbloit.

La tierce fu de ta grant boche,
De ton dos corbe comme croche.
Il m'est avis, vez ci la carte.
Or n'i a mès fors que departe
Ton grant chatel à mes serjanz,
Dont j'ai encore .c. menjanz,
Que j'ai touz feiz riches et pleins,
Qui s'en revendront par mes meins. »
Et l'Anemi, qui est estoust,
Si ra pris son chatel trestout ;
En enfer porta le vilein :
Mieus fust qu'il eüst quis son pein.
  RICHART BONIER dit en apert,
Qui tot coveite trestot pert.
Se Dieus me doint bone aventure,
Ces clers truevent en escriture
Qu'en paradis iert l'ame mise
Qui sa poverté avra prise
Et sa dolour en pacience :
En paradis fera semence.
Nul ne doit contre Dieu acroire,
Einz li devons de cuer requerre
Qu'il nos lesse bien devier :
Je ne vos sai mieus definer.

Explicit.

CXLII

DES .IIII. PRESTRES

[PAR HAISEL]

Bibl. roy. de Berlin, Mss. Hamilton 257, fol. 50 *a* à 50 *c*.

De trois prestres, voire de quatre,
Nos dit HAISEAUS por nos esbatre
Et por nos aprendre à garder,
Merveilles que oï conter.
.III. prestre amoient une fame;
A son baron le dist la dame.
A .I. jor tous trois les manda,
Si con ses barons li loa,
Et lor manda qu'en son labour
Sera son baron celi jour;
Mès li païsanz ne se mut
A icel jor, einz se reput
El four que laienz fet avoient,
Et sot que li prestre venoient.
Les fist la dame el four mucier,
Ausi le tiers con le prenier.

Le païsant .I. levier prist,
Desus le four compresse fist :
La clef de la voute soutret
A .I. enging que avoit fet :
La voute fendi enroment.
Tuit .III. sunt mort en .I. moment.
Le païsant s'en repentist
Tot meintenant, se il poïst ;
Mès la fame qui s'apensa,
Meintenant .I. ribaut manda,
Et li a dit que por s'amour
S'est .I. prestres muciez el four,
« Por ce qu'il douta mon baron
Qu'il oï venir en meson.
Or est li four fondu sus li ;
Si dout que je n'en aie anui.
Se tu descombrer m'en pouaies,
.XL. sous du mien aroies. »
.I. des prestres a lors trousé
Seur son col, et l'en a porté.
En une parfonde malliere
Le geta, et revint ariere.
Ses .XL. sous demanda ;
La dame respondu li a :
« Arou ! ribaut, que m'as tu fet ?
Revez le là, revenuz est.
— Par le cuer Dieu, n'i demorra ! »
Fet il. L'autre prestre trousa ;
Si le geta en la malliere.
Si tost con il revint ariere,

Cele le tierz li remoutra,
En soi saignant, et dit li a :
« Harou ! ribaut, or m'as tu morte ?
Revoiz le là ! va, si le porte.
— Et vos me bailliez pein et vin
Et du feu, » ſet il, « et enfin
Je le garderé si de près
Que vos ne le verrez jamès. »
Lors a le tiers prestre trousé ;
En la malliere l'a geté.
Seur la malliere demora :
Meintenant le feu aluma.
Quant il ot beü et mengié
Et jusques vers le jor veillié,
Par anui s'endormi : s'avint
C'uns autres prestres par là vint :
Vers le feu se tret por le froit.
Que que li prestres se chaufoit,
Et le ribaut s'est esveilliez ;
Tot meintenant sailli en piez :
« Dant prestre, vos irez ariere, »
Dist li ribaut, « en la malliere ! »
Le prestre corut enbracier :
En la fose le volt lancier,
Mès li prestres se contretint.
A litier totes voies avint,
Qu'il leur en est si mescheü
Qu'en la malliere sunt cheü.
Ce puet on bien dire du prestre :
Mieus li venist au moustier estre.

Or puet hon le proverbe ci
Metre à point que jadis oï :
Soventes foiz avient à court
Que tieus ne peche qui encourt.

Explicit.

CXLIII

DE L'OUE AU CHAPELEIN

Bibl. roy. de Berlin, Mss. Hamilton 257, fol. 53 *a* à 53 *c*.

JADIS avint d'un chapelein,
Qui ne fu ne fous ne vilein :
Mout ot à mengier et à boivre
Sus la riviere de Suevre,
Qui de poison est plenteïve.
Le chapelein ot à non Ive,
Por ce que ja ne se remue;
Une crasse oue avoit en mue;
C'est .I. oisel de prime vere.
Or orrez ja con le provoire
Fu bien servi de sa crasse oie,
Com en avendra contrejoie.
Li prestres a s'oue tuée;
Si a sa meschine mandée,
Qui n'avoit pas la bouche amere.
Il en ot fete sa commere
Por coverture de la gent,
Por ce qu'il la besoit sovent.
Quant l'oe fu mout trés bien cuite,
A grant loisir et sanz grant luite,

Li prestres a s'oe coverte;
Et le clerc a la sause fete
Blanche et espesse et bien molue,
Si que tot le cors l'en tressue:
Sa part en a bien deservie,
Mès li prestres ne doute mie
Qu'il en face ses grenons bruire;
Einz s'en cuide mout bien deduire
Et s'amie bien saouller.
Mès en .c. muis de fol penser
Nen a mie plein poing de sens,
Que Salemon dist en son tens
Qu'entre la bouche et la cuillier
Avient sovent grant encombrier.
Li prestres a sa table mise,
Et si a sa commere asise
Sor .I. coisin et près du feu
Por ce qu'el fust el plus beau leu,
Et por ce qu'il veïst sa chiere
L'avoit trete .I. petit ariere.
Le prestre s'asist à la table.
Einz qu'il eüst fet son saignacle,
.I. mesage vint à la porte,
Qui tieus noveles li aporte,
Dont li prestre n'ot point de joie.
Si dist au clerc: « Va, pren cele oie
Et cel gastel et cel pichier,
Et si t'en va en cel moustier! »
Le clerc fist son commandement,
Puis retorna inellement,

Prist le henap et la toaille,
Et le coutel qui soëf taille,
Et puis referma l'us sor soi :
Or puet bien boivre, s'il a soi.
Et le prestre si est levé ;
A une huche en est alé :
Li prestres a pris sa commere,
En la huche qui iluec ere
Inelement enz l'enferma,
Et la clef o soi enporta ;
Devant la porte en vint grant erre :
« Qui est ila, » dist le proverre,
« Qui si or hurtés durement ?
— Sire, au prestre sui dant Climent,
Qui unes lettres vos envoie.
— Sire, se Deus m'otroit grant joie,
Mout m'envoie lettres sovent
Dès ce qu'il ot .I. poi de vent
Du commandement son seignor;
Mout m'aime ore de grant amor :
Je ne li sai gré de ceste oevre. »
Le prestre le guichet li euvre,
Prist la lettre, veille ou ne veille ;
Et li clers tasta à l'oueille
Qui mout avoit là à atendre.

. . . .

Tot hors en a trenchié .I. membre ;
Mès d'un trop bel barat s'amembre
Que onques nul clerc ne fist tel.
Il s'en monta desus l'autel ;

Au crucefiz a oint la bouche;
Si qu'à autre chose ne touche,
La cuisse li mist el poing destre,
Et fera ja acroire au prestre
Que le crucefiz a mengiée
L'oue et le gastel et l'ailliée,
Et le vin du pichier beü.
  Atant le prestre est revenu,
Qui du vallet s'est delivrez.
Droit à la huche en est alez :
Sa commere a tret de la huche.
Atant li clerc s'escrie et huche :
« Venez ça, tote bone gent ! »
Li prestres va inellement
Tot droit à l'uis, et cil li oevre :
« Or esgardez, » dist il, « quel oevre !
Ne sai deable ou anemis
S'est en nostre crucefiz mis,
Car il a trestote mengiée
L'oue et le gastel et l'ailliée
Et le vin beü du plomé ;
Mès ce ne fu pas à mon gré.
Esgardez con il s'en fet cointes,
Con il en a les barbes ointes :
Bien a fet au prestre la moue ! »
Or puet mengier le prestre s'oue
Et fere soupes d'autre pein ;
Si fu servi le chapelein.

Explicit.

CXLIV

DU PRESTRE ET DU MOUTON

[PAR HAISEL]

Bibl. roy. de Berlin, Mss. Hamilton 257, fol. 53 *c*.

Un prestres amoit une dame,
Qui d'un chevalier estoit fame.
En l'ostel .I. mouton avoit,
Qui par usage gens hurtoit.
.I. jor estoient asemblé,
Et li mouton a esgardé
Le prestre qui hocheit la teste.
Meintenant s'apensa la beste,
Qu'il le semonnoit de hurter :
De loinz s'esquieut à esconsser,
Le prestre hurte en la coronne,
Si trés douleros cop li done,
Contre li estona la teste.
La dame n'en a point de feste,
Car cil ne se puet plus edier :
Huevre li covint à lessier.
Par ce nos veut HAISEAUS moutrer
Qu'il se fet bon de tot garder.

Explicit.

CXLV

DU PRESTRE ET DU LEU

Bibl. roy. de Berlin, Mss. Hamilton 257, fol. 88 *c* à 88 *d*.

Un prestre maneit en Chartein;
S'amoit la fame à .I. vilein.
Le vilein, qui garde s'en prist,
En la voie une fosse fist
Par où cil seut venir laienz.
.I. leu vint la nuit et chiet enz,
Car la nuit estoit trop oscure.
Le prestre, par mesaventure,
Si con soleit est revenuz,
Einz ne sot mot : s'est enz chaüz.
La dame, cui il anuioit
Du proverre qui tant tarjoit,
A sa meschine dit : « Cha va
Savoir se cel sire vendra. »
La meschine est par là venue :
En cele fosse rest cheüe.
 Li vilein par mein se leva,
Vers sa fosse droit en ala :
Ce qu'il queroit trueve, et jura
Que chascun son loier avra.

Le leu tua, et esbourssa
Le prestre, et la garce enchaça.
A ceus avint grant meschaance,
Et au vilein bele chaance.
Li prestres honte li fesoit ;
Li leu ses bestes estrangloit ;
Chascun d'eus acheta mout chier,
Cil son deduit, cil son mengier.

Explicit.

CXLVI

DE FOLE LARGUECE

[PAR PHILIPPE DE BEAUMANOIR]

Paris, Bibl. nat., Mss. fr. 1588, fol. 107 *a* à 109 *d*.

De fole larguece casti
Tous ciaus qui en sont aati;
Car nus ne la puet maintenir
Qui en puist à bon cief venir.
Je ne blasme pas le donner
Ne les bontés guerredoner;
Mais il convient maniere et sens
De soi tenir ou droit assens,
Par coi on puist le gré avoir
Des bons sans perdre son avoir.
Au fol large ne chaut de rien,
Ou ses avoirs voist mal u bien.
Qui toutes gens met à un fuer,
Par fol sens jete le sien puer.
Maint rice homme en sont deceü
Et en brief tans si deceü
Que, partis, d'aus cure n'avoient
Cil qui le sien eü avoient.
Pour çou dist on en un reclaim :
Tant as, tant vaus, et je tant t'aim.

Li sages larges n'est pas teus,
Ançois regarde combien Deus
Li a presté de son avoir,
Et puis si prent garde au savoir,
Et plus au povre que au rice;
Car je tieng à sot et à nice
Qui avoir a, se larguement
N'en depart à la povre gent;
Mais au fol largue point ne caut
S'il donne ou au bas u au haut,
Et une gent a par le mont
Qui souvent perdent ce k'il ont
Par ce ke il ne sevent mie
La grant paine ne la haschie
Qu'il convient au povre homme avoir,
Ains qu'il puist avoir bon avoir.
Nus ne set que bons avoirs vaut,
S'il ne set qui sont li assaut
Et li travail du pourcacier.
En essample voel commenchier
Un conte dont savoir porés,
Vous qui entendre le volrés :
Qui sueffre aucune fois mesaise,
Il set mius puis conjoïr l'aise.
Or oés, mais que nus ne tence !
PHELIPPES son conte commence.
  A quatre lieuwes de la mer,
Que tous li mondes doit amer
Pour ce que bien fait à mainte ame,
Manoit un preudom et sa femme.

Li preudom ne manouvroit el
Fors que souvent aloit au sel ;
Assés avoit fait sa journée,
Quant il raportoit sa colée.
Avant ke sa femme eüst prise,
Se chevissoit bien en tel guise ;
Car il vendoit son sel si bien
Que il n'i perdoit onques rien ;
Si estoit cras et bien peüs
Et bien cauchiés et bien vestus
Tant qu'il ne seut l'aisse qu'il eut.
Fame volt, si fist tant qu'il l'eut.
Quant les noces furent passées,
Si se reprist à ses jornées :
A la mer va, du sel aporte,
Et à sa femme bien enorte
Qu'ele le vende et l'argent pregne.
Ele respont qu'il ne desdaingne
Son sens, mais au sel s'en revoist ;
Car, s'ele puet et il li loist,
Si sagement le vendera
Que le tiers i gaaignera.
 Li preudons en fu forment liés.
Au sel s'en reva mout haitiés
Hui et demain et cascun jour,
Comme chil qui n'a nul sejour ;
Le jour oirre pour sa besoigne,
Mais la nuit encor plus ressoigne
Pour le grant anui c'on li fait ;
Car sa feme lés lui se trait,

Qui demeure à l'ostel à aise
Et ki peu sent de sa mesaise.
Si l'esvoille et si le tastonne,
Tant l'esmuet et tant le tisonne,
Comment que au preudome anuit,
Qu'il veille dusk'à mie nuit
Pour sa femme à son gré servir.
Et vers le jour quant veut dormir,
Si li dist : « Or sus, bel ami,
Souvent vous voi trop endormi.
Foi que je doi au roi celestre,
Deus lieues loing deüssiés estre ;
Mais hui de jours ne venrés pas,
Se vous n'alés plus que le pas. »
Adont convient que tost se lieve ;
Au sel s'en va que qu'il li grieve.
Et sa femme à l'ostel s'envoise,
Qui de canter pas ne s'acoise,
Despent et chante, il n'i eut el :
Peu entent à vendre son sel.
Ses voisines et ses commeres,
Qui virent tost à ses manieres
En son cuer la fole larguece,
L'une après l'autre à li s'adrece.
Et la vielle qui plus set honte,
Si li a trait de loing son conte,
Et dist : « Dius vous gart, ma voisine !
Où est li sires ? — Il chemine, »
Respont sa femme, « vers la mer.
— Certes, mout le devons amer, »

Fait cele qui mout la losenge ;
« Ainques ne le trouvai estrange.
Mout souvent, quant il revenoit,
Dou sel volentiers me donnoit.
Et vous, qui estes bonne et bele,
Vés ci ma petite foissele,
Qui n'en tenroit mie denrée,
Se ele estoit toute comblée :
Si vous pri que vous m'en donnés.
Bien vous sera guerredonnés ! »
Cele respont : « Mout volentiers !
Tant comme il vous sera mestiers.
A mes voisins et as voisines
Et as veves et as meschines
Dites qu'eles en viegnent querre.
Ja ne serai en si fort serre
Que volentiers ne leur en doigne,
Ne voel qu'il en aient besoingne.
Revenés quant cis chi faurra !
—Dame, à Dieu ! cis mox vous vaurra ! »
Atant la vielle s'en retorne.
Toutes ses voisines à ourne
Va acontant la bone chiere
Que li fist la jone sauniere.
Celes qui mestier en avoient,
Furent lies quant eles oient
Que la sanniere est si courtoise.
« Alons i tost sans faire noise ! »
Dist Mehaus, Richaus et Hersens.
« Mais ouvrer nous covient par sens.

Ne seroit pas bon, ce me samble, »
Font eles, « c'alissons ensamble.
L'une i voist demain sans sejor
Et l'autre après dusk'al tierc jor. »
Ainsi l'ont fait comme dit l'eurent :
Au sel apetichier labeurent.
Tant li dient planté paroles,
Peu de sages, assés de foles,
Que ses avoirs apetiça.
Une piece après s'avisa
Li bons hom qui au sel aloit,
Que son sel plus souvent faloit
Et à mains d'argent qu'il ne seut.
Et de çou durement se deut
Qu'il ne set dont li vint la perte,
Dusques à cel jor qu'il vit Berte
Issir de dedens sa maison.
Li preudons la mist à raison,
Demanda li qu'ele avoit quis.
Et ele li dist : « Dous amis,
N'i alai querre fors que tant
Que j'alai veïr Hermesent,
Vostre femme que je mout aim,
Si m'a donné de son levain, »
Fait cele qui bien set mentir,
« Pour çou qu'i me convient pestrir. »
Li preudon l'ot, qui set et pense
Qu'ele li ment en sa desfense ;
Si li a son giron ouvert
Et a veü tout en apert

De son sel une platelée.
Or ne li a mestier celée :
Bien set comment ses seus s'en va !
Berte laist, et ele s'en va
Mout honteuse et mout esbaubie.
Et li sanniers pas ne s'oublie,
Qui est de sa perte dolens,
Si pense comment n'en quel sens
Il puist sa femme doner carge,
Par coi ne soit mie si large.
Tant pensa avant et arriere
Qu'il devisa n'en fera chiere
A sa feme, mais à la mer
Le fera avoec li aler.
Pour li castoiier soutilment
Li fera aporter briement
Dou sel trestout cargié son col :
« Demain savra bien se je vol
Quant j'ai ma carge sur ma teste ! »
A tant de son penser s'arreste,
Si est venus en sa maison.
Sa femme le mist à raison :
« Sire, » fait ele, « nos seus faut.
Pau cargastes, se Dius me saut,
Devant ier quant vous en venistes,
Mais or en soiiés clamés quites,
Par si, quant demain i venrés,
Que vous plus en aporterés.
— Dame, » dist il, « mout volentiers.
Mais il nous seroit bien mestiers

Que vous avoec moi venissiés
Et un fais en aportissiés.
Ce n'est fors uns esbatemens :
Vous verrés verdoiier les chans
Et s'orrés chanter l'aloete,
Si en serés plus joliete.
— Sire, » dist ele, « je l'otroi.
Plus à aise en serés, je croi ;
Aussi m'anuie li sejors.
Demain mouvrai, quant il iert jors. »
A tant la parole laissierent.
Après souper tost se coucierent,
Et, aussi tost com l'aube crieve,
Cascuns d'aus deus errant se lieve.
Vestu se sont, à la mer vont,
Deus vuis paniers portés i ont.
La fame à l'aler se renvoise,
De son cant tentist la faloise.
Li preudom n'en fait nule chiere :
Bien pense, quant venra arriere,
Qu'il sera bien vengés de lui.
Tant tienent leur chemin andui
Que il sont à la mer venu.
Du sel ont pris et retenu
Tant que rés furent leur panier.
Puis si s'en retornent arrier.
Hui mais orrés comfaitement
S'i demena dame Ermesent.

Quant li faissiaus li apesa,
De çou qu'ele vint li pesa,

Si se commence à souffachier
Et à demourer par derrier.
Ses barons aloit par devant
Et bien s'en va garde prenant.
Il la semont d'aler bon pas.
Ele respont en es le pas :
« Sire, certainement vous di,
Il n'est mie encor mie di.
Un petitet nous reposons ! »
Li preudom dist : « Alons, alons !
De reposer trop vous hastés ;
Encor ne sommes pas alés,
Je cuit, le quart de nostre voie. »
La femme l'ot ; pou s'en esjoie.
En son cuer petit se deporte
De ce faisiel que ele porte.
Se ses barons o li ne fust,
Mout tost delivrée s'en fust ;
Toutevoies n'ose pour lui,
Ançois li çoile son anui,
Pour çou que blasmer le soloit,
Quant il disoit qu'il se doloit.
Si sueffre au mius que ele puet.
Grant cose a en *Faire l'estuet*.
Tant sueffre cele penitance
Qu'ele à recreandir commence.
A un fossé s'est apoiie
Tant que ele s'est descargie.
Ses barons le voit, si s'arreste,
Son fais oste de sur sa teste.

« Dame, » dist il, « que vous en samble ?
Mainte fois m'avés, ce me samble,
Pour petit faissel laidengié.
Avrai ge des or mais congié
De cargier si peu que voldrai,
Par tel covent que je prendrai
Avoec mon sel del vostre un peu ?
— Sire, » dist ele, « je fach veu,
Je ne vous en blasmerai mais,
Car trop par sont greveus tel fais. »
A tant li preudom li descarge
Bien le tierc ou plus de sa garge,
Si l'a desseur sa carge mise ;
Et nepourquant grant paine a mise
Que d'ilueques s'en voisent tost,
Qu'il veut que petit se repost.
  Andui recargent, si s'en vont.
Mie une lieue alé ne sont,
Quant ele reprent à lasser.
« Or m'estuet mon orguel quasser, »
Pence cele, « qu'avoir soloie.
Certes bien hors del sens estoie,
Quant je creoie mes voisines.
Pleüst à Dieu que leur eschines
Eüssent autretant d'anui
Comme la moie avra ancui
Pour le fais qu'il m'estuet porter.
Ne me vienent mais enorter
Que je leur doingne folement !
Foi que je doi Dieu qui ne ment,

Eles i venroient en vain!
Lasse! comme j'ai le cuer vain!
Quant mes barons se dementoit,
De son travail peu se sentoit
Mes cuers qui ert si orgilleus.
Mieus s'est vengiés, se m'ait Deus,
De moi que s'il m'eüst batue.
Ja mais ne serai deceüe.
Ne viegne mais nul à l'ostel
Pour querre demie de sel,
Se il ne m'aporte l'argent!
Il est mout de chetive gent
Qui folement jetent l'avoir
Qu'à lor oes devroient avoir. »
A tant s'arreste; aler ne puet,
Par force reposer l'estuet.
Que vous iroie je alongant
Ne ses reposées contant?
Anuis de l'escouter seroit,
Qui toutes les vous conteroit.
Par tante fois se reposerent
Que, quant à leur maison entrerent,
Il estoit près de mie nuit.
Ne quidiés pas que il anuit
A Ermesent, quant fu venue:
Couchie s'est trestoute nue,
Qu'ele ne se pot soustenir.
Ou preudome n'ot qu'esjoïr.
Il soupa, puis s'ala couchier.
L'endemain, quant vit esclairier,

Dist à sa feme : « Levés sus !
Li jours est pieç'a apparus.
Alons au sel. — Mais de semaine !
— Bele suer, on doit avoir paine
Pour avoir en cest siecle avoir,
Car avoirs fait souvent avoir
Ricesse, joie et signourie,
Que povretés ne feroit mie.
Povretés fait mainte ame honte. »
A sa femme plaist peu tel conte,
Si li respont : « Sire, par foi,
Aler n'i puis, ce poise moi.
Mais, pour Dieu, laissiés me à l'ostel ;
Et je vendrai mius vostre sel,
Saciés, que je ne fis ains mais.
N'avoie pas apris le fais
Ne les grietés de l'aporter.
Se vous me volés deporter
Que je plus à la mer ne voise,
Tousjours mais vous serai cortoise.
De çou que g'i alai me duel,
Si que croi mius que je ne suel
Vostre paine et vostre grieté.
Mais, se Dieu plaist, en cest esté,
Vendrai tant amont et aval
Que nous acheterons cheval
Qui aportera vostre fais.
— Dame, » dist il, « et je m'en tais.
Puis que m'avés fait convenance,
J'esgarderai vostre chevance. »

A tant s'en part. Ele demeure,
En son lit fu dusk'à haute heure.
Quant assés se fu reposée,
Si s'est vers mie di levée.
En sa maison ja l'atendoient
Teus quatre qui dou sel voloient.
Ele leur dist : « Volés vous sel ? »
Eles dient : « Ne volons el.
Bien savons vous i fustes hier,
Or en avrons nous sans dangier. »
Et la sanniere leur respont :
« Foi que je doi le roi du mont,
Ja mais jor vos paroles fausses
Ne me serviront de teus sausses
Comme pieç'a m'avés servie.
Poitevinée ne demie
N'en arés, se je n'ai l'argent.
C'est mervelle d'entre vous gent :
Vous quidiés pour noient l'aions,
Quant à la mer querre l'alons.
Non avons ! Hier bien m'i parut,
Pluiseurs fois reposer m'estut.
On ne l'a pas si comme on veut;
Tous li cors encore m'en deut.
Qui un denier avra, denrée
L'en iert maintenant mesurée.
Qui denier n'avra, si laist gage.
Par Dieu, qui me fist à s'ymage,
Autrement point n'en porterés.
De moi mais ne vous mokerés. »

Quant les voisines l'entendirent,
Teles i eut qui du sel prirent;
Et qui argent ou gage n'a
De son sel mie n'emporta.
A tant s'en sont d'illuec alées.
Ains que passaissent deus jornées,
Fu de fole larguece hors,
Et au bien vendre se prist lors.
Quanques ses barons aportoit
Si tresbien et si cier vendoit
Qu'ains que passaissent deus estés
Eurent deus kevaus acatés;
Si leva li preudom carete.
Des ore estuet qu'il s'entremete
De mener sel par le païs.
Et il n'en fu mie esbahis,
Ains fist tant qu'il monteplia.
Ainsi sa femme castoia
Et mist hors de fole largueche.
Si firent tant puis sans pereche
Qu'il furent rice et aaisié
Et entre leur voisins prisié.

Par ce conte poés savoir
Que fous larghes pert son avoir,
Et mout souvent maint tel largece
En cuer oiseus, plain de perece.
Car cuers preceus ne veut aquerre,
Et li poi viseus le desserre.
L'Escriture dist, ce me samble,
Que, qui à oiseuse s'asamble,

De fourvoiier est en peril
Mainte ame et menée en escil.
Aussi dist ele qu'à delivre
Devons aquerre com pour vivre
Et vivre com pour lues morir,
Car on ne set quant doit venir
A cascun l'eure de la mort.
Pour çou à tout le monde enort
Qu'il sacent vivre sagement
Et donner ordenéement.
Or si prions que Dius nous doingne
Faire à tous si bone besoigne
Qu'après nostre mort par sa grasce
Le puissons veoir en sa face.
Amen. Dius nous doinst paradis!
A tant est tous mes contes dis.

Explicit de Fole Larguece.

CXLVII

DU CHEVALIER

QUI FIST LES CONS PARLER

[PAR GUERIN]

Paris, Bibl. nat., Mss. fr. 837, fol. 148 vº à 149 vº; 1593, fol. 208 rº à 212 rº; 19152, fol. 58 rº à 60 rº; et 25545, fol. 77 vº à 82 vº;
Bibl. roy. de Berlin, Mss. Hamilton 257, fol. 7 vº à 10 vº;
Bibl. de Berne, Mss. 354, fol. 169 rº à 174 rº;
Londres, Mus. brit., Mss. Harleien 2253, fol. 122 vº à 124 vº.

FLABEL sont or mout entorsé;
Maint denier en ont enborsé
Cil qui les content et les portent,
Quar grant confortement raportent
As enovrez et as oiseus,
Quant il n'i a genz trop noiseus,
Et nès à ceus qui sont plain d'ire,
Se il oent bon flabeau dire,
Si lor fait il grant alegance
Et oublier duel et pesance,
Et mauvaitié et pensement.
Ce dist GUERINS, qui pas ne ment,
Qui d'un chevalier nos raconte
Une aventure en icest conte,

Qui avoit merveilleus eür,
Et ge vos di tot asseür
Que il faisoit les cons paller,
Quant il les voloit apeler;
Li cus qui ert en l'escharpel
Respondist bien à son apel.
Icist eürs li fu donez
En cel an qu'il fu adoubez :
Si vos dirai com il avint.
Li chevaliers povre devint
Ainz que il fust de grant aage;
Por quant sel tenoit on à saige :
Mais n'avoit ne vigne ne terre.
En tornoiement et en guerre
Estoit trestote s'atendance,
Quar bien savoit ferir de lance;
Hardiz estoit et combatanz,
Et au besoig bien secouranz.
Adonc avint en cel tempoire,
Si com lisant truis en l'estoire,
Que les guerres partot failloient;
Nule gent ne s'entr' assailloient,
Et li tornoi sont deffendu.
Si ot tot le sien despendu
Li chevaliers, en cel termine,
Ne li remest mantel d'ermine
Ne surcot, ne chape forrée,
Ne d'autre avoir une denrée,
Que trestot n'eüt mis en gaige;
De ce nel tieg ge mie à saige,

Que son hernois a engagié;
Si a tot beü et mengié.
A un chastel est sejornans,
Qui mout ert bel et despendanz,
Ausin comme seroit Provins;
Si bevoit souvent de bons vins.
Iluec fu lonc tens à sejor,
Tant que il avint à un jor
C'on cria un tournoiement
Par le païs communalment,
Que tuit i fussent sanz essoine,
Tot droit à la Haie en Toraine:
Là devoit estre granz et fiers.
Mout en fu liez li chevaliers;
Huet, son escuier, apele,
Si li a dite la novele
Du tornoiement qui là ert.
« Et, » dit Huet, « à vos qu'afiert
A parler de tournoiement,
Quar trestuit vostre garnement
Sont en gaiges por la despense?
—Ha! Huez! por Dieu, quar en pense, »
Fait li chevaliers, « se tu velz,
Toz tens bien conseillier me seus:
Mielz m'en fust se creü t'eüsse!
Or pensse comment ge reüsse
Mes garnemenz sanz demorance,
Et si fai aucune chevance,
La meillor que tu porras faire;
Sen toi n'en savroie à chief traire. »

Huez voit que fere l'estuet,
Si se chevist au mielz qu'il puet.
Le palefroi son signor vent,
Onques n'i fist autre covent :
Ainz s'en est aquitez trés bien.
A paier n'i falt il de rien ;
Toz a les gaiges en sa mein,
Et quant ce vint à l'endemain,
Andui se mistrent à la voie
Que nus nes sieut ne ne convoie,
Et chevauchent par une lande.
Li chevaliers Huet demande
Comment avoit eü ses gaiges.
Huet li dit, qui mout ert saiges :
« Beaus sire, » fist Huet, « par foi,
Ge vendi vostre palefroi,
Quar autrement ne pooit estre ;
N'en merroiz or cheval en destre,
Ne que vos faciez en avant.
— Combien as tu de remanant,
Huet? » ce dit li chevaliers.
— Par foi, sire, douse deniers
Avon nos, sen plus, à despandre.
— Dont n'avon nos mestier d'atendre, »
Fait li chevaliers, « ce me samble. »
Atant s'en vont andui ensamble ;
Et quant il ont grant voie alée,
Si entrent en une valée.
Li chevaliers ala pensant,
Et Huez chevalcha devant

Sor son roncin grant aleüre,
Et tant qu'il vit par aventure
En une prée une fontaine
Qui bele estoit et clere et saine :
Si en coroit granz li ruisseaus,
Et entor avoit arbrisseaus,
Vers et foilluz, de grant beauté.
Autresi com el mois d'esté,
Li arbrissel mout bel estoient.
En la fontaine se baignoient
Trois puceles, preuz et senées,
Qui de beauté resanblent fées;
Lor robe et totes lor chemises
Orent desoz un arbre mises,
Qui erent batues à or :
Bien valoient un grant tresor;
Plus riches ne furent veües.
  Quant Huet vit les femes nues,
Qui tant avoient les chars blanches,
Les cors bien faiz, les braz, les hanches,
Cele part vint à esperon,
Mais ne lor dist ne o ne non,
Ençois a lor robes saisies;
Ses laissa totes esbahies.
Quant voient que lor robe enporte,
La plus maistre se desconforte
Que mout s'en vait grant aleüre
Cil qui de retorner n'a cure.
  Les puceles mout se dolosent,
Crient et dementent et plorent.

Que qu'eles se vont dementant,
Ez vos le chevalier atant,
Qui après l'escuier s'en va.
L'une des puceles parla,
Et dit : « Ge voi là chevalchier
Le seignor au mal escuier
Qui noz robes nos a tolues,
Et nos laissiées totes nues.
Quar li proions, sanz plus atendre,
Qu'il nos face noz robes rendre ;
S'il est preudom, il le fera. »
Atant l'une d'eles parla ;
Si li conta lor mesestance.
Li chevaliers en ot pesance ;
Des puceles ot grant pitié.
Lors a le cheval tant coitié
Que Huet ataint, si li dist :
« Baille ça tost, se Dieu t'aïst,
Cez robes, nes enportes mie ;
Ce seroit trop grant vilenie
De faire à cez puceles honte.
— Or tenez d'autre chose conte, »
Fait Huez, « et ne soiez yvres :
Les robes valent bien cent livres ;
Quar onques plus riches ne vi.
Devant quatorse anz et demi
Ne gaaigneroiz vos autant,
Tant sachoiz aler tornoiant.
— Par foi, » ce dit li chevaliers,
« Ge lor reporterai arriers

Les robes, comment qu'il en praigne :
Ge n'ai cure de tel gaaigne ;
Ge n'en venrroie ja en pris.
— A bon droit estes vos chetis, »
Fait Huet par grant maltalent.
Li chevaliers les robes prant ;
A l'ainz qu'il pot vint as puceles,
Qui mout erent plaisanz et beles ;
Si lor a lor robes rendues,
Et eles sont tantost vestues,
Car à chascune estoit mout tart.
Atant li chevaliers s'en part,
Par lor congié retorne arriere.
L'une des puceles premiere
Parole as autres, si lor dist :
« Damoiseles, se Dieus m'aïst,
Cist chevaliers est mout cortois.
Mout en avez veü ainçois
Eüst noz robes chier vendues ;
Ainz qu'il les nos eüst rendues,
Il en eüst assez deniers.
Et sachiez que cist chevaliers
A vers nos fait grant cortoisie,
Et nos avon fait vilenie,
Qui riens ne li avons doné
Dont il nos doie savoir gré.
Rapelons le, sel paions bien,
Qu'il est si povres qu'il n'a rien.
Nule n'en soit envers li chiche,
Ainz faison le preudome riche. »

Les autres li acreanterent.
Le chevalier donc rapelerent,
Et il retorne maintenant.
   La plus mestre parla avant,
Quar des autres en ot l'otroi :
« Sire chevalier, par ma foi,
Ne volons pas que il est droiz
Que vos ainsi vos en ailloiz :
Richement nos avez servies,
Rendues nos avez les vies,
Si avez fait comme preudom ;
Et ge vos donrai riche don,
Et sachiez que ja n'i faudroiz.
Jamais en cel lieu ne venroiz
Que toz li monz ne vos enjoie,
Et chascun fera de vos joie ;
Et si vos abandoneront
La gent trestot quanqu'il aront :
Ne porroiz mais avoir poverte.
— Dame, ci a riche deserte, »
Fait li chevaliers, « grant merciz.
— Li miens dons ne riert pas petiz, »
Fait l'autre pucele en après ;
« Ja n'ira mès ne loig ne près,
Por qu'il truisse feme ne beste,
Et qu'el ait deus elz en la teste,
S'il daigne le con apeler,
Qu'il ne l'escoviegne parler.
Iteus sera mais ses eürs ;
De ce soit il tot aseürs

Que tel n'en ot ne roi ne conte. »
Adonc ot li chevaliers honte,
Si tint la pucele por fole.
Et la tierce enprès reparole ;
Si dit au chevalier : « Beaus sire,
Savez voș que ge vos vieng dire ?
Quar bien est raison et droiture,
Que se li cons, par aventure,
Avoit aucun enconbrement
Qu'il ne respondist maintenant,
Li cus si respondroit por lui,
Qui qu'en eüst duel ne ennui,
Se l'apelessiez, sanz aloigne. »
Dont ot li chevaliers vergoigne,
Qui bien cuide que gabé l'aient,
Et que por noient le delaient.
Maintenant au chemin se met.
Quant a aconseü Huet,
Trestot en riant li aconte
Si con avez oï el conte :
« Gabé m'ont celes dou prael. »
Et dit Huet : « Ce m'est mout bel :
Quar cil est fous, par saint Germain,
Que ce que il tient en sa main
Giete à ses piez en nonchaloir.
— Huet, ge cuit que tu dis voir, »
Fait li chevaliers, « ce me sanble. »
Atant ez voz, si con moi sanble,
Un provoire sanz plus de gent,
Qui chevalchoit une jument.

Li prestres fu poissanz et riches,
Mais il estoit avers et chiches :
Le chemin voloit traverser,
Et à une autre vile aler,
Qui assez près d'iluec estoit.
Li prestres le chevalier voit,
Vers lui trestorne sa jument;
Si descendi isnelement,
Et li dit : « Sire, bien vignoiz !
Or vos proi que vos remeignoiz
Huimais o moi por osteler.
De vos servir et hennorer
Ai grant envie et grant talent;
Tot en vostre commandement
Est quanque j'ai, n'en doutez ja. »
Li chevaliers se merveilla
Du prestre qu'il ne connoist mie,
Et si de demorer le prie.
Huez le saiche, si li dist :
« Sire, » fait il, « se Dieus m'aïst,
Les fées vos distrent tot voir;
Or le poez apercevoir,
Mais apelez delivrement
Le con de cele grant jument :
Vos l'orroiz ja parler, ce croi. »
Dist li chevaliers : « Ge l'otroi. »
Maintenant li commence à dire :
« Sire cons, où va vostre sire?
Dites le moi, n'en mentez mie.
— Par foi, il vait veoir sa mie, »

Fait li cons, « sire chevaliers;
Si li porte de bons deniers,
Dis livres de bone monoie,
Qu'il a ceinz en une corroie
Por achater robe mardi. »
Et quant le prestres entendi
Le con qui parole si bien,
Esbahiz fu sor tote rien;
Enchantez cuide estre et traïz :
De la poor s'en est foïz,
Et por corre delivrement,
Deffuble sa chape erramment,
Et les deniers et la corroie
Gita trestot en mi la voie.
Sa jument l'ot, si torne en fuie.
Voit le Huet, forment le huie;
Et li prestres, sanz mot soner,
Gaaigne le gieu par aler,
Qui s'enfuit par une charriere;
Por cent mars ne tornast arriere.
Li chevaliers les deniers prent,
Et Huet saisi la jument
Qui mout estoit bien affeutrée;
Puis trouse la chape forrée.
Mout rient de cele aventure :
Atant s'en vont grant aleüre.
Or est toz liez li chevaliers;
A Huet bailla les deniers,
Dont il i avoit bien dis livres.
Dit à Huet : « Mout fusse or yvres,

Se g'eüsse orains retenues
Les robes et laissiées nues
Les franches puceles senées :
Bien sai de voir, ce furent fées ;
Riche guerredon m'ont rendu.
Ainz que nos aions despendu
Cest avoir et trestot gasté,
Avron nos de l'autre à plenté ;
Quar teus paiera nostre escot
Qui de tot ce ne sait or mot.
Huez, cil ne gaaigne mie
Qui fait conquest par vilenie,
Ainz pert honor par tot le monde ;
Jamais ne beau dit ne beau conte
N'en ert de lui à cor retret.
Mielz vosisse ge estre çontret
Que ge t'eüsse orains creü :
Mon los eüsse descreü
Et avillié au mien senblant. »
Ainsi s'en vont andui parlant,
Tant qu'il vinrent en un chastel
Mout bien seant et fort et bel.
Ne sai que feïsse lonc conte :
En cel chastel avoit un conte
Et la contesse avuec, sa feme,
Qui mout ert bele et vaillant dame :
Si ot chevaliers plus de trente.
De maintenant el chastel entre
Cil qui faisoit les cons paller.
Tuit le corrurent saluer,

Qui mout le vuelent conjoïr,
Dont il se puet mout esjoïr.
En mi la vile uns gieus avoit
Où li pueples trestot estoit :
Si ert li quens et la contesse,
Qui n'ert fole ne janglerresse,
Serjanz, dames et chevaliers,
Et puceles et escuiers.
Atant li chevaliers i vint,
Et Huez qui lez lui-se tint.
De si au gieu ne s'arresterent ;
Et quant les genz les esgarderent,
Si corut chascun cele part.
Au conte meïsme fu tart
Qu'acolé l'ait et enbracié,
Enz en la bouche l'a baisié.
Ausi l'enbrace la contesse ;
Plus volantiers que n'oïst messe
Le baisast vint fois près à près,
Se li contes ne fust si près.
Et cil descent contre la gent ;
N'i a chevalier ne serjant
Qui de cuer ne l'ait salué :
A grant joie l'en ont mené
Tot droit à la sale le conte.
Puis ne firent pas lonc aconte,
Ainçois asistrent au souper
Tuit li chevalier et li per,
Qui mout orent lor oste chier.
Puis parlerent d'aler couchier,

Quar il fu nuiz noire et espesse.
  Forment se paine la contesse
De son oste mout aesier.
Certes mout en fist à proisier :
En une chanbre à grant delit
Li a toz seus fait faire un lit.
Toz seus se dort et se repose ;
Et la contesse à chief de pose
Apele une seue pucele,
La mielz vaillant et la plus bele ;
A conseil li dist : « Bele amie,
Alez, et si ne vos poist mie,
Avuec le chevalier gesir
Tot belement et par loisir,
Dont nous aimons mout la venue.
Lez lui vos couchiez tote nue,
Qu'il est mout beaus, li chevaliers.
G'i allasse mout volentiers,
Ja nel laissase por la honte,
Ne fust por mon seignor le conte,
Qui n'est encor pas endormiz. »
Et cele i vait mout à enviz,
Mais escondire ne l'osoit :
En la chanbre où cil se dormoit,
Entra en trenblant comme fueille ;
A l'einz qu'ele pot se despueille,
Lez lui se couche, si s'estent.
Et quant li chevaliers la sent,
De maintenant s'en esveilla,
Et durement se merveilla :

« Qui est ce, » fait il, « delez moi ?
— Sire, nel tenez à desroi, »
Fait cele qui fu simple et quoie,
« Quar la contesse m'i envoie.
Une de ses puceles sui,
Ne vos ferai mal ne ennui,
Ainz vos tastonerai le chief.
— Par foï, ce ne m'est mie grief, »
Fait li chevaliers qui l'enbrace,
La bouche li baise et la face,
Et li tastone les mameles
Qu'el avoit mout blanches et beles;
Et sur le con la mein li mist,
Et enprès li chevaliers dist :
« Sire cons, or parlez à moi :
Ge vos vueil demander por quoi
Vostre dame est venue ci ?
— Sire, » ce dit li cons, « merci,
Quar la contesse li envoie,
Por vos faire soulaz et joie :
Ce ne vos quier ge ja celer. »
Quant cele oï son con paller,
Estrangement fu esperdue ;
Du lit sailli trestote nue,
Arriers s'est à la voïe mise,
El n'en porta que sa chemise.
Et la contesse l'en apele ;
Si li demande la nouvele :
Por qu'a laissié le chevalier,
« Que çaienz herbergames hier ?

— Dame, » fait el, « ge vos dirai,
Que ja ne vos en mentirai :
Avueques lui couchier m'alai,
Tote nue me despoillai ;
Il prist mon con à apeler ;
Assez l'a fait à lui paller.
Trestot quanqu'il li demanda,
Oiant moi, mes cons li conta. »
Quant la contesse oit la merveille,
Qu'onques mais n'oï la pareille,
Si dit ce ne querroit el mie ;
Et cele li jure et affie
Que ce est voirs qu'ele li conte.
Atant en laissierent le conte
Jusqu'au matin qu'il ajorna,
Que li chevaliers se leva.
A Huet dit son escuier,
Qu'il ert bien tens de chevauchier :
Huet ala metre les seles.
La contesse c'oi la novele
Du chevalier qu'aler s'en velt,
Plus matin lieve qu'el ne selt.
Au chevalier vient, si li dist :
« Sire, » fait el, » se Dieus m'aïst,
Vos n'en poez encor aler
Devant sempres après disner.
— Dame, » fait il, « se Dieus me voie,
Le disner por rien n'atendroie,
Se trop ne vos devoit desplaire,
Quar trop grant jornée ai à faire.

— Tot ce, » fait ele, « ne valt rien :
Vostre jornée feroiz bien. »
Cil voit qu'il autre estre ne puet :
Si remaint, quant faire l'estuet;
Et quant il orent oï messe,
Li quens meïsme et la contesse
Et tuit li autre chevalier,
Sont tantost asis au mengier.
Et quant ce vint enprès disner,
Si comencierent à parler
Li chevalier de maint affaire;
Mais cele qui ne se pot taire,
La contesse parla en haut :
« Seignors, » fait el, « se Dieus me salt,
J'ai oï paller chevaliers,
Serganz, borgois et escuiers,
Et aventures aconter,
Mais nus ne se porroit vanter
D'une aventure qu'oï hier,
Qu'il a çaienz un chevalier
Qui tot le mont a sormonté,
Quar il a si grant-poesté
Qu'il fait à lui le con paller.
Teus hom si fait mout à loer,
Et sachiez bien, par saint Richier,
C'est li chevaliers qui vint hier. »
Quant li chevalier l'entendirent,
De la merveille s'esbahirent;
Au chevalier ont demandé
Se la contesse dit verté :

« Oïl, » fait il, « sanz nule doute. »
Li quens s'en rist, et la gent tote,
Et la contesse reparole,
Qui n'estoit vileine ne fole :
« Dant chevaliers, comment qu'il aille,
G'en veuil à vos faire fermaille :
Si i metrai soissante livres.
Jamès cons n'ert si fous ne yvres,
Qui por nos parolt un seul mot. »
Tantost con li chevaliers l'ot :
« Dame, » fait il, « se Deus me voie,
Soissante livres pas n'avroie,
Mais g'i metrai tot demanois
Mon cheval, et tot mon harnois
I metroie de maintenant :
Metez encontre le vaillant.
— Ge ne demant, » fait ele, « plus ;
Mais des deniers ne charra nus
Que soissante livres n'aiez,
Se la fermaille gaagniez.
Se ge gaaig, vos en iroiz
A pié, et le harnois larroiz. »
Li chevalier li otroia ;
Après la chose devisa.
De ce ne fist il pas que soz :
« Dame, » fist il, « jusqu'à trois moz
Parlera li con entresait.
— Ainz en i ait, » fait ele, « set,
Des moz, et plus, se vos volez ;
Mais ençois que vos l'apelez,

Irai en ma chanbre un petit. »
A cest mot n'ot nul contredit.
La fermaille fu affiée,
Et la contesse s'est levée :
Droit en sa chanbre s'en entra.
Oiez de quoi se porpensa :
Plain son poig a pris de coton;
Si en empli trés bien son con,
Bien en estoupa le pertus;
A son poig destre feri sus.
Bien en i entra une livre :
Or n'est mie li con delivre.
Quant l'ot enpli et entassé
Et du coton envelopé,
En la sale arriere s'en vait;
Au chevalier dist entresait
Qu'il face au pis que il porra,
Que ja ses cons ne respondra
Ne li recontera nouvele.
Li chevaliers le con apele :
« Sire cons, » fait il, « or me menbre
Que quist vostre dame en sa chanbre,
Où el ala si tost repondre. »
Mais li cons ne li pot respondre,
Qui la gueule avoit enconbrée
Et du coton bien estoupée
Qu'il ne pooit trot ne galot.
Et quant li chevaliers ce ot
Qu'il n'a au premier mot pallé,
Autre foiz le ra apelé;

Mais li cons ne li pot mot dire.
Li chevaliers n'ot soig de rire,
Quant il oit que il ne palla;
A son escuier conseilla,
Et dit or a il tot perdu.
Et Huet li a respondu :
« Sire, » fait il, « n'aiez poor;
Ne savez vos que la menor
Des trois puceles vos premist,
Qu'ele vos otroia et dist,
Se li cons paller ne pooit,
Que li cus por li respondroit :
El ne vos volt pas decevoir.
— Par mon chief, Huet, tu diz voir, »
Dist li chevaliers en riant.
Le cul apele maintenant,
Si le conjure et si li prie
Que tost la verité li die
Du con qui parole ne muet.
Ce dit li cus : « Quar il ne puet,
Qu'il a la gueule tote plaine
Ne sai de coton ou de laine,
Que ma dame orains i bouta,
Quant en sa chanbre s'en entra.
Mais, si li cotons estoit hors,
Sachiez que il parleroit lors. »
Quant li chevaliers ot cest conte,
De maintenant a dit au conte :
« Sire, » fait il, « foi que vos doi,
La dame a mespris envers moi,

Quant el a son con enossé;
Or sachiez qu'il eüst pallé,
Se ce ne fust que el i mist.»
Li quens à la contesse dist
Qu'il li covient à delivrer.
Cele ne l'osa refuser :
Si ala delivrer son con,
Si en a tret tot le queton,
A un crochet fors l'en gita.
Mout se repent quant l'i bouta;
Puis revient arriere sanz faille.
Bien sait qu'a perdu la fermaille,
Qu'ele gaja, si fist que fole.
Li chevaliers au con parole;
Si li demande que devoit,
Que tost respondu ne l'avoit.
Ce dit li cons : « Ge ne pooie,
Por ce que enconbrez estoie
Du coton que ma dame i mist.»
Quant li quens l'ot, forment s'en rist,
Et tuit li chevalier s'en ristrent;
A la contesse trés bien distrent
Qu'el a perdu; ne parolt mais,
Mais or face au chevalier pais.
Et el si fist, plus n'i tarja :
Soissante livres li paia,
Et cil les reçust à grant joie,
Qui mestier avoit de monoie,
Et qui si bon eür avoit
Que toz li mondes l'ameroit,

Et fist puis tant con il vesqui.
De bone eure teus hons nasqui,
Cui si bons eürs fu donez.
Atant est li conte finez.

Explicit du Chevalier qui fist les cons paller.

CXLVIII

DE LA COILLE NOIRE

Paris, Bibl. nat., Mss. fr. 837, fol. 236 r° à 237 r°; 1593, fol. 181 r° à 182 r°; 2173, fol. 92 r° à 93 r°; 12603, fol. 239 r° à 239 v°; 25545, fol. 70 r° à 70 v°;
Bibl. roy. de Berlin, Mss. Hamilton 257, fol. 31 v° à 32 r°;
Bibl. de Berne, Mss. 354, fol. 63 r° à 64 r°.

D'UN vilain vous cons qui prist fame,
Une mout orguillouze dame
Et felonnesse, et despisant ;
Mais ne sot de son païsant
Qu'il eüst la coille si noire.
S'ele le seüst, c'est la voire,
Ja ne geüst delez sa hanche ;
Mès bien quidoit qu'ele fust blanche.
Tant que par aventure avint
Que li vilains de labour vint,
Et fu delez son feu assis,
Mès des pertuis de ci qu'à sis
Ot en ses braies qui sont routes,
Si que hors li issirent toutes
Les coilles, et cele les vit.
« Lasse ! » fait ele, « com noir vit,

Et com noires coilles je voi!
Ja ne gerra mais delez moi
Li vilains qui tel hernois porte!
Certes honnie suiz et morte,
Quant il ainc à moi adesa!
A mal eür qui m'espousa,
Et que à lui suiz mariée!
Molt en sui dolente et irée;
Par foi, et si doi je bien estre.
Mès, foi que doi le roi celestre,
Je le lairai, et orendroit
J'irai à l'esvesque tout droit:
Ce li monstrerai cest affaire. »
Li vilains fu mout debonnaire,
Si li dist debonnairement:
« Dame, à Damedieu vos comment;
Mais se de moi faites clamor,
Ja n'aie je le creatour,
Se je ne di à cort tel chose:
Ja n'i avra parlé de rose.
— Fi, » fait ele, « que dites vous?
Par foi, or departirons nous.
Or ne remanroit il por rien
Que ne le monstrasse au dyen,
Ou à l'esvesque et au clergié.
Une aillie ne vous dout gié,
Faites au pis que vous poez.
Par tens tez nouveles orrez,
Dont vous serez au cuer iriez.
Or est vostre plais empiriez

Pour tant que m'avez menaciée. »
Or s'en va toute courreciée,
Et va tant que vint à Paris.
A l'esvesque dist : « Chiers amis,
Or vieng devant vos en presence :
Dirai vos tout en audience
Por coi je suis à vous venue :
Que cinc ans m'a bien meintenue
Mes barons; ains mès nel connui :
Ersoir or primes aperçui
L'ochoison por coi il remaint.
Et se mestiers m'est, j'avrai maint
Qui tesmoingneront tot por voir.
Mes barons a le vit plus noir
De fer, et la coille plus noire
Que chape à moinne n'à provoire;
S'est velue comme piau d'orce ;
Onques ancores nule borce
De sueur ne fu plus enflée.
La verité vos ai contée
De tant que dire vos en sai;
Le voir reconneü vous ai. »
Lors la gaberent tuit et rient;
Et à l'esvesque en riant dient :
« Sire, car le faites semondre,
Savoir que il vourra respondre,
Le vilain, sor ceste besoingne. »
— Je veil bien que on le semoingne, »
Fait li esvesques; « par ma foy,
Faites le savoir de par moi

A dant Pepin le chapelain,
Que demain amaint le vilain,
Celui à cort. » Et il si fait.
Accusez est de mauvès plait;
Il fu venus et si s'escuse.
Quant il fu venus, dont l'accuse
Sa fame, oiant toute la cort :
« Quiconques à mal le m'atort,
Ne me chaut se je suiz blasmée,
Biau sire, à vos me suiz clamée
De cest vilain qui m'a honnie,
O sa coille de Hongerie,
Qui samble sac à charbonnier.
Par foi bien furent pautonnier
C'à lui me firent espouser;
Et se je seüsse opposer
Ne respondre, je l'oposasse,
Et la raison li demonstrasse
Por qu'ele est plus noire que blanche. »
Et cil sa parole li tranche;
Si dist : « A vous, sire, me clain
De ma fame, qui tot mon fain
A torchier son cul et son con
Et la roie de son poistron,
M'a gasté à faire torchons.
— Vos i mentés par les grenons, »
Fait ele, « dans vilains despers :
Il a cinc ans que ne fu ters
Mes cus de fain ne d'autre rien.
— Non, » fait il, « jel savoie bien ;

Por c'est ma coille si noircie. »
Adonc n'i a celui ne rie,
Quant il oient cele parole ;
Et la dame se tint por fole
De la clamor qu'ele fait a.
Et li vesques les esgarda ;
Si les a renvoiez ensamble
En lor païs, si com moi samble.
Par cest fablel poez savoir
Que fame ne fait pas savoir,
Qui son baron a en despit
Por noire coille, por noir vit ;
Autant a il de bien, ou noir
Comme ou blanc, ce sachiez de voir.

Explicit de la Coille noire.

CXLIX

DE LA DAME ESCOLLIÉE

Paris, Bibl. nat., Mss. fr. 1593, fol. 173 v° à 177 v°; 12603, fol. 271 r° à 274 r°, et 19152, fol. 43 r° à 45 r°; Bibl. de l'Arsenal, Mss. B.L.F. 60, fol. 11 v° à 15 r°;

Bibl. roy. de Berlin, Mss. Hamilton 257, fol. 42 r° à 45 r°.

SEIGNOR, qui les femes avez,
Et qui sor vos trop les levez,
Ques faites sor vos seignorir,
Vos ne faites que vos honir.
Oez une essanple petite,
Qui por vos est issi escrite :
Bien i poez prenre essanplaire
Que vos ne devez mie faire
Du tot le bon à voz moilliers,
Que mains ne vos en tignent chiers.
Les foles devez chastoier,
Et si les faites ensaignier,
Que n'en doivent enorguillir
Vers lor seignor ne seignorir,

Mais chier tenir et bien amer,
Et obeïr et onorer :
S'eles ne font, ce est lor honte.
Huimais descendrai en mon conte
De l'essanple que doi conter,
Que cil doivent bien escouter
Qui de lor femes font seignor,
Dont il lor avient deshenor.
Qu'en dirai, ce poez savoir,
N'est si mal gas comme le voir.
Uns riches hom jadis estoit,
A qui grant richece apendoit ;
Chevaliers ert, tint grant hennor,
Mais tant avoit amé s'ossor,
Que desor lui l'avoit levée,
Et seignorie abandonée
De sa terre, de sa maison,
Et de tot otroié le don ;
Dont la dame le tint si vill
Et tint si bas, que quanque cil
Disoit, et ele desdisoit,
Et deffaisoit quanqu'il faisoit.
Une fille avoient mout bele :
Tant en ala loin la novele
De sa beauté et ça et là,
Renomée tant en palla
Que uns quens en oï parler :
Sempres la prist mout à amer,
Ainz ne la vit, et nequedent
Si l'amoit il, c'avient sovent :

Et por loer bien aime on
Tot sanz veoir, ce sanble bon.
N'avoit point de feme li quens ;
Joenes estoit et de grant sens,
Et si ert plains de grant savoir,
Qui mielz li valt que nul avoir.
La pucele dont l'en li dist,
Mout volentiers il la veïst,
Se l'en dit voir ou se l'en ment ;
Puis la vit il, oez comment.
  Li quens ala un jor chacier,
Avesques lui troi chevalier :
Les chiens mainent li veneor.
En la forest ont tote jor
Chacié de si que après none,
Que aive monte, forment tone,
Et esclaire et molt a pleü.
Dessevrez sont et deperdu
La gent le conte, fors li quart
Qui se traient à une part.
A escons tornoit li solaus.
Dit li quens : « Quels ert li consaus ?
Ge ne sai que nos puission faire,
Nos ne poons en huimais traire
A nès une de lor maisons.
Li solaus s'en vait à escons ;
Ne ge ne sai où noz genz sont,
Fors tant que ge cuit qu'il s'en vont.
Nos estuet traire à un ostel
Mais ge ne sai où ne à quel. »

Que que li quens si se demente,
Avalez sont par une sente
En un jardin lez un vivier,
A la maison au chevalier,
Celui qui la bele fille a.
Estes les vos chevalchant là :
Cel jor plut et ne fist pas bel;
Là descendent soz un ormel.
Sor un perron siet li frans hom,
Cui devoit estre la maison.
Ez vos le conte gentement
Le salue, et cil bel li rent
Son salu, et puis se leva.
Li quens son ostel li rouva :
« Sire, » ce dit li chevaliers,
« Herbergasse vos volentiers,
Que mestier avez de repos;
Mais herbegier pas ne vos os.
— N'osez? por quoi? — Por ma mollier,
Qu'à nul fuer ne velt otroier
Chose que face ne que die.
De sor moi a la seignorie,
De ma maison a la justise,
De trestot a la comandise,
Si ne li chalt s'en ai enuie ;
Ge ne li sui fors chape à pluie.
A son bon fait, noient au mien,
De mon commant ne feroit rien. »
Li quens s'en rist, et si li dist :
« Se fussiez preuz, pas nel feïst.

— Sire, » dit il, « si l'a apris;
Sel vorra maintenir toz dis,
Se Dieus de moi n'en a merci.
Mais or soffrez un pou ici :
G'irai lassus, venez après;
L'ostel me querrez à engrès,
Et je vos en escondirai.
Et s'ele l'ot, trés bien le sai
Que vos seroiz bien ostelez,
Por ce que vos avrai veez. »
Il remainent : il va amont;
Quant il fu enz, après li vont.

Dit li quens : « Dieus salt le seignor!
A vos et à nos doint henor !
— Sire quens, Dieus vos beneïe,
Et vos et vostre compaignie! »
Après li dit li quens tot el :
« Sire, mestier avons d'ostel,
Herbergiez nos. — Ge non ferai.
— Por quoi, sire? — Ge ne voldrai.
— Si feroiz par vostre franchise.
— Non ferai voir, en nule guise.
— Par guerredon et par amor,
Herbergiez nos de ci au jor.
— Non ferai en nule maniere,
Ne par amor ne par proiere. »
La dame l'ot, si salt avant,
Qui fera ja le sien comant :
« Sire quens, bien soiez venuz !
Liéement seroiz receüz;

Descendez tost. » Il descendirent,
Et li sergant bien les servirent,
Que la dame l'ot commandé.
Dit li sires : « Que par mon gré
Ne mengeront de mes poissons,
Ne de mes bones venoisons,
De mes viez vins, de mes ferrez,
Ne mes oiseaus, ne mes pastez. »
Dit la dame : « Or vos aesiez;
De ses diz ne vos esmaiez,
Que por ses diz ne plus ne mains,
Par senblant est li sires grains. »
Mout beau li est de cel servise ;
Mout s'en est la dame entremise.
De servir les forment se paine,
Li cheval ont assez aveine
A plenté, por ce que li sire
L'avoit osé nes contredire.
La dame haste le mengier ;
Mout en a fait apareillier
De venoison, de voleïlle.
En la chanbre cela sa fille,
Ne volt que li quens la veïst,
Mais li sires bien le vosist :
« Dame, » dit il, « laissez laiens
Mangier ma fille avuec voz genz
En la chambre, non ça defors.
Tant a beauté, tant a gent cors ;
Li quens est joenes ; s'il la voit,
Tel flor mout tost la covoistroit. »

Ce dit la dame : « Or i venra
Mengier o nos, si la verra. »
La dame mout bien l'apareille ;
Lors fut gente, clere, vermeille ;
El la maine, li quens l'a prise
Par la mein, l'a lez lui assise.
Mout li fu sa beautez loée,
Mais il li a greignor trovée ;
Ce li ert vis que mout est bele.
Amor le fiert soz la mamele,
Qui tant là li fist à amer,
Qu'il la vorra avoir à per.
Or ont lavé et sont assis :
Li quens, cui amor a souspris,
Mengue o la bele meschine.
Mout par fu riche la quisine,
Mout ont beüs vins et morez,
Et mout fu li quens honorez.
Après mengier si sont deduit
De paroles, puis si ont fruit.
Et après le mangier laverent :
Escuier de l'eve donerent,
Puis burent du vin qui fu bons,
Et après a parlé li quens.
Dit li quens : « Sire, ge vos quier
Vostre bele fille à moillier :
Plus bele ne virent mi hueil,
Donez la moi, quar je la vueil. »
Dist li peres : « Nel ferai pas,
Quar je la vueil doner plus bas ;

Ge la donrai bien endroit lui. »
La dame l'ot, en piez sailli :
« Sire, » dit ele, « vos l'aroiz,
Ne ja malgré ne le savroiz,
Que li donners n'est pas à lui;
Ge la vos doins, et avuec lui,
Ai assez, et or et argent;
Si ai maint riche garnement,
Donrai la vos, si la prenez. »
Li quens respont : « Merciz et grez!
Ge l'aim tant que la vueil avoir
Por sa beauté, non por avoir :
Qui l'avra, n'avra pas petit. »
Adonc si furent fait li lit;
Couchier se vont, dorment li troi.
Amors met le conte en effroi.
Auques dormi, mais plus veilla,
Amors son bon li conseilla.
Au matin quant levé se sont,
Maintenant au mostier en vont;
La pucele ont o aus menée;
Li quens l'a d'argent honorée.
La dame grant avoir li offre,
Dras et deniers, vaisseaùs en coffre.
Li quens dit qu'a assez avoir,
Le lor aient; si dist por voir :
« Molt a qui bone feme prent,
Qui male prent, ne prent nient. »
Dist li peres : « Fille, entendez :
Se vos honeur avoir volez,

Cremez vostre seignor le conte,
Se nel faites, c'ert vostre honte. »
Dist la mere : « Parlez à moi,
Bele fille, ça en requoi.
— Volentiers, mere, » dit la fille.
Ele li comande en l'orille :
« Bele fille, levez la chiere,
Vers vostre seignor soiez fiere ;
Prenez essample à vostre mere
Qui toz jors desdit vostre pere ;
Ainc ne dist riens ne desdeïst
Ne ne commanda c'on feïst.
Se vos volez avoir henor,
Si desdites vostre seignor ;
Metez le arriere et vos avant,
Petit faites de son coumant.
S'ainsi faites, ma fille estrés ;
Se nel faites, vos comparrez. »
— Gel ferai, » fait ele, « se puis,
Se ge vers mon seignor le truis. »
Li peres n'i vost plus tarder,
Ainz vait à sa fille proier :
« Ma bele fille, » dit li pere,
« Ne creez les diz vostre mere ;
Mès je vos pri que me creez :
Se vos honor avoir volez,
Cremez vostre seignor le conte,
Si que nus ne vos die honte ;
Soiez toz jors à son acort.
Se nel fetes, vos avrez tort,

Et s'en serez par tot blamée. »
Plus n'i vot fere demorée
Li quens, ainçois s'en vot aler,
Et li sires prist à parler :
« Sire quens, » dist le riches hom,
« De ma fille vos ai fet don;
Prenez par amors, sire quens,
Cest palefroi qui mout est boens,
Et cez deus levriers qui sont bel,
Et preu et hardi et isnel. »
Li quens les prent, si l'en mercie,
Le congié prent, sa fame enguie.
Moult se vait li quens porpenssant
Par quel art et par quel senblant
Face sa fame vers lui vraie,
Que à sa mere ne retraie,
Qui si estoit fiere et grifaigne.
Lors entrent en une chanpaigne ;
Uns lievres saut devant aus près.
Dit li quens : « Or, levrier, après !
Quant vos si preu et isnel estes,
Ge vos commant de sur les testes
Que vos le lievre tost praignez,
Ou les chiés orendroit perdrez. »
Et li levrier corent à esles ;
Nel porent consivir de près :
Arriere s'en vont repairié,
Et li sires lor a tranchié
Les chiés à l'espée tranchant.
Lors a dit à son sor beaucent.

Dit li quens : « Ne teste autre foiz ! »
Ne l'entendi li palefroiz ;
A chief de pose retesta.
Li quens descent, si li coupa
La teste ; sor un autre monte.
« Sire, » ce dit la dame au conte,
« Cel palefroi et cez levriers
Deüssiez vos avoir mout chiers
Por mon pere, non pas por moi :
Morz les avez, ne sai por coi. »
Ce dit li quens : « Por seul itant
Que trespasserent mon commant. »
Va s'en li quens, sa feme enmaine ;
De losangier forment se paine,
Et vient à sa maistre cité.
Iluec estoient assanblé
Li baron et li vavassor,
Que mout pesoit de lor seignor
Qu'il cuidoient avoir perdu.
Ez le vos au pont descendu ;
Encontre vont, joie li font.
Li auquant demandé li ont
Qui cele bele dame estoit :
« Seignor, c'est vostre dame à droit.
— Nostre dame ! — Voire, par foi,
Que mis li ai l'enel el doi.
Dame bien soit ele venue ! »
A grant joie l'ont receüe.
Li quens ses noces apareille ;
Le queu apele et li consaille,

Et li commande qu'il li face
Savors teles dont gré li sache,
Et sauxes mout assavorées,
Que nos genz soient honorées
Por l'onor la novele dame,
Que joie li font tot ensanble. »
Dit li queus : « Ge m'en apareil. »
La dame li dit à conseil :
« Que t'a dit li quens? — Que savors
Li face bones et plusors.
— Vielz avoir mon gré? — Dame, aol.
— Garde que il n'i ait un sol
Où il ait savors fors ailliée,
Mais que bien soit apareilliée.
— Ge n'oseroie. — Si feras,
Ja de lui mal gré n'en avras,
S'il set que l'aie commandé ;
Et tu doiz bien faire mon gré :
Ge te puis aidier et nuisir.
— Dame, » dit il, « vostre plaisir
Ferai, mais que honte n'en aie !
Du tot sui en vostre menaie. »
Li queus s'en va en la quisine ;
De ses mès atorner ne fine,
S'aillie a li queus atornée.
Atant a l'on l'eve cornée.
Levent, si s'assiéent as dois.
Li mès vienent mout à esplois
As barons et à la mesniée,
A chascun mès si a ailliée ;

Mais de bon vin si ot assez.
Toz en fu li quens trespenssez ;
Ne sot que faire, tant soffri
Que les genz furent departi.
En la chanbre mande son queu ;
Il i vint, non mie à son preu ;
Il ot poor, si vint tranblant :
« Vassal, » fist il, « par quel conmant
Avés vos fait tantes ailliées,
Et les savors avez laissiées,
Que ge vos commandai à faire ? »
Li queus l'entent, ne sait que faire :
« Sire, » fait il, « gel vos dirai :
Par ma dame, sire, fet l'ai,
Por vostre dame, voire, sire,
Que ge ne l'osai contredire.
— Par les sainz que on por Dieu quiert,
Que ja garant ne vos en ert
De trespasser ma commandise ! »
Du queu fist li quens la justise :
L'ueil li crieve et tolt li l'orille
Et une main, et puis l'essille
De sa terre que n'i remaigne.
Puis a parlé à sa conpaigne :
« Dame, » dit il, « par quel conseil
Nos avez fait cest apareil ?
— Par le mien, sire, si mespris.
— Non feïstes, par seint Denis.
Par le vostre ne fu ce mie.
Mais or me dites, douce amie,

Itel conseil qui vous dona ?
— Sire, ma mere le loa,
Que ge de li ne forlignasse,
Ne voz commanz pas m'otroiasse,
Mais avant alassent li mien ;
Si m'en venroit honeur et bien.
A ceste foiz l'ai fait ainsi :
Or m'en repent, por Dieu merci.
— Bele, » ce dit li quens, « par Dé,
Ja ne vos sera pardoné,
Sanz le vostre chastiement. »
Il saut, par les cheveus la prant,
A la terre la rue encline ;
Tant la bat d'un baston d'espine
Qu'il la laissiée presque morte.
Tote pasmée el lit la porte,
Iluec jut ele bien trois mois,
Qu'ele ne pot seoir as dois :
Iluec la fist li quens garir,
Tant li a faite bien servir.
D'un autre essanple oez la somme.
A la fiere feme au preudome
Est pris volentez de veoir
Sa fille : el demain velt movoir.
Sis chevaliers apareilla,
Mout noblement à cort ala ;
Son seignor dit come ele sielt,
Qu'après li viegne se il velt.
Il monta tout sanz contredit,
Puis que la dame l'avoit dit ;

Si s'en vait après sa moillier,
N'i maine qu'un seul escuier
Qui tint de lui un poi de fié,
Et avec un garçon à pié
Mena o li, et plus noient.
La dame vint trop noblement,
Au conte mande qu'ele vient.
Li quens à fol orgueil le tient
Qu'ele le mande et non si sire
Qui vient lui autre, ce ot dire.
Nequedent bel ator fait faire
De mengier et de luminaire.
Ez vos la dame reseüe :
Ne fu pas trop bel recuillue ;
Li quens li fist baseste chere.
Atant ez vos venuz le pere,
A l'encontre li quens li saut :
« Bien viegnoiz ! » dit il tot en halt.
Queurt à l'estrier, et cil s'en ire,
Et dit li quens : « Or soffrez, sire,
Que l'en vos serve en vo maison
Volentiers, quant il vos est bon. »
Prist par la mein, lez lui l'assist,
Deshueser et servir le fist.
La contesse issi de la chanbre,
Qui vers sa mere ot le cuer tendre ;
Et nequedent le conte crient
Por le baston dont li sovient.
Primes son pere salua,
Et il li rent, puis la baisa ;

Puis a sa mere saluée.
Mout volentiers i fust alée,
Mais li quens l'assist lez son pere;
La mere en fist pesante chere.
Le mengier hasterent li queu :
Devant les dois ont fait bon feu;
Levent, s'assiéent au mengier.
Li quens tint son seignor mout chier :
De lez lui l'assist hautement;
Mout furent servi richement.
Mout ont bons mès et bons viez vins,
Et bons morez et clarez fins.
La fiere dame et li sien sis
Sont en un banc en loig assis :
Ne furent pas si bien servi.
Ce fist li quens tot por celi
Qui à son seignor ert contraire.
Mengié ont, les napes font traire,
Deduit se sont et envoisié,
Le fruit ont, puis se sont coschié.
La nuit s'en va, li jors apert;
Li quens lieve qui dolenz ert
De son seignor, qui feme a male.
Il l'en apele en mi la sale :
« Sire, alez chacier en mon parc
O chiens, o reseus et o arc;
Alez chacier à venoison
Que à grant plenté en aion;
N'i ait serjant ne chevalier
Ovuec aus ne voisent chacier.

Avuec cez dames demorrai,
Li chiés me dielt, grant mal i ai. »
Or sont montez, n'atendent plus,
Tuit vont chacier, n'i remaint nus
Fors le conte et quatre serjant,
Fort et menbru et fier et grant.
Il le conseille à un sien mor :
« Va querre les coilles d'un tor,
Les coillons atout le forcel.
Si les m'aporte, et un costel,
Et un rasoir bien afilé :
Si le m'aporte en recelé. »
Et il si fist sanz demorance ;
Il prist sa dame par la manche,
Lez lui l'assist, si li a dit :
« Dites moi, se Dieus vos aïst,
Dites moi ce que vos querrai.
— Volentiers, sire, se gel sai.
— Dont avez vous icest orgueil,
Mout volentiers savoir le vuel,
Que vos avez en tel despit
Vostre seignor, et quanqu'il dit,
Vos dites ce que li desplait,
Et commandez si sera fait ?
Feme ne fait vilté greignor
Que de vill tenir son seignor. »
— Sire, plus sai que il ne set,
Et si ne fait riens qui m'agret.
— Dame, bien sai dont ce vos vient :
Ceste fiertez es rains vos tient.

Ge l'ai bien veü à vostre hueil
Que vos avez de nostre orgueil.
Vos avez coilles comme nos,
S'en est vostre cuers orgueillous.
Ge vos i vueil faire taster,
S'il i sont, ses ferai oster. »
Dit la dame : « Taisiez, beau sire;
Gas ne me devriez vos dire. »
Li quens ne volt plus atargier ;
Ses serjanz commence à huschier :
« Estendez la bien tost à terre :
As deus estrains li ferai querre. »
Cil estendent la dame encline.
Lors s'escrie : « Lasse ! frarine ! »
Un des serjanz le rasoir prent :
Demi pié la nache li fent,
Son poig i met enz, et tot clos
Un des coillons au tor mout gros
Ça et là tire, et ele brait.
Semblant fet que du cors li trait,
Venant li met en un bacin ;
Et cele cuide tot enfin
Que ce soit voirs; il li repasse.
Et ele dit : « Chaitive ! lasse !
Com je fui de pute heure née,
Desormès serai plus senée.
Se de ci eschaper pooie,
Mon seignor mès ne desdiroie. »
Et cil li porfent l'autre nache ;
Semblant feit que il li erache ;

Tot sanglent el bacin le rue.
Cele se pasme qui fu mue.
Quant ele vint de pasmoison :
« Dame, » dit li quens, « or avon
L'orgueil dont estiez si ose.
Or seroiz mais mout simple chose,
Mais ge dout qu'aucune racine
N'i remaigne se nel quisine :
Or tost, un costre m'eschaufer,
Por les racines quisinner. »
Dit la dame : « Sire, merci,
Certes lealment vos affi,
Et sor sainz le vos jurerai,
Que mon seignor ne desdirai :
Servirai le si com ge doi ;
Tenez, gel vos affi par foi.
— Or atendez donc sa venue,
Jurrez li, s'en seroiz creüe.
— Sire, » dit ele, « et jel creant. »
La contesse ot le cuer dolant ;
Por sa mere mout a ploré.
« Ça, » dit li quens, « savez m'en gré
De ce que vostre mere ai fait,
Que son orgueill fors li ai trait ;
Ge crieng que à lui ne traiez,
Et cest orgueil es rains n'aiez ;
Mais or soffrez, ge tasterai,
Et, se ges truis, ges osterai.
— Merci, sire, por Dieu le voir,
Sire, bien le devez savoir :

Tant i avez sovent tasté
Se il i sont, nenil, par Dé.
Ge ne sui pas de la nature
Ma mere qui est fiere et dure ;
Ge retrai plus, sire, à mon pere
Que ge ne faz voir à ma mere ;
Ainc vostre commant ne desdis
Que une foiz, si m'en fu pis,
Si en pristes vostre venjance.
Ge vos en faiz asseürance
Que ge ferai quanque volrez,
Et amerai quanqu'amerez :
Se nel faz, le chief me tranchiez. »
Ce dist li quens : « Bele, or sachiez
Qu'or sofferai, mais se ge voi
Que voilliez reveler vers moi,
Ostez vos seront li coillon,
Si com à vostre mere avon ;
Que ce sachiez, par ces grenotes
Sont les femes fieres et sotes. »
De chacier vint li riches hom ;
Assez a prise venoison.
La dame l'a oï, si pleure,
Et il i ala en es l'eure,
Si li demande que ele a.
Li quens l'encontre, si parla :
« Sire, que ge li ai ostez
Ce dont el menoit tel fiertez,
Cez deus coillons qu'es rains avoit,
Dont ainsi orgueillouse estoit.

Vez les coillons en cel bacin,
N'i meïssiez autrement fin.
Les racines vueil quisiner,
Mais ele velt sor sainz jurer
Que jamais ne vos desdira
Et volentiers vos servira.
Quant avra fet le serement,
S'el à mespris vers vos reprent,
Ovrez les plaies à chauz fers,
Cuisiez les racines et ners. »
Cil quide que trestot voir soit
Por les coillons que iluec voit;
Por la dame qu'il voit navrée
Cuide qu'ele soit amendée.
Le soirement et la fiance
Fist la dame sanz demorance.
Ses plaies li font reloier
Et la letiere apareillier;
Si l'enportent sor deus chevaus.
Ses plaies ne sont pas mortaus;
Bon mire ot qui bien l'a gari,
Son seignor ama et servi :
Onques puis nel desdit de rien.
Mout par esploita li quens bien;
Benoit soit il, et cil si soient,
Qui lor males femes chastoient;
Cil sont honi, et il si sont,
Qui lor feme tel dangier ont.
Les bones devez mout amer
Et chier tenir et hennorer,

Et il otroit mal et contraire
A ramposneuse deputaire.
Teus est de cest flabel la some ;
Dahet feme qui despit home !

Explicit.

CL

LE DIT DOU SOUCRETAIN

[PAR JEAN LE CHAPELAIN]

Paris, Bibl. nat., Mss. fr. 1593, fol. 128 r° à 132 r°.

USAGES est en Normendie
Que qui herbergiez est, qu'il die
Fablel, ou chançon die à l'oste :
Ceste costume pas n'en oste
Sire JEHANS LI CHAPELAINS,
Voura conter dou soucretain.
Une avanture sanz essoigne
Il avint jadiz en Bergoigne
A Cligni, la maistre abaïe,
Qui est de si grant seignorie
Que la contrée est toute lor
Set lieues plaines tot entor;
Mesmes le bourc de Challemaigne
Ont il tot mis en lor demaine,
Que il n'i a meson ne rue,
Qui tot ne soit de lor tenue.
En celi bourc, ce est la somme,
Avoit jadiz à un riche home

Qui de nouvel ot fame prise,
Sage, cortoise et bien aprise,
Bien ansaigniée, preuz et sage.
Chaucun jour avoit un usage
D'aler prier à sainte eglise,
Et d'escouter tot le servise
Que li couvens si biau fasoit.
Un matin, si comme soloit,
Se leva et vint au mostier
Pour aorer et pour prier.
Ez vous le moine qui gardoit
Le moustier, et si esgardoit
Que riens, se bien non, n'i eüst
Qu'il au moustier nuire deüst,
Car il en estoit soucretain;
La dame a prise par la main,
Qui delez un piler estut :
« Dame, » dist il, « Deus vous salut,
Et il me doint la vostre amour,
Car il a ja passé maint jour
Que vous amai chiez vostre pere!
Petiz clerçons et emfes ere
Et mout avoie petiz sans;
Mais or en est venus li tans
Que je puis bien parler de sans :
Se vous volez faire mes bons,
Je sui touz sires du tresor,
Vous averez argent et or,
De grant planté joiaus et roubes.
— Da, soucretains, ce sont bien lobes, »

Fait la dame, « que vous contés.
Pour vostre avoir que vous avez,
Ne que vous porriez avoir,
Pour nul sens ne pour nul avoir
Ne pour toute vostre abaïe,
Ne feroie je tel folie
A nul autre qu'à mon seignor.
Se vous en parliez mais jour,
Je le diroie dant abbé.
— Dame, dont sui je dont gabé, »
Fet li moines sans nul rebout;
« Quant vous m'escondisiez dou tot,
Morir vouroie, si m'est tart. »
Arrant cele d'iluec se part,
A cui il ne tient pas au cuer.
Et li moines revint au cuer,
Puis remeïst jusqu'à lonc tans
Que li bourjois par son fou sans
Vandi trestot son erité ;
Et si chaï en tel vité
Que il n'avoit mès que despendre,
Meson, vigne ne terre à vandre,
Dras ne cheval ne nul chatel
En tot le monde, fors l'ostel
Où manoient près de la porte.
La povretez le desconforte,
Ne set que dire ne que faire,
Car, se il vandoit son repaire,
Il n'avroit leu où il geust
Ne où sa povreté seüst

Si bien ne si bel retenir,
Et il ne se puet mès tenir
Que il ne le die à sa fame :
« Pour Dieu car me concilliez, dame,
Ensamble avons eü maint bien
Et mainte joie : or n'avons rien,
Dras ne chevaus ne nulles bestes,
Fors la meson desor nos testes :
Que dites vous, sera vendue ?
— Merci, » dit ele, « sire Hue,
Ja Dieu ne plasce ce soit voir
Que vous vandiez nostre manoir ;
Ansois nous en irons an France,
Et j'ai en Damedieu fiance,
Mieus nous i chevirons que ci.
— Dame, » dit Hues, « je l'otri :
Le matin sans plus de demeure
Nous leverons à icele eure
Que nous orrons sonner matines,
Si que ja voisin ne voisines
Riens ne savront de nostre afaire,
Puis que ainsi le convient faire. »
Au matinet, sanz nul sejour,
Se leverent quant il fu jor,
Qu'il oïrent les sains sonner.
Au moustier vindrent por orer,
Por Dieu prier et por requerre
Qui les consaut hors de lor terre.
A une part vers un piler
Vat la dame, qui pour prier

En paine et en dolor se tient.
Ez vous le soucretain, qui tient
Entre sa main une chandeille;
La dame vit, qui mout fu bele,
Et il mout tost verz li se tret :
« Dame, » dit il, « mal dehaz ait,
Qui chaut se vous avez mesaise,
Qui bien puissiez avoir grant aise,
Si creüssiez nostre consoil !
— Sire, certes mout me mervoil
De quoi ce est que vous me dites :
Il a passé dis ans touz quites
Que ne parlates pas à moi,
Ne je à vous, si com je croi,
Puis le premier an que je iere
Departie d'en chiez mon pere :
Lor parlates de druerie.
— Vous dites voir, ma douce amie;
S'ancore vous vient à plaisir
Que d'amour me voilliez saisir,
Par un besier tant seulement,

. . . .

Cent sols que j'ai ou moi ici;
Et ainz qu'il soit demain midi,
Je vous donrai argent et or
Plus qu'il n'avra ens el tresor
Au plus riche home de Cligni.
— Sire, vous me donroiz congié
Quel terme nous porrons avoir. »
Lors li fait la dame asavoir

Que dans Hues soit à la foire:
« Dame, » dit li soucretains, « voire
Vous me trouveroiz ci meïmes
Mout volontierz de ci à primes,
Et me diroiz vostre plaisir :
De baisier ne me puis tenir
Et de cent sols que j'ai premis.
— Bailliés ça dont, biaus doz amis, »
Fest la dame qui n'est pas fole.
Le soucretain bese et acole,
Et les cent sols met en sa bource,
Si c'en acort toute la corce
A son seignour qui se mervoille
A cui ce est qu'ele conseille.
Les deniers prent et si li baille :
« A ! suer, » fait il, « se Dieus te vaille,
Où as tu pris tot cest avoir?
— Sire, volez vous tot savoir?
Li soucretains de ceste eglise
Les m'a bailliez par tel devise
Que je ferai sa volonté;
Si avrai avoir à planté
Dras et joiaus, argent et or,
Il effondera le tresor;
Il me donra par tel convent
Plus que n'avra tot le couvent.
Porparlé est por tel reson,
Quant vous serez hors de meson,
Ou aus foires ou aus marchiez,
Çaians vanra trestous chargiés

D'or et d'argent en son cotel.
Si aviez le cuer itel
Et le courage si hardi,
Je li diroie que mardi
Iert la grignor foire d'esté :
Dont vanra il tot abrivé.
Par hardiment porrez avoir :
Gardez mon or, gardez l'avoir
Que vous aportera li moines.
— Dame, » dist il, « ceste besoigne
Sera faite si com vous dites.
Il ne c'en ira pas tous quites,
Car de l'avoir avons mestier. »
　Tantost sanz plus de delaier
A lor ostel vindrent arriere
Chantant et faisant bele chiere.
De ci atant que prime sonne,
Congié demande, et on li donne
D'aler parler au secretain
Pour metre le terme certain.
Dedans le cuer le moine trueve :
« Dame, » dist il, « mout bien se prueve
La loiautez qui en vous est.
— Sire, » fet ele, « or soiez prest
Mardi au soir à la nuit noire,
Que mes sires iert à la foire,
Et je cerai en maison seule ;
Mais gardez bien que n'i ait boule
Que n'aie toute ma promesse.
— Dame, » dist il, « par cele messe

Que j'ai chantée, vous avrez
Plus que demander ne savrez. »
Atant cele d'iluec parti,
Et soffrirent jusqu'au mardi
Que sires Hues fist acroire
A ces voisins que à la foire
Estoit alez dès le matin;
Mès il parla mout faus latin,
Et les servi mout bien de gangles,
Car il antra en une chambre
Où se muça mes sires Hues,
De joste li une maçue,
Et fu illuec jusques au soir.
Li soucretains pour dire voir,
Et que voloit tenir couvent,
Quant fu couchiez tout le couvent
Et endormiz touz bien se sont,
Au tresor vint où assez ont
Bons calices d'argent et d'or;
Tot prist, mais il n'ot pas ancor
Son fais, ce li est bien avis,
Ainz en a pris un crucefiz.
Haus fu lités, mout li cousta,
Trois des cornieres en brisa
De la corone de son chief,
Puis s'an retorne droit arier,
Si qu'il emplit bien son sachet
D'or et d'argent jusqu'au golet.
El col le lieve tot ainsi.
Par la poterre c'en issi

Dou jardin qu'il ne fust veüz.
Il en estoit bien pourveüs;
Et dou fossé de la bertesche
Venuz c'en est plus droit que flesche
A l'uis d'arrier de la bourjoise
Qui l'atandoit comme cortoise.
Ele euvre l'uis, et il s'i boute
Comme celui qui riens ne doute,
Et qui ne crient ne Dieu ne home.
Il se descharge de la somme;
Si la presente à la bourjoise,
Et cele à cui gaires n'en poise,
L'acole et baise mout estroit,
Et dans Hues qui tot ce voit
Ne pot soffrir plus longuement,
Ainz se leva tot maintenant :
Tel li donna de ça maçue
Ou haterel, que il le tue,
Et à ces piés l'abati jus :
« Dame, » fait il, « or n'i a plus
For de veoir que nous ferons,
De veoir comment nous porrons
Delivrer de cest vif deable,
Si que sor nous n'en soit le blame.
— Haro, dant Hue, » dit la dame,
« Mors escorchiez ou ars en flame
Serons, ou aus forches levé :
Murtres ne puet estre celé,
Ceste chetive que fera?
— Dame, ne vous esmaiez ja,

Ne dou moine ne parlez mais,
Je vous an ferai bonne pais,
N'aiez ja doute de sa mort. »
Le preudome, qui mout fu fort,
Leva le moine sor son col,
Mès or le tigne bien à fol,
Qu'il l'anporte vers l'abaïe :
En avanture met sa vie.
Par celi meïmes sentier,
Par le jardin, par le challier,
Par la porterne dont issi,
Le moine aporte tot issi,
Si c'onques point n'i reposa
Devant l'eure, que le posa
Sor le pertruis d'une privée ;
La teste li a anclinée
Et trait avant son chaperon,
Et met en sa main un torchon,
Si com affiert à tel mestier,
Puis s'an retorne droit arrier.
Revenus est à son ostel :
« Dame, » dist il, « or n'i a tel
Que de bel et de bien desduire :
De nostre moine estes delivre ;
Vous n'en orroiz jamais nouvelle.
Mès alumez une chandele,
Car il est bien tens de couchier,
Car de porter cel aversier
Sui touz travilliez et lassez. »
Quant de la nuit fu tant passez

Que de matines passa l'eure,
. . . .
Le compaignon au soucretain
Chandoile ardant tint en sa main.
A son lit vint, quant il nou trueve,
Mauvaisement l'uevre reprueve :
« Cil chetis là qui si c'enivre,
Il ne porroit pas longue vivre ! »
A la privée droit en vint,
Et vit le soucretain qui tint
Un grant torchon dedans sa main :
« Par Dieu, » dit il, « dan soucretain,
Vous bevez tant chaucune nuit,
Petit vous est cui il anuit,
Qui tant demorez à sonner. »
Mais il ne li pot mot sonner,
Et tant que li moines s'aïre :
Il passe avant et si li tire
Le chaperon mout roidement ;
Et cil qui tient mauvaisement,
Cheï avant sor le viaire.
Or a li moines plus à faire,
Car il voit bien que il est mort :
« Compains, » fait il, « à mout grant tort
Et à mout grande desraison
Vous ai ocis sanz mesprison.
Dieus ! je me cuidoie joer !
Or n'i a fors que dou voer
De moi foïr hors de son regne,
Se Damedieus qui par tot regne,

Ne me donne secors par tens,
Car je ne sai veoir le tens
Comment je m'an puisse escondire.
Et non pourquant j'ai oï dire
Que il amoit la fame Hue,
Un marcheant de la grant rue :
Jel voel porter à sa meson,
Si samblera mout mieus reson
Que Hues l'ait tué que moi :
Je sui plus fors que palefroi. »
A son col le prent, si s'en torne
Par le jardin pensis et mourne.
Par la breche, par le fossé,
Le soucretain a endossé
Tot en estant à l'uis derriere,
Puis s'an retorne droit ariere;
Onques de riens ne fist samblant.
Et la dame tot en tramblant
Se fu levée pour pissier :
A l'uis vint droit où l'avercier
Fu apuiez, si l'uevre ariere,
Enmi le front la fiert arriere
Si que l'abat tote estandue :
« Merci, » fet ele, « sire Hue,
Revenus est li soucretain !
Or n'i a fors que de demain
Serons pendu, destruit ou ars.
Petit prise or ces deus cens mars
Que nous avons pour tel afaire. »
Mès dans Hues la refait taire,

Que des voisins avoit paour :
« Dame, » dist il, « n'aiez freour,
Mès gardez bien vostre meson,
Que il est bien droiz et reson
Que *qui le brasce si le boive :*
Il est bien droiz que je reçoive
De cest afaire tot le mal. »
Le moine prent comme vassal ;
Desor son col l'a mis dans Hues ;
Si s'an torne toute la rue
Tot droit le grant chemin ferré ;
Mais il n'ot pas granment erré,
Que noise oï, mès n'en vit riens :
« Helas ! » fait il, « or sai je bien
Que je sui pris et retenus,
Et à mon jugement venus. »
De l'autre part garde, si voit
Une ruelle qui estoit
Grans et parfonde, si i antre ;
Mès sachiez bien, li cuers dou ventre
De grant paour el cors li tramble.
Estes vous dui larron ensamble
Qui portoient deus bacons gras
Qu'ourent amblé chiez dan Thoumas,
Un boulangier d'aval la vile.
L'uns d'aus, qui mout savoit de guile,
A dit à l'autre : « Que ferons ?
Ja ce bacon n'emporterons
Par mon consoil avant de ci
Devant que nous aiens le cri

Oï et veu dou tavernier :
Metons le ci en ce femier
Dedans ce sac, que il ne pue. »
Et tot ce ot messire Hue
Qu'an la ruelle c'estoit mis.
Li larron si ont le sac pris,
Si i bouterent le bacon
Ou fumier, où ot maint baton
Et mainte escroue à sauveté.
Puis c'en retornent droit arrier;
Si s'an revinent à lor oste.
Et dans Hues si son moine oste
De la ruele vistement,
Si met au col tot esranment;
Grant aleüre au fumier vint,
Le sac deslie, si retint
Le bacon, et i met le moine.
Mout bien a faite sa besoigne;
Le bacon prent, si c'en retorne,
Et la dame pensive et morne
De la grant dolor que ele ot,
En son ostel durer ne pot.
Issue estoit en mi la rue,
Quant ele voit venir dan Hue,
Et ele vit qu'il fu chargiez :
« Lasse, » fet ele, « est enragiez
Cil traïtes, qui le raporte.
Or sai je bien que je sui morte
Et que c'est pechiez qui me nuit.
— Dame, » fet il, « encor annuit

Pourroiz dormir tot aseür,
Car en croissant vient nostre eür.
Le soucretain ai je changié
A un bacon qui n'iert mangié
Par nous deç'à la saint Denis. »
En estui ont le bacon mis;
Lors se couchierent, se il voudrent.
Les larrons qui le bacon ourent
Dedans le sac ou fumier mis,
Ce sont dans la taverne assis,
Dou vin font il largement trere :
« Ostes, » font il, « largement fetes,
Nous voulons aler et venir,
Chanter ceans tot à loisir;
A vous ferons un tel marchié
Où assez plus de la moitié
Gaignerez vous, ce il vous plet.
— Seignour, » dist il, « mal dehas ait
Qui le gaaignier refuse mie,
C'est nostre rente, nostre vie :
Qu'est ce donc que me volez vendre ?
— Sire, à vostre oes le poez pendre,
Un gras bacon à desmesure.
— Seignour, » dist l'oste, « j'en ai cure
Que pour musart ja tenuz soie
D'acheter chose que ne voie;
Alez le querre, sou verrons,
Vin et marchiez tantost ferons,
Se ce est veoir que il soit gras. »
Et s'en tornent plus que lou pas

Là où certainement savoient
Que lou bacon laissié avoient.
Lou sac prirent, si le trousserent,
Si que à l'ostel l'enporterent;
Si en bouterent hors le moine.
Quant l'ostes vit ceste besoigne,
Si c'escrie : « Larrons, larrons!
Mal dehais ai or telz bacons!
Ci feroie je mauvais gaaig,
Car cist sires est de laians
Li soucretains qu'avez ocis. »
Puis commande que ces amis
Soient tuit quis, coisin et frere :
« Pour Dieu merci, » dist l'uns des lerres,
« Pour l'amour Dieu comment qu'il voise,
Ja en la vile n'en soit noise,
Ne ja sergens ne s'en remust :
Plus muet on le fiens, plus il pust.
Nous savons bien où le preïmes;
Se il vous plait, illec meïmes
Delivrement l'emporterons,
Vostre ostel en delivrerons,
Si que jamais n'en orroiz blame.
— Alez, » dist il, « au vif deable

. . . .

Hors de ceans et vostre moine. »
Et cil s'an vont grant aleüre.
« Helas! » disent, « quel avanture!
Quel meseür! quel mescheance!
Or estoie bien en fiance

D'avoir deniers et vins assez,
Et or sommes nous bien gabez ;
Onques n'avint ce à chetis.
Compains, que te fu il avis
Se ce estoit bacons ou moines ?
— Tais toi, » fait il, « et si ne hoignes :
Il n'a home de ç'à Macon
Qui ne cuidast avoir bacon,
Ja ne veïst il que lou gras. »
Adonc vindrent chiez dan Thoumas,
Si monterent par le pignon ;
A cel meïmes chaaignon
Dont li bacons fu despendus
Ont le moine pendu lassus.
Quant ce avint que il fu jor,
Au matin sanz plus de sejour
Dan Thoumas apela Robin,
Un sien garcon qui au molin
Devoit aler porter son blé.
Mais à Robin en a samblé
Mout grant eschars ; si c'en randort :
« Par Dieu, Robin, tu as grant tort, »
Fait dans Thoumas, « de dormir tant. »
Et cil respont tot en plorant :
« Sire, mal dehas ait Robin,
Se il doit aler au molin
Devant qu'arai mon matinel.
— Par Dieu, Robin, mout m'en est bel, »
Dit la dame, « dont levez sus :
Dou pain prenez encore plus

Que ne feïstes mais awan.
— Dame, » dist il, « par saint Johan,
Ja de pain sec ne manjerai,
Ne de ceans me mouverai
Jusqu'à tant que m'arez donnée
Du bacon une charbonnée.
— Tu l'eüsses mout volantiers,
Mais tu sés bien qu'il est entiers, »
Fait ce la dame : « sï avroit
Vante perdue, c'il estoit
Entamez de ça ne de là.
— Dame, ne vous esmaiez ja,
J'en prendrai encor si trés bel
Que ja n'i parra que coustel
I ait touchié ne tant ne quant. »
Et quant el ne puet en avant,
Si li donne congié dou penre :
« Vès toi et chauce, si va panre. »
Une eschiele a mise lamont ;
Au moine vint qui pesa mout
Et qui tenoit mauvaisement.
A l'une main le grant sac prent,
Le coutel à l'autre main prist :
Taillier en voult, mais quant il fist,
Sachiez de voir, petit li vaut ;
Li chaaignons dou col li faut,
Qui de la gueule li deserre,
Tot emsamble chiéent à terre,
Si qu'il donnerent mout grant cas :
« Qu'est ce, Robin, » fait dan Thoumas,

« Pour les sains Dieu es tu cheoïz ?
— Oïl, sire, mal dehas ait
Qui dut mettre le chaaignon !
Car entre moi et le bacon
Sommes à la terre rué ;
Par un petit ne m'a tué
Ne mais que je chaï desus. »
Dans Thoumas sans atandre plus,
Il et sa fame se leverent ;
Au feu vinrent et l'alumerent,
Le moine virent en mi l'aire :
« Hareu ! lasse, que porrai faire ? »
Fait ce la fame dan Thoumas ;
« Mès que fera cist chetis las,
Qu'il ne puet traire pié ne main ?
Et si cera pendus demain. »
Lors c'escrient à hautes vois,
Et en firent plus de cent croiz,
Et si distrent mout hautement :
« Or nous convient veoir comment, »
Fet dans Thomas, « que nous puissons
Delivrer nous que ne soions
Par cest afaire ars ne pendus.
Il a ceans un poulain dru,
Qui mout destruit avoine et fainc
Ne onques n'ot sele ne frainc,
Et si ne fu poins d'esperons :
Si me creez, nous li metrons
Et frainc et sele sanz essoine,
Et si metrons desus le moine

Et le lierons à la sele,
Et une lance souz l'aissele,
Puis le lairons, si ne nous chaut
Ou çà, ou là quel part il aut,
Fors tant que nous en soions quites.
— Ainsi soit comme vous le dites, »
Ce dit Robins delivrement.
Le poulain prennent erramment :
Le moine ont sus la sele mis,
Puis le lierent tot ainsis.
Par l'uis ce vat emmi la rue,
Li poulains souz li se remue,
Des esperons santi la pointe,
Si s'an torna parmi la porte
De l'abaïe qu'ert overte,
Et li moine, por lor grant perte,
Ce jour matin levé se furent;
Parmi la cort leans esturent,
Ça uns, ça deus, ça trois, ça quatre :
Le soucretain virent embatre
Dedans la cort à tot sa lance.
Or furent il bien en fiance
Que c'estoit mauvais esperiz.
Li moines sa lance feri
Encontre un mur si qu'ele froisse :
Adont veïssiez faire angoisse
Et anfermer par ces maisons
Sergens et moines et garçons,
Que chaucuns de paour trambloit.
En la cort une fosse avoit,

Qui ot cousté cent mars d'argent,
Grant et parfont mout durement,
Où il cuidoient faire un puis,
Mais n'i pooient trouver conduiz
N'une sourdance par nature ;
Et li poulains par avanture
Cele part vint à grant eslais :
Dedans chaï tous à un fais.
Trestuit li moine bien le sourent.
De la grant joie que il ourent
Firent trestouz les sainz sonner
Et par le bourc firent crier
Que nul home ne remainsist
Que à la feste ne venist
En la chapele vistement.
En mout pou d'eure i en ot cent,
Qui ont la fosse tost emplie ;
Dont veïssiez par l'abaïe
Fere grant joie et grande monte.
De lor prestre ne firent conte,
Et lor dommage en oblierent,
Que puis home ne receverent.

Explicit.

CLI

DU CHEVALIER

QUI RECOVRA L'AMOR DE SA DAME

[PAR PIERRE D'ALPHONSE]

Bibl. de Berne, Mss. 354, fol. 160 r° à 162 v°.

SANS plus longuement deslaier,
M'estuet conter d'un chevalier
Et d'une dame l'avanture,
Qui avint, ce dit l'escriture,
N'a pas lonc tans, en Normandie.
Cil chevalier voloit s'amie
Faire d'une dame, et grant poine
Sofroit por lui qu'el fust certaine
Que il l'amoit, car il faisoit
Totes les choses qu'i savoit
Q'à la dame deüssient plaire.
Je ne voil pas lonc conte faire :
Cil chevaliers tant la requist
Que la dame à raison lo mist
Un jor, et li demande et quiert
De quel aconte il la requiert
D'amor, qant il jor de sa vie
Ne fist por li chevalerie

Ne proece qui li plaüst,
Par quoi s'amor avoir deüst.
Si li dist, en riant, sanz ire
Que de s'amor n'iert il ja sire
De si que sache san dotance
Conmant il porte escu ne lance,
Et s'il en set venir à chief :
« Ma dame, ne vos soit donc grief, »
Fait li chevaliers, « mais otroi
Me donez de prandre un tornoi
Contre vostre seignor, et soit
Devant sa porte en tel endroit
Que vos veoiz apertemant
Par trestot lo tornoiemant;
Lors si verroiz, se il vos siet,
Conme lance et escuz me siet. »
La dame, sanz nul deslaier,
Lo congié done au chevalier
De prandre lo tornoiemant :
Il l'an mercie boenemant.
De maintenant, sanz plus atandre,
En vait lo tornoiemant prandre.
Ez vos que li tornoiz est pris,
Puis ont as chevaliers de pris
Mandé et proié qu'il i soient.
Ensi par lo païs envoient,
Ne jusq'au terme ne finerent,
Car mout entalanté en erent;
Et manderent lo jor et l'ore
As chevaliers, tot sanz demore,

Et vindrent granz tropiaus ensanble.
Ez vos que li tornois asanble,
Et granz et orgoilleus et fiers,
Car qui veïst ces chevaliers,
Qant ore fu de tornoier,
Haubers vestir, hiaumes lacer,
Tost fu chascuns prest endroit soi.
Li dui qui pristrent lo tornoi,
En la place furent premiers
Armé sor les coranz destriers,
Tuit prest de lances depecier.
Lors saillent sus sanz delaier,
Les escus joinz, les lances baissent,
Lachent les regnes, si s'eslaissent :
Noblemant es estriers s'afichent,
Les lances brisent et esclicent,
Onques de rien ne s'espargnerent ;
Des espées lo chaple ferent
Chascuns au mialz que il savoit.
Li chevaliers qui pris avoit
Lo tornoi, et juré par s'ame
Envers lo seignor à la dame
Que il voldra à lui joster
Par tans, cui qu'i doie coster,
Lors laisse cele, et si se part
Plus tost que foille qui depart
D'arc, qant ele est bien entesée.
Jus l'anporte lance levée,
Nel pot tenir poitraus ne cengle,
Tot chaï en un mont ensanble.

Et qant la dame a ce veü
Q'à son seignor est mescheü,
D'une partie en fu dolante,
De l'autre mout li atalante
Que ses amis l'a si bien fait.
Que vous feroie plus lonc plait?
Mout avoient bien conmancié
A tornoier tuit, qant pechié
Lor corut sor et enconbrier,
Que mort i ot un chevalier.
Je ne sai pas dire raison
Conmant fu morz ne l'achoison,
Mais tuit en furent mat et morne.
Lors l'anfouïrent soz un orme.
Après por ce qu'il estoit tart,
Li tornoiemanz se depart,
Puis va chascuns son ostel prandre.
Et la dame, sanz plus atandre,
Par deus garz mande au chevalier
Que si con il vialt qu'el l'ait chier
Ne ja por son ami lo taigne,
Qu'à li parler cele nuit veigne.
Cil qui fu liez del mandemant,
Dit qu'il ira mout boenemant:
« Por trestot estre detranchiez
Ne sera il, » ce dit, « laissié. »
Atant li gartz de lui depart.
Qant la nuit vint, mout li fu tart
Qu'il fust là o aler devoit :
Une pucele se prenoit

Toz jors garde de sa venue.
Qant il vint là, si la salue :
A grant peor et à grant poine
Dedanz une chanbre l'anmoine ;
Iluec li dit que il se taigne
De si que sa dame à lui veigne.
Atant s'an torne la pucele,
A sa dame dit la novele
Del chevalier et qu'il estoit
En la chanbre o il atendoit.
« Diz me tu voir ? — Oïl, par m'ame.
— Et g'irai ja, » ce dit la dame,
« Qant mes sires sera cochiez. »
Au chevalier a ennoié
De ce qu'el met tant à venir ;
Si ne se puet plus à tenir
Que endormiz ne soit cochiez,
Car il estoit mout traveilliez
Des armes c'ot porté lo jor ;
Et la dame qui ot peor
De ce que tardé avoit tant,
En lui en vient tot maintenant.
Lors esgarde qu'il dort sanz dote :
Ele no hurte ne ne bote,
Mais maintenant s'an va ariere.
Si apela sa chamberiere :
« Va tost, » fait ele, « sanz targier,
Si me di à cel chevalier
Que il s'an aille vistémant. »
La pucele fu en demant

Porquoi c'estoit et la raison :
« Je t'an dirai bien l'achoison, »
Fait la dame, « por ce qu'i dort.
— Par l'ame Deü, vos avez tort, »
Fait la meschine, « ce me sanble.
— Tu manz, garce, trestot ensanble :
Deüst il bien la nuit veillier
Por solemant un sol baisier
D'une tel dame con je sui ?
Por ce si me torne à enui,
Car je sai bien, se il m'amast,
Por cent livres qui li donast,
N'en feïst il mie autretant.
Va sel congée maintenant. »
Atant s'an torne la meschine
De si que au chevalier fine,
Qui se dormoit desus son coude ;
Ele vait avant, si lo bote.
Cil sailli maintenant en piez :
« Or ça, ma dame, bien veigniez !
Mout avez fait grant demorée.
— Por noiant m'avez saluée,
Danz chevalier, » fait la pucele ;
« Par tans oroiz autre novele :
Ma dame m'a ci envoiée
Qui lez son seignor s'est cochiée.
Si vos mande que ne soiez
Si hardiz ne si envoisiez
Que vos jamais en nul endroit
Vegniez en leu o ele soit.

— Avoi! damoisele, por quoi?
Dites lo moi. — Et je l'otroi :
Por ce que pas ne deüssiez
Dormir en leu o vos fussiez
Por si trés noble dame atandre,
Si bele et si blanche et si tandre,
Et si vaillant con est ma dame.
— Damoisele, » fait il, « par m'ame,
J'an ai meffait, c'est verité,
Mais je vos pri en cherité,
Que je de vos aie congié
D'aler là o il sont cochié
Entre ma dame et son seignor :
Car sachiez bien c'onques graignor
Talant n'oi mais de faire rien.
— Tot ice vos otroi je bien
En moie foi, » fait la pucele.
Cil qui fu liez de la novele,
Sanz faire nule demorance,
Tantost en la chanbre s'elance,
Il n'ot pas des jarrez lo chancre.
Une lampe avoit en la chanbre,
Et par costume ardoir i siaut.
Li chevaliers sa voie aquialt,
Tot droit au lit en est venuz :
Un poi en loin s'estoit tenuz,
Et tint s'espée tote nue.
Li sire, por la grant veüe,
Ovre les iauz, si l'aperçoit,
Li chevaliers ne se movoit :

« Qui estes vos, » fait se il, « là ? »
Li chevaliers tantost parla,
Qui n'ot cure de l'atargier :
« Je sui, » fait il, « lo chevalier
Qui jehui matinet fu mort;
Bien en poez avoir recort.
— Si sai je bien, et qui vos moine?
— Sire, je sui en mout grant poine,
Ne jamais jor n'en istra m'ame
De si à tant que cele dame,
Qui o vos gist, pardoné m'ait,
Se il li plaist, un sol mesfait
Que je li fis con je vivoie.
Que Dieus des ciaus enor et joie
Et de ses biens assez vos doint ;
Proiez qu'ele lo me pardoint,
Car je vos ai dit la raison
Por quoi vien ci et l'achoison.
— Dame, dame, » fait se li sire,
« Se avez mautalant ne ire
Ne coroz vers ce chevalier,
Pardonez li, jo vos requier.

. . . .

— N'en ferai rien, » ce dit la dame ;
« En vain debatez vostre teste,
Car s'est fantome o autre beste
Qui nous afole tote nuit.
— Certes non est, si con je cuit.
— Non fai je, sire, sanz dotance :
J'ai, » fait li chevaliers, « creance

En Damedeu et en sa mere.
— Par la foi que devez saint Pere,
Dan chevaliers, » fait ce li sire,
« D'où vient cist coroz et ceste ire
Que vers vos a la dame enprise?
— Sire, certes en nule guise, »
Fait li chevaliers, « nel diroie,
Car se j'ai mal, et pis avroie,
Se j'an avoie mot soné.
— Certes or vos iert pardoné, »
Fait la dame; « dan chevalier,
Ne vos voil or plus traveillier.
— Vostre merci, ma doce amie,
Car plus ne vos demant je mie. »
Or s'an vait il sanz arestée;
Bien a sa besoigne atornée.
Mais, s'il n'aüst ensin ovré,
Il n'aüst jamais recovré
L'amor qu'il ot tot de novel.
  Pierres d'Anfol, qui ce fablel
Fist et trova premieremant,
No fist fors por enseignemant
A cez qui parler en feroient,
Se tele avanture trovoient :
Car nus ne l'ot qui n'an amant,
Se mauvaistiez trop ne sorprant.

CLII

DE CELUI QUI BOTA LA PIERRE

(SECONDE RÉDACTION)

Paris, Bibl. nat., Mss. fr. 2173, fol. 78 v° à 79 r°.

N'A pas encor passé dis ans,
Que uns enfes mout medisans
Au feu son pere se seoit.
Tout l'estre sa mere veoit,
Com ele aloit, com el venoit,
Et com li prestres à lui parloit.
Tant qu'il avint que li preudon,
Qui sire estoit de la meson,
Ala un jor en son labour.
La dame qui ot le tabour
A coi li prestres tabouroit,
Que que li preudon labouroit,
Fu soule remese en maison,
Fors tant san plus de l'enfançon,
Qui n'avoit pas set anz, non sis;
Mès mout fu sages, s'ert asis
Au feu qui devant lui ardoit.
De lui mie ne se gardoit

Sa mere, qui le prevoire aime,
Qui mout souvent lasse se claime
Pour ce que il demeure tant.
En mi l'ere fu en estant
De sa meson ; si coumença
A balancier de ça en là
Une pierre, qui lueques jut ;
O le pié la bouta et mut.
Dementres qu'ele fait ainsi,
De sa meson le prestre oissi,
Et vint là où cele boutoit
La pierre, et il la regardoit :
« Dame », dist il, « laissiez la pierre ;
Foi que doi mon seigneur saint Pierre,
Se huimès la vos voi bouter,
Ge vos ferai ja acouter
En ce lit, et si vos foutrai ;
Ja autre amende n'en prendrai. »
La dame mout s'en esjoï,
Quant icele novelle oï :
Si s'est un poi plus avanciée ;
La piere a avant balanciée
Et esmeüe o le pié destre,
Car mout desirroit que le prestre
Ce qu'il avoit dit li feïst.
Et li prestres tantost la prist
Entre ses bras, et si la porte
En un lit, et euvre la porte
De l'abitacion à l'ome.
Si ramaine le con de Rome,

Et, pour ce que mielz l'entalent
De faire tretout son talent,
La bese à chaucun cop qu'il fiert,
Et fait tout quanque il li afiert.
Et, quant son bon ot acompli,
Si li dist : « Dame, à vos soupli
Autresinc comme à un autel,
Et se il vos plaisoit autel,
Vos feroie soventes fois.
— Or m'en soit baillie la fois, »
Fait cele qui en velt encore,
« Par mon chief avoir l'en veilg ore,
Puisque vos le m'avés offerte. »
Cil li plevist et laisse ouverte
La porte au vilain et desclose
Que il avoit trovée close.
Si s'en vait et quemande à Deu
La dame; et li enfes del feu
Ot bien veü ce qu'il ont fait,
Mès n'en tint parole ne plait.
Puis n'ala gaires demourant
Que li preudon s'en vint courant
De là où il ot labouré,
Et cil qui avoit tabouré
Au tabor, qui resonne quas,
Por ce qu'il est fendus trop bas,
S'en fu alés tout maintenant.
Et, quant li enfes voit venant
Son pere, si li saut encontre;
A l'entrée de l'uis l'encontre,

Si li fait joie, si li saut,
Et dist : « Biaus peres, Deus vos saut
Et doint joie, et enneur vos face ! »
Li preudon son effant enbrace;
Si l'emporte joie faisant,
Et treuve en mi l'ere gisant
La pierre ; sil voloit oster
Et hors de la meson giter;
S'avoit andeus ses mains fors traites,
Quant li enfes li dist : « Ne faites,
Pere ; laissiez la pierre toute,
Que nostres prestres ne vos foute,
Ausinc com il fouti ma mere;
Ge le vi bien dou feu où g'ere
Coument il li batoit la croupe :
Ce ne sai ge s'ele i ot coupe,
Car ainz point ne se desfendi. »
Et, quant li preudom l'entendi,
Sachiés que mout fu angoisseus :
Sa fame prist par les cheveus,
Si la rue à terre et traïne,
Le pié li met sor la poitrine :
« Ha fame ! ja Deus ne t'aïst ! »
Si la bat et foule, si dist :
« Ne ne consaut, ne ne te voie !
Que neïs cil qui vont la voie,
Vienent tuit fouler ta vendenge ! »
Ainsinc la bat et la lesdenge;
Mès pour chasti ne pour ses cous
Ne remaindra qu'il ne soit cous.

Par ceste fable moustrer voilg
Que l'en se gart dou petit eulg
Autresinc bien, comme del grant;
De fol et de petit effant
Se fait touz jors mout bon garder,
Car il ne sevent riens celer.

NOTES ET VARIANTES

DU SIXIÈME VOLUME

Les mots marqués de l'astérisque sont des corrections faites aux manuscrits.

CXXXVIII. — DES .III. DAMES QUI TROVERENT L'ANEL AU CONTE, p. 1.

Ce titre ne se trouve pas dans le manuscrit.

Vers 7 — * trop; ms., *trob.*

47 — Il s'agit ici de S. Hildevert, évêque de Meaux vers 680, dont le corps fut transféré à Gournay, en Normandie. Une église de cette ville, Collégiale au XVIIIe siècle, porte encore aujourd'hui le nom de ce saint.

73 — En tête de ce vers, une place vide a été ménagée pour une miniature.

86 — « en » manque au ms.

87 — Une rue de Rouen portait encore dernièrement le nom de rue des Jacobins.

96 — * Dieu; ms., *Diex.*

103 — * vo; ms., *vos.*

107 — « je » manque au ms. — Une rue de Rouen porte encore aujourd'hui le nom de rue des Cordeliers.

121 — Place vide pour une miniature.

130 — Voyez, sur dame *Avonde*, l'Introduction de M. de Reiffenberg à la *Chronique rimée de Philippe Mousket* (t. II, p. CXLII-CXLIV).

138 — * cuevre feu; ms., *cuere feu*.

141 — tendrez; ms., *tendre*.

176 — * maleüreus; ms., *maleurés*.

Cette pièce est une seconde version du fabliau *Des .III. Dames qui trouverent l'anel*, publié précédemment (I, 168-177; voyez, outre les notes du deuxième volume, p. 298-299, un article paru dans la *Germania*, t. XXI, p. 383-399). Une troisième rédaction a été signalée par M. Eug. Ritter dans sa *Notice du ms. 179 bis de la bibliothèque de Genève* (*Bulletin de la Société des anciens textes français*, année 1877, p. 89). Ce n'est qu'un fragment de 50 vers; le voici :

« .. ..Or ay je dit ma negligence, »
Dist l'abbesse; « de tel semence
Fu jadiz mon courtil semez.
Or en dictes voz volontez,
Seur Ysabel, come l'ainée.
— Ma dame, (je) seroie blasmée;
Par ma foy, ce seroit oultrage. »
Dist l'abbesse : « N'ayez hontage,
Mettez vergongne en non chaloir.
Cuidez vous de mains en valoir?
Nennil non; dictes sans respit.
— Dame, foy que dois mon abit
Et mon volet et ma galoppe,
Ne foy que doy tippe ne toppe,
J'ay hanté l'amoureuse vie
Du deduit d'amant et d'amie :
Pris de mon ami tel soulas
Deus fois ou trois, tant que fut las,

L'un avec l'autre par mainte heure,
L'un cul dessoubz, l'autre desseure,
Car qui tous deus nous descouvrist
Et nostre couverture ouvrist,
Il n'a valleton ni meschine
De ja puis cy jusqu'an(t) Teruene,
Et fut encores de Laurene,
Qui sçut au quel cul la cuene
Des borses velues pendist,
Tant y [a] musart, n'entendist.
Or ay je ditte ma parole,
Don j'ay fait que nice et [que] folle. »
Dist l'abbesse : « N'ayés ja honte,
Car je say bien à coy ce monte
Près que vous ausy em partie.
Mès, devant que faizons partie,
L'anel vuil que ayés en garde,
Car je vois bien, panse et regarde
Que cy n'a ne sage ne sot;
Mès dit avés le plus bel mot,
Et pour ce l'anel je vous livre,
Non pas qu'il soit vostre à delivre,
Tan que bon companion l'orront
Qui le jugement en feront. »
Celle dist : « Dame, je l'autray. »
Puis a mis l'anel en son doy
La dereniere devant tottes ;
Mès puis maintes parolles sottes
Luy ont tottes les autres dit.
Et pour ce vous pri en mon dit
Que vous jugiés sans remanoir
La quelle doit l'anel avoir.

On pourrait rapprocher cette dernière rédaction d'une autre pièce *Des .III. Dames*, publiée précédemment (IV, 128-132, et V, 32-36), où l'on remarque aussi l'intervention finale d'une abbesse.

CXXXIX. — Du Prestre teint, p. 8.

Ce titre ne se trouve pas dans le manuscrit.

Vers 28 — Le vers manque dans le manuscrit
34 — « grans » manque au ms.
62 — * el le; ms., *ele.*
64 — « il » manque au ms.
68 — « i » manque au ms.
69 — * seoir; ms., *soir.*
70 — * veoir; ms., *voir.*
84-85 — Entre ces deux vers, il y a dans le ms. un vers raturé, absolument illisible.
87 — « il » manque au ms.
99 — * est; ms., *es.*
104 — * prestres; ms., *prestre.*
107 — * regarde; ms., *garde.*
111 — « par » manque au ms.
114 — * Adont li prestres; ms., *Idont li prestre.*
115 — * contrere; ms., *cotrere.*
125 — Ce vers était primitivement écrit :

Doit l'en bien s'amie conoistre ;

l'autre vers, devant rimer en *oistre,* manquait. Une main du XVe siècle a changé la fin du vers en *son ami aidier,* et a ajouté en marge : *Si s'an departi sans,* vers qu'il a été facile de compléter avec le mot *targier.*
128 — * il la; ms., *ila.*
144 — « sire » manque au ms.
155 — * On lit dans le ms. : *Ne veu ge mie encore estre.*
160 et 164 — Ces deux vers manquent dans le ms.

173-174 — Ces deux vers sont répétés dans le ms.
188 — * Li prestres; ms., *Le prestre.*
193 — * après; ms., *et.*
194 — * s'i; ms., *i.*
210 — « Et » et « ele » manquent au ms.
213 — « grant » manque au ms.
225-226 — Entre ces deux vers, il y a dans le ms. un vers raturé, illisible.
234 — * m'apeloit; ms., *l'apeloit.*
238 — * Teles; ms., *Tiex.*
245 — * buen; ms., *bon.*
246 — * suen; ms., *sien.*
249 — * De; ms., *Se.*
259 — * il; ms., *el.*
266 — Le vers manque dans le ms.
315 — * ert; ms., *est.*
356 — * n'estes; ms., *n'este.*
366 — Il y a évidemment une lacune après ce vers.
373 — Le vers manque dans le ms.
390 — Le premier « ou » manque au ms.
392 — * prenent; ms., *pranent.*
395 — * pesast; ms., *pesant.*
397 — * Il li; ms., *I li.*
406 — Le vers manque dans le ms.

Ce fabliau n'était jusqu'ici connu que par son titre cité dans *Connebert* (voyez notre cinquième volume, p. 160), autre pièce de Gautier. C'est à peu de chose près la même histoire que celle du *Prestre crucefié* (I, 194-197, et les notes II, 298-299). Nous retrouvons encore ce conte, mis en chanson au XVIIIe siècle, sous le titre d'*Histoire de Mr l'abbé tint en verd* (Bibl. nat., Ms. nouv. acq. fr. 4415, p. 185-191).

CXL. — De la Dame qui se venja du chevalier, p. 24.

Ce titre ne se trouve pas dans le manuscrit.

Vers 7 — Le vers manque dans le ms.
8 — * lor; ms., *i lor*.
13 — * Cele eure; ms., *Cel euvre*.
35 — * mès le; ms., *mès puis le*.
42 — * il l'ot; ms., *il ot*.
57 — * il le; ms., *i le*.
98 — * crenuz; ms., *canuz*.
105 — * Il li; ms., *I li*.
110 — « mout » manque au ms.
114 — * remest; ms., *remes*.
119 — * qu'el le; ms., *que le*.
130 — * On lit dans le ms. :

De boivre, sire, m'est pris talant.

140 — * sire; ms., *sires*.
149 — * la coute; ms., *le conte*.
168 — * Qu'entre; ms., *Qu'etre*.
176 — « Et » manque au ms.
190 — * il; ms., *i*.
215 — * damoisel; ms., *damoiseles*.
219 — * vo d. ne vo; ms., *vos d. ne vos*.
230 — * provée; ms., *proeice*.
242 — * On lit dans le ms. :

N'esplumer ne aplanier.

249 — * entreprenderoit; ms., *entreprendroit*.

259 — « trop » manque au ms.
264 — Le vers manque au ms.

On peut rapprocher de ce fabliau le conte des *Deus Changeors* (voyez notre tome premier, p. 245-254, et les notes, dans le tome deuxième, p. 304-305).

CXLI. — Du Vilain qui donna son ame au deable, p. 34.

Ce titre ne se trouve pas dans le manuscrit.

Vers 8 — * fust ; ms., *fu*.
11 et 17 — * Qu'il ; ms., *Qui*.
20 — * qu'il ; ms., *qui*.
35 — « en » manque au ms.
36 — * homage ; ms., *homa*.
51 — * chars ; ms., *char*.
56 — * renoia ; ms., *renoi*.
59 — * muire ; ms., *nuire*.
68 — * grans ; ms., *grant*.
95 et 112 — * Il ; ms., *I*.
119 — Le vin de Saint-Pourçain est cité dans la *Bataille des vins* de Henri d'Andeli. M. A. Héron, dans son édition des *Œuvres* de ce poète (Paris, 1881, p. 105), cite ce passage emprunté à l'*Histoire de la vie privée des François* de Legrand d'Aussy : « Un de nos « poètes du XIIIe siècle, parlant d'un homme qui étoit « devenu fort riche, dit de lui, pour nous donner une « idée de son luxe, qu'il ne buvoit plus que du vin de « Saint-Pourçain. » Cette citation, qui vise évidemment notre fabliau, prouve que le ms. Hamilton, qui le contient, a été utilisé au XVIIIe siècle par Legrand d'Aussy.

120 — * qu'il; ms., *qui.*
154 — Le vers manque au ms.
177 — * cheval; ms., *chastel.*
212 — Voyez sur ce proverbe Leroux de Lincy, *Livre des proverbes français*, t. II, p. 407.

La Fontaine, dans sa fable *la Mort et le Mourant*, a certainement reproduit le thème de cette histoire.

CXLII. — Des .IIII. Prestres, p. 42.

Ce titre ne se trouve pas dans le manuscrit.

Vers 5 — * prestre; ms., *prestres.*
44 — * trousa; ms., *trousé a.*
73 — * Qu'il; ms., *Qui.*

Nous avons déjà rencontré souvent le même récit; voyez plus loin, à la fin des *Notes et Variantes* du fabliau CL, le groupement de toutes les rédactions de ce conte.

CXLIII. — De l'Oue au Chapelein, p. 46.

Ce titre ne se trouve pas dans le manuscrit.

Vers 4 — Il s'agit ici évidemment d'une des rivières qui portent le nom de *Sèvre.*
12 — * Com en; ms., *Com il en.*
18 — * qu'il; ms., *qui.*
32 — Ce passage des *Proverbes de Salomon* ne se

retrouve pas dans *Marcoul et Salomon* (Méon, *Nouveau Recueil*, t. I, p. 416-436).

38 — * fust; ms., *fu*.
43 — « la » manque au ms.
58 — * ere; ms., *iere*.
74 — * tasta; ms., *taste*.
76 — Le vers manque au ms.
80 — * Il; ms., *I*.
86 et 100 — * l'ailliée; ms., *l'aillie*.

CXLIV. — Du Prestre et du Mouton, p. 50.

Ce titre ne se trouve pas dans le manuscrit.

Vers 9 — * Qu'il; ms., *Qui*.

Cette courte histoire forme le commencement d'un autre fabliau, malheureusement incomplet, que nous publions plus loin à la suite des *Notes et Variantes* du fabliau CL.

CXLV. — Du Prestre et du Leu, p. 51.

Ce titre ne se trouve pas dans le manuscrit.

Vers 1 — « Chartein, » pays de Chartres.

CXLVI. — De fole Larguece, p. 53.

Publié par M. H.-L. Bordier dans son livre sur *Philippe de Remi, sire de Beaumanoir* (1869 et 1873),

p. 302-307, et par M. H. Suchier dans son édition des *Œuvres poétiques de Philippe de Remi, sire de Beaumanoir,* faite pour la *Société des anciens textes français,* t. II (1885), p. 257-270, à laquelle nous empruntons à peu de chose près notre texte.

Vers 89 — * bel; ms., *nul.*
113 — Le vers est répété dans le ms.
126 — * serai; ms., *sera.*
138 — Ce vers, qui manque dans le ms., a été refait par M. Suchier.
141 — * pas; ms., *par.*
147 — * planté; ms., *plantés.*
157 — « de » manque au ms.
162 — * Que j'alai veïr; ms., *Que jou alai vir.*
204 — * verrés; ms., *venrés.*
210 — * iert; ms., *ert.*
216 — * Deus vuis; ms., *Deu wuis.*
218 — * De; ms., *D.*
228 — * Ermesent; ms., *Ermensent.*
254 — « a » manque au ms.
348 — « il » manque au ms.
363 — * Ja mais jor; ms., *Jamais par vos.*
372 — * Pluiseurs; ms., *Pluiseur.*
373 — « ne » est répété dans le ms.
376 — * iert; ms., *ert.*
391 — * passaissent; ms., *passast.*
407 — * preceus; ms., *pereceus.*

M. Suchier, dans son introduction (t. I, p. CXXIII), rapproche ce conte de Beaumanoir d'un passage des *Coutumes de Beauvoisis* du même auteur.

CXLVII. — DU CHEVALIER QUI FIST LES CONS PARLER, p. 68.

A. — Paris, Bibl. nat., Mss. fr. 837, fol. 148 v° à 149 v°.
B. — » » » 1593, fol. 208 r° à 212 r°.
C. — » » » 19152, fol. 58 r° à 60 r°.
D. — » » » 25545, fol. 77 v° à 82 v°.
E. — Bibl. roy. de Berlin, Mss. Hamilton 257, fol. 7 v° à 10 v°.
F. — Bibl. de Berne, Mss. 354, fol. 169 r° à 174 r°.
G. — Londres, Mus. brit., Mss. Harleien 2253, fol. 122 v° à 124 v°.

Ce fabliau offre deux versions bien distinctes : l'une est représentée par les six premiers manuscrits, de A à F (il faut remarquer toutefois que le ms. D se différencie des cinq autres à partir du vers 305); l'autre version, que nous publions plus loin, est de beaucoup plus courte.

Publié par Barbazan, III, 85; par Méon, III, 409-436, et par Albert de la Fizelière, dans *Nocrion* (Bruxelles, in-8°, 1881), p. 43-70; analysé dans une longue note par Gudin, *Origine des contes*, II, 363-367.

Le court extrait donné par Legrand d'Aussy dans son édition de 1779 (t. III, p. 423-424) n'a pas été reproduit dans l'édition de Renouard.

Le ms. A porte pour titre : « Du Chevalier qui fist les cons parler »; le ms. B : « Dou Chevalier qui faisoit parler les cons et les cus. » Le titre du ms. C est celui de notre édition; dans les autres mss. le fabliau n'a pas de titre.

Vers 1 — F, *Or sont fablel mout.* — entorsé, lisez *encorsé.*

3 — les portent. F, *aportent.*

4 — raportent. B, E, *aportent.* — A, *Por quoi que grant confort aportent;* F, *Grant confortement en raportent.*

5 — enovrez. A, *manouvriers;* B, E, F, *envoisiez.*

6 — « gent » manque à F.

7 — Et nès. A, B, E, *Neïs.* — plain d'ire. A, *en ire.*

8 — Se. A, B, E, *Quant.* — * oent. C, *osent.* — bon flabeau. A, *.I. biau mot.* — dire. B, E, *lire.*

10 — F, *S'an oblient.*

13 — B, E, *aconte.*

14 — en icest. A, *et .I. biau.* — Tout le commencement du fabliau se lit autrement dans D :

> De fables fait on les fabliaus
> Et de notes les chans noviaus
> Et de matiere les chançons.
> Ce bacheler dont je vos cont(e)
> Sy estoit il assez puissans,
> Prous et hardis et combatans.

15 — Qui. D, *Yl.* — Ce vers et les cinq suivants manquent dans A.

16 — Et. B, F, *Car.* — D, *De ce soiez tous.*

17 — B, F, *le con.*

18 — les. B, F, *le.*

19 — C, *Et li cus.* — F, *Et li cus qu'est.* — B, E, *archepel.* — D, *Nès le cul qui est en l'apel.*

20 — D, *Li respondoit;* E, F, *Responoit bien.*

21 — A, D, *Itel.*

22 — A, *Dès icele eure;* B, E, *En l'an que il;* D, *Au tiers an qu'il;* F, *El vintoisme an.* — A, F, *que il fu nez.*

23 — A, F, *comment avint;* D, *comment s'avint.*

25 — A, *il estoit de mout.* — Ce vers et le suivant manquent dans D.

26 — A, *Mès mout le.* — on. A, B, E, F, *l'en.*

27 — A, D, *Il.*

29 — D, *Iert trestoute sen.* — A, *toute sa contenance.*

30 — Quar. D, *Il.* — A, *Maint cop avoit feru.*

32 — A, *Et en granz estors;* B, E, F, *Et a grant besoinz;* D, *Enz grans besoignes.* — A, D, F, *enbatanz.*

33 — Ce vers et les trois suivants manquent dans D.

34 — A, *Si comme je truis.*

35 — F, *faillirent.*

36 — A, *ne se combatoient;* B, E, *ne se traveilloient;* F, *ne s'antresaillirent.*

37 — Et. A, *Car;* D, *Mais.* — B, E, *Li tornoi furent.*

38 — A, *Si a le sien tout;* D, *Tout a mengié et;* F, *Et il ot le suen.*

40 — remest. D, *remaint.* — C, *mantel hermine.*

41 — surcot. A, *cote.*

42 — A, *Ne d'avoir n'avoit.*

43 — A, *De ce nel tieng je mie à sage.* — B, E, F, *Qu'il n'eit vendu ou;* D, *Que tout n'ait beu et.*

44 — A, *Quant il a fet si grant outrage.* — B, E, *Mès de ce.* — B, E « ge » manque. — F, *tient en.* — D, *pas à.*

45 — D, *Quant.* — A, *Qu'il a tout le sien.*

46 — A, *Et tout beü et tout;* D, *Et trestout beü et.*

47 — F, *Et au chastel.* — est. A, B, D, E, *iert.*

48 — A, *Qui mout par estoit bien seanz.* — D, *Qui mout fu chiers et;* F, *Que estoit mout bon.*

49 — A, F, *comme est ore;* B, E, *com or seroit.*

50 — D, *Souvant il.*

51 — lonc tens. A, *grant piece.*

52 — A, *Et tant*. — A, « à » manque ; à. F, *en*.
55 — i fussent. D, *allassent*.
56 — « Tot » manque dans B, D et E.
57 — A, *vraiement* ; D, *fort et fier*.
58 — Mout en. D, *De ce* ; F, *Adonc*. — B, E, *Grant joie en ot*. — A, *Li chevaliers fet joie grant*.
59 — Avant ce vers, D en intercale un autre :

Quant il entandi la novele.

Les vers 59 et 60 manquent dans F.
60 — D, *Et li raconte*. — Après ce vers, D en ajoute un autre :

Qui li fu avenans et bele.

61 — A, D, F, *Du tornoi*. — A, F, *qui en Toraine iert* ; D, *qu'à la Haie iert*.
62 — B, *Ce dit Huet* ; F, *Huez li dist*.
63 — D, *De parler*.
64 — A, *Quant* ; F, *Que*, — D, *Ja sont tuit*.
65 — A, B, E, *Sont engagié*. — la. A, *vo*. — D, *Engagié pour nostre*.
66 — A, *Huet, biaus amis* ; D, *Dist li chevaliers*. — en. E, *i*.
67 — D, *Huet,* » *dit il,* « *se tu bien veuz*. — Ce vers et le suivant manquent dans F.
68 — tens. A, D, *jors* ; B, E, *dis*. — D, *consoillier bien*.
69 — F, *se je te creüsse*. — D, *Mout me fust mieus se te creüsse*.
70 — D, *Or fai si*. — ge. F, *gel*.
71 — Ce vers et les trois suivants sont remplacés par deux vers dans D :

Mes garnemens sans plus attendre ;
Seur toi n'en saroie chief prendre.

73 — tu porras. A, *tu savras;* F, *je savrai.*

74 — B, C, *Sor.* — A, *Se tu en porras.*

75 — D, *Quant Hues voit f.*

76 — se. A, D, *s'en.*

78 — D, *C'onques.* — D, F, *n'en.* — B, E, *ne le fist autrement.*

79 — Ainz. B, E, *Et;* F, *Si.* — A, *Si s'en acuita bel et bien;* D, *Et puis s'en acquita trés bien.*

80 — A, *Que au;* B, D, E, *Si qu'à;* F, *Einz à.* — A, B, D, E, F, *paier n'i lessa rien.*

81 — Toz. B, E, *Or.* — A, *les gages a.* — Ce vers et le suivant sont intervertis dans D :

> Tant que se vint à l'endemain
> Qui rot ses gages en sa main.

83 — se mistrent. A, D, F, *se metent;* B, E, *se sunt mis.*

84 — A, *Nus nes conduit;* D, *Nus ne les siut.* — sieut ne ne. E, *i vit ne.*

85 — A, *Tant errerent par;* D, *Puis s'(en) entrerent en;* F, *Si s'an vont par mi.*

88 — A, B, D, E, F, *Et Huès qui mout estoit sages.*

89 — A, F, *Li dist : « Biaus sire;* B, D, E, *Li a dit : « Sire.* — A, *en moie foi;* B, D, E, F, *par ma foi.*

90 — A, B, D, E, *J'ai vendu.*

91 — Quar. D, *Que.*

92 — D, *Or n'en menrez.*

93 — A, *Quelque;* B, D, E, F, *Queque.*

95 — Ce vers est remplacé dans A par un autre vers placé après le v. 96 :

> Averons à l'aler couchier.

97 — F, *En avons.* — Le vers manque dans A.

98 — mestier. A, *loisir*. — A ajoute :

> Puis que nous n'avons que despendre.

100 — B, *Isi;* F, *Ensi.* — A, *Ainsi s'en vont parlant;* D, *Endui vont chevauchant.*

101 — Ce vers et le suivant se lisent ainsi dans A :

> Quant il ont grant voie erré,
> S'entrent en un chemin ferré;

et dans D :

> Puis entrent en une valée,
> Grande, parfonde, longue et lée.

103 — A, *aloit;* B, E, *erra.* — Ce vers et le suivant se lisent ainsi dans D :

> Et Huès chevauche devant
> Et s'en va fort esperonnant.

104 — A, *chevauchoit.* — B, E, F, *avant.*

105 — son. A, .I.; D, *le.*

106 — B, E, *Tant qu'il trova ;* D, *Tant que il vint;* F, *Tant que il vit.*

107 — A, *En un prael;* B, *En mi* .I. [*pré*]; D, *En un pré lez.*

108 — A, B, E, F, *Qui mout estoit;* D, *Qui mout iert bele.*

109 — en. A, *i.* — Ce vers et les trois suivants sont remplacés dans D :

> Tout antour avoit arbrissiaus,
> Vers et foillus, et grans erbiaus.

111 — et foilluz. F, *et flori.*

112 — mois. B, E, *tens.* — A, *Aussi con se fust en esté.*

116 — C, « Qui » manque.—A, B, E, F, *De beauté resembloient*. — resanblent. D, *sambloient*.

117 — A, *Et lor robes et;* B, E, *Lor robes riches et;* D, *Lor robes atout*. — C, *tote*.

118 — A, *Avoient desoz l'arbre;* D, *Orent sor la fontainne;* F, *Estoient desoz une aubre*. — Après ce vers, D ajoute :

> Ou bout de la fontainne en haut,
> Près fu de midi, si fist chaut.

119 — D intervertit ce vers et le suivant :

> Les robes valent un tresor :
> Bastues estoient à or.

121 — Plus. A, B, E, F, *Si;* D, *Onc plus*.

122 — femes. B, E, *fées;* F, *dames*. — A, *Et quant Huet les choisi nues*.

123 — Ce vers et le suivant manquent dans D.

124 — les braz, les. F, *et braz et*. — A, *Bien faites de braz et de hanches*.

125 — vint. B, E, *vet;* D, *va*.

126 — Mais. A, B, E, F, *Ainz;* D, *Si*.

127 — A, *Quant il ot*. — lor. D, F, *les*.

128 — D, *Et el(e)s remestrent esbahies*.

129 — A, *Quant Huès lor*. — A, B, E, F, *robes*.— D, *Quant eles voient les robes*.

130 — se. D, F, *s'en*.

131 — Que. B, E, F, *Car*. — Ce vers et le suivant manquent dans D. — Ce vers et les trois suivants sont remplacés dans A :

> Quant d'iluec ne pueent torner
> Ne en nul autre leu aler.

132 — retorner. B, E, *remanoir*.

133 — D, *Et antr'aus forment.*

134 — D, *Prient et lamentent.* — F, *Et plorent, mais haut crier n'osent.* — Après ce vers, F ajoute :

Ne se porent iluec celer
Ne autre nule gent aler.

135 — D, *Einsis con.* — C, *dementent.*

136 — atant. A, B, D, E, *venant*; F, *errant.*

137 — A, *son escuier va.*

138 — B, D, E, *Atant l'une d'eles*; F, *Atant l'une d'aus.* — F, *l'apela.*

139 — A, D, *Je voi le chevalier*; F, *Estes vos chevalier.* — Ce vers et les sept suivants (139-146) manquent dans B et E.

140 — F, *Li sires.*

142 — D, *Et nous a.*

143 — Quar. D, *Or.* — sans plus atendre. A, *par l'escuier.*

144 — A, *Noz robes nous face envoier.*

145 — il. A, *tost*; F, *bien.*

146 — A, *L'une des puceles parla*; D, *Atant la plus mestre parla*; F, *Atant l'une d'aus l'apela.*

147 — D, *Et.* — A, D, F, *conte.* — F, *la mescheance.*

148 — D, *De ce ot li chev. pesance.*

149 — D, *Et ot des p. p.* — ot. C, F, *et.*

150 — le. A, *son.* — F, *Lors a tant lo ch.* — D, *Son cheval a tant avancié.*

151 — D, « Que » manque. — si. A, *se*; D, *et si.*

152 — ça tost. D, *moi ça.*

153 — Cez. A, B, E, F, *Les.* — E, *enporter.*

154 — C, *Cesseroit trop*; D, *Que se seroit grant.*

157 — D, *Dist Huès.* — A, *ne soiez pas ivres.*

159 — plus. F, *si.* — A, *Que je enport avoec moi si.*

161 — vos autant. A, F, *autrestant;* B, D, E, *vos autretant.*

162 — D, *Tant alez à tornoiement.*

163 — A, *Lors li a dit;* D, « *Ne me chaut,* » *dit;* F, « *Par ma foi,* » *fait.*

164 — lor. D, *les.*

165 — B, E, *Lour.*—qu'il en. B, *que il;* F, *que me.*

166 — D, *tele gaingne.*

167 — B, E, *Ne ja n'en monteroie.*

168 — estes. A, *serez.*

169 — D, *Se dit Huès par.*

171 — A, *Plus tost.* — D, *Et est revenus.*

172 — mout. D, *tant.* — A, *sont cortoises;* D, *ierent vaillans;* F, *erent gentes.*

174 — A, *Et eles se sont lues v.;* B, E, *Et el*[s] *se sunt t. v.;* D, *Et eles s'en sont t. v.;* F, *Et cele*[s] *sont t. v.*

175 — estoit. F, *est.*

176 —Atant. A, *Et.* — A, *s'en depart.*

177 — A, *Plus tost qu'il pot s'en vint a.;* B, E, *Congié prent et s'en torne a.;* D, *Et s'en est retornez a.*

178 — F, *Une.*

179 — A, *Parla;* C, *Paroles.*

181 — Cist. A, B, D, E, *Cil.* — F, *Mout est cil ch. c.*

182 — Mout. D, F, *Maint.* — B, E, *avon.* — F, *en ai veü qui.* — A change ce vers et en ajoute quatre autres :

> Si m'aït Dieus et sainte fois,
> Je croi que il soit de bon leu,
> Je croi qu'il soit hardiz et preu;
> Se ne fust sa grant cortoisie,
> Par mauvestié ou par folie...

183 — A, *Il eüst;* B, E, *Qu'eüst;* D, *Eussent.* — A, « chier » manque.

184 — Ainz qu'il. B, D, E, F, *Que il.* — eüst. F, *eussent.*

185 — D, *C'on en eüst;* F, *L'an en avroit.* — assez. D, *de bons.*

186 — cist. A, *franz;* B, D, E, *li.*

187 — A, *Est il et plains de c.;* D, *Il a v. n. fait c.*

189 — A, D, *Quant;* B, F, *Que.*

190 — D, *doit savoir mal gré.* — A, *Donons li dont nous sache gré.*

191 — le. B, E, *le i.* — A, *si ferons bien.*

192 — A, B, E, *Il est si.*

193 — n'en. A, B, E, *ne.* — envers li. D, *avere ne.*

194 — Ainz. A, B, D, E, *Mès.* — A, B, D, E, *povre homme.*

195 — A, F, *si le creanterent;* D, *li ont creanté.*

196 — A, *Et le ch. r.* — D, *ont rappelé.*

197 — A, B, E, *retorna.*

198 — mestre. B, *mestresse.*

199 — Quar. A, *Qui.* — C, *ostroi.* — D, *Et li dit : « Sire, or entandois.*

200 — chevalier. A, *fet ele.* — Ce vers et les deux suivants se lisent ainsi dans D :

Ne il n'est raisons n'il n'est drois
C'ainsi de nous vous departois,
Que vous n'aiez dou nostre ainsois.

201 — A, *quar il n'est;* B, E, *que il n'est;* F, *car il est.*

202 — F, *de nos si departoit.* — A, *partoiz.*

203 — Ce vers et le suivant sont intervertis dans A, B, E et F.

205 — A, B, E, *fet mout que;* D, *fait que mout;* F, *mout fait que.*

207 — ja. F, *pas.*

208 — cel lieu. A, *place.* — D, *n'irez ne loing ne près.* — Ce vers manque dans F.

209 — A, B, D, E, F, *conjoie.*

210 — D, *Et c'on ne face.*

212 — A, *Trestout ice que;* D, *Maintenant quanques.* — F, *Totes les gens.* — B, E, *tot ce que il.* — Après ce vers, D intercale deux vers qu'on retrouve plus loin (v. 223-224) :

> Yteus sera le vostre eür,
> De ce soiez tous asseür.

213 — porroiz. A, B, D, E, F, *poez.*

215 — Ce vers et le suivant manquent dans D.

216 — A, *n'ert mie;* B, E, *ne rest pas.*

217 — A, *Ce dist;* F, *Fait sor.* — A, F, *l'autre p. après.* — D, *L'autre reparole [en] après.*

218 — A, D, *Jamais n'irez;* B, E, *Ja n'irés mès;* F, *Jamais n'ira.*

219 — A, *Où que truisiez;* B, E, *Por que truissiez;* D, *Où vos truissiez.* — A, *femele beste.*

220 — Et. A, D, F, *Por;* B, E, *Mès.* — qu'el ait. D, *qu'aiez.*

221 — A, *Se le c. daingniez;* B, E, *Se doigniez son c.;* D, *Se le c. voulez.*

222 — A, *Que ne l'estuece à vous;* B, D, E, *Qu'il nel convieigne à vous;* F, *Qui ne l'estuisse à lui.*

223 — A, B, *mès voz;* D, *le vostre.*

224 — A, *soiez trestot seürs;* B, E, *soiez mout bien seürs;* D, *soiez tous asseür;* F, *soit trestoz aseürs.*

225 — n'en ot. A, *don n'ot;* B, E, *ne l'ot;* D, *n'ot mais.*

226 — A, *Dont;* D, *De ce.* — A, D, *ot l. ch. honte.*

227 — Si. D, *Et.*

228 — enprès. B, E, *après;* D, *si.* — A, *Adonc la tierce après parole;* F, *Et l'autre pucele parole.*

229 — Si. A, B, D, E, F, *Et.*

230 — B, E, *Savez ore que vos.* — vieng. A, B, D, E, F, *vueil.*

231 — F, *Que bien.* — Ce vers et le suivant manquent dans D.

233 — D, *Se le con ha encombrement.*

234 — A, *Ice vous di je.* — D, *responde.* — A, *tout briefment;* B, E, F, *enroment;* D, *apertement.*

235 — A, *Que li cus;* D, *Et li cus.* — D, *respondra.*

236 — D, *ait ne duel.* — F, *honte et anui.*

237 — Se. A, B, *Si.* — D, *Huchiez le donc pour vo besoingne.*

238 — D, F, *De ce.* — F, *grant honte.*

239 — B, D, E, *Et.* — C, *bien cuident;* D, *cuide bien.* — A, *Bien cuide que l'aient gabé.*

240 — A, *Et que ne soit pas verité.*

241 — D, *Erramment.*

242 — A, *Et tant qu'il aconsiut;* D, *Tant qu'aconseü a;* F, *Quant aconseü ot.*

243 — B, E, *Trestot meintenant;* F, *Trestoz errautment.* — F, *li aconte.* — A, *Se li a errant raconté;* D, *Tout en riant li a conté.*

244 — A, *Tout ce que li orent conté;* D, *Com celes l'avoient gabé.*

246 — D, *Lors dit Huès.* — F, *Et Huez dist : « Ice m'est bel.*

247 — B, E, *Que cil.* — D, *Qu'il est mout fous.*

250 — cuit. D, *croi.* — *Par mon chief, Huet, tu dis voir.*

251 — D, *Ainsis s'en vont parlant ansamble;* F, *En parlant, [si] s'en vont ensamble.* — Ce vers et le suivant sont remplacés dans A :

Atant s'en tornent maintenant ;
Si encontrent sanz demorant.

252 D, *Atant qu'il virent, se me samble.*

253 — D, *chapelain.* — B, E, *tot seul de.*

254 — Qui. F, *Si.*

255 — fu. A, B, F, *ert;* E, *est.* — Ce vers et le suivant manquent dans D.

256 — A, B, E, *Mais mout estoit.*

257 — B, E, *trespasser.*

258 — D, *En un autre voloit aler.*

259 — Ce vers et les deux suivants sont remplacés dans A :

Vers le chevalier torne errant.

260 — D, *Si tost com.*

261 — F, *trestorna.*

262 — C, *Et.* — A, *tout maintenant.*

264 — B, E, *Je vos.*—Avec ce vers finit le fragment du ms. A.

265 — o moi. F, *por Deu.*

268 — D, *Et tout à vo.*

269 — Est. D, *Met.*

270 — se. F, *s'an.*

272 — B, E, F, *Qui de remanoir si;* D, *Qu'ainsi de demourer.*

273 — D, *Huet appele.*

274 — B, « *Biaus sires chiers;* F, « *Sire, sire.*

275 — tot. E, *bien.* — B, D, *Les pucelles vous.* — B, *ont dit voir;* D, *distrent voir.*

276 — Or. B, *Bien;* D, F, *Si.*

277 — B, D, *Or.* — D, *de maintenent.*

278 — de. E, *à.*

279 — D, *Et vos l'orrez parler.*

280 — C, *ostroi.*

281 — B, E, *Tot maintenant li prist;* D, *Adonc li commança.*

283 — D, *moi, nou laissiez mie;* E, *moi, nel celez mie;* F, *ne me celez mie.* — Ce vers et le suivant sont remplacés dans B :

> Qui est descenduz de la celle?
> — Il va veoir sa damoiselle.

285 — D, *Dist.*
286 — D, F, *Et li.*
287 — E, .Xx. *livres.*
292 — sor. E, *sus.*
293 — D, *Engigniés.* — Ce vers et le suivant sont intervertis dans E.
294 — D, *De grant paour s'en esbaï.*
295 — E, *Por mieus corre d.* — B, *Et pour mielx courre;* F, *Et por plus corre.* — B, F, *inellemant.* — Ce vers et les trois suivants (295-298) se retrouvent plus bas dans D.
296 — E, *Osta sa.*
298 — B, *Tout a getié;* E, *A tous getez;* F, *Et giete tot.*
299 — B, E, *La.* — D, *Grant paour ot, puis t.* — B, *l'ait, s'en t.;* F, *l'ait et t.* — si. E, *et.*
300 — B, *Quant Huez le voit, si le huie.*
301 — D, *sens demourer;* F, *sanz mot celer.* — Ce vers et le suivant sont remplacés dans B :

> Et cil s'en fuit grant aleüre,
> Qui de retorner n'avoit cure.

302 — le gieu. D, *le jour;* E, *le courre.*
303 — Qui. B, *Ainz;* D, E, *Et;* F, *El.* — F, *s'en vait.*
305 — A partir de ce vers jusqu'à la fin du fabliau, le ms. D est tout différent des autres :

> Et por courre delivrement
> Desfuble sa chape erramment,

Et les deniers et la monnoie
Gieta trestout an mi la voie,
C'onques il n'en porta denier.
Adonc descent le chevalier,
Et ala, saisi les deniers
Et les a mis sor son sommier,
Dont il y avoit bien dis livres.
Dit à Huet : « Mout fusse or yvres,
Se ton consoil eusse creü :
Mon los eüsse deceü. »
Et Huet descent maintenant ;
Si a saisie la jumant,
Qui mout bien estoit afautrée ;
Puis trousse la chape forrée,
Et se reprant à chevauchier.
Adonc parla le chevalier :
« Huet, cil ne gaaingne mie
Qui fait conquest par vilonnie,
Ains part honnor par tout le monde ;
Jamais ne bel dit ne bel conte
N'iert mais de li à cort retrait :
Mieus ammasse estre orains contrait
Que ton consoil eusse creü ;
Moy mon pris eusse deceü. »
Ainsis vont ansamble parlant,
Et Huet garde en un pendant,
Et si a choisi un chastel
Mout bel seant et fort et bel.
Ne sai qu'en feroie lonc conte :
En cel chastel avoit un conte,
O li la contesse sa fame,
Qui mout iert bele et vaillans dame.
En la vile un juour avoit
Où le peuple assamblez estoit.
Quant li chevaliers ens entra,
Chascuns contre li se leva ;
Les puceles qui karolerent
Toutes contre lui s'en alerent,
Et le conte aussis y ala,
Qui en la bouche le baisa ;
Aussis (volentiers) [le] feïst la contesse
Plus volentiers que n'oïst messe,
C'el osast, vint fois près à près ;

Se le conte ne fust si près.
Mout li plust en son cuer et sist,
Et plus forment li abelist.
Tous li peuples c'anqui estoit,
A hautes vois forment crioit :
« Sire, (vous) soiez li bien venus,
Car de nous serez chier tenus;
Tout est vostre, cors et avoir. »
Ensis faitement tout por voir
Chascuns le vouloit detenir,
Et faire avecque lui venir
Por conjoïr et feste faire,
Et por resgarder son affaire :
Car il plaisoit tant à chascun,
Que tuit disoient un à un :
« Prenez nous à vostre talent ;
Si en faites vostre commant. »
Lueque[s] il parloient ainsi,
Li coens le chevalier saisi;
Si li dist par bele raison :
« Sire, vos venrez an maison,
Car sachiez, nous sons aprestė
De faire vostre volenté ;
Aussis fera voir la contesse,
En li troverez bonne hostesse,
Qui volentiers vos servira,
Et fera se qu'il vos plaira. »
Et la contesse maintenant,
Quant vit le chevalier venant,
Contre li tantost s'en ala,
Et mout trés bel le salua,
Con cele qui bien le sot faire.
Maintenant en un bel repaire
L'ammena la gentius contesse,
Qui de faire joie ne cesse
A lui et à son escuier :
« Sire, or ne vos doit anuier, »
Dist la contesse au chevalier,
« G'irai por haster le mengier,
Car il en est bien tens, se croi.
— Par foi, ma dame, et je l'otroi, »
Dist li chevaliers maintenant.
Et la contesse isnelemant

Fist as queus le mengier haster,
Et ce qu'il convint aprester
Fait fu, car la dame le vot,
Et au conte aussis mout li plot.
Et quant tout fu aparillié,
Erramment baut, joiant et lié,
Li cuens et la contesse ansamble
Alerent querre, se me samble,
Lor oste qu'orent herbergié.
Huet n'i ont pas oublié;
Car por l'amistié de son mestre
Fu il bien venus an cel estre,
Et la contesse por laver
Print par les mains le chevalier.
Mais li chevaliers nel vouloit
Et dou faire s'escondissoit;
Mais ses escondirs riens n'i vaut:
Se qu'il lor plait faire li faut.
Et puis li cuens et les puceles,
Les dames et les dammoiseles
Lavent après, et l'autre gent,
De coi il y ot planté grant
Por le chevalier conjoïr :
Puis le firent aler seir
Ou plus bel leu lez la contesse.
Et cele fu bonne mestresse
De bel parler et d'araisnier,
Et doit semondre por mengier.
Assez y ot planté de mès,
Desqueus en servi près à près :
De chars fresches, de venoisons
Et de pluseurs mès de poissons,
Et des noviaus vins et des viez,
Et de pimens et de clarez :
Grant fu la cors, mentir n'en quier,
Que on fist por le chevalier;
Et trestuit cil qui là estoient
Mout volentiers le resgardoient,
La contesse et ses dammoiseles,
Et les dames et les puceles,
N'y a cele n'en feist son dru,
S'avoir le peuïst em repu.
Mout (se) fu cele cors bien servie

A grant plenté et bien garnie
De dames et de damoiseles,
De beles gens et de puceles.
Li chevaliers se prant bien garde
Que chascuns de ceaus le resgarde,
Et lui et son contenement;
Mais il n'en fit onques semblant
De resgarder ne çà ne là,
Ne il onques trop ne parla,
Qu'il estoit sages, preùs et biaus,
Et courageus, fors et isniaus.
Mout li sist une damoisele,
Qui mout fu avenans et bele,
Et se fu gentius, longue et droite,
Et de tout son cors mout adroite;
Blanche fu comme flors de lis,
Dou resgarder est grans delis,
Qu'ele fu plainne de grant grace;
[Et] blanche et vermoille ot la face,
Con faucons vairs ieus et rians,
Sés et agus, et atraians :
N'est nus, qui bien les resgardast,
Que son pancer tost ne chanjast,
Et que ne fust tost deceüz,
Et à fol voloir esmeüz,
Qu'ele fu portraite à devis;
Et si avoit si cler lou vis
C'on s'i pouïst trés bien mirer;
N'est cuens, ne rois ne amirez,
Qui seüst deviser tant bele
En nule terre comme cele :
Bouche petite ot [et] vermoille,
Et les liefres furent paroilles,
Et les dens drus, et bien assis,
Blanc con yvoire et bien petis;
Gorge polie, menton voutis,
Et si ot les sorcis traictis,
Le front plain et resplendoiant,
Et le col blanc et reploiant;
Blondès cheveus et bien soians,
Luisans con or et ondoians;
Biaus ot les bras et grans et drois,
Blanches les mains, et lons les dois;

Petit pié, gembes engoussées,
Bien samble que fussent de fées;
Sa meniere et sa contenance
Furent de mout trés grant plaisance,
Et monstrent bien au descouvert
Que bel fu ce que fu couvert.
Bien fu faite par grant mestrise,
Nature la fist à devise,
Et bien parut par son courage
Qu'ele fu de gentil parage.
Au chevalier a mout pleü
Se qu'en li einsis ot veü;
Mais petit en fist de samblant,
C'on ne s'en alast mal pensant.
Puis fist on les nappes oster
Et, por laver, l'iaue aporter.
Li chevaliers tous premerains
Avec la contesse ses mains
Lava, et puis l'autre gent toute,
Et puis se burent tout an route,
Et, por l'amor dou chevalier,
Se vont trestuit apparillier
De faire karoles et dances
Par mout trés nobles contenances.
Et quant dancié orent assez,
Dont fu li chevaliers lassez;
Lors l'en mainent à son ostel
Por un petitet reposer.
Li chevaliers les mercioit
Por l'onnor que on li faisoit :
Puis se coucha li chevaliers,
Et delez lui ses escuiers.
Et, quant orent assez dormi,
Leverent soi tuit estormi,
Pour congié prenre et puis partir;
Mais li cuens nel volt consentir,
Et ancore mains la contesse :
« Sire, » dist ele, « mout me blesse
Ce que voulez partir de nos;
Mais, foi que doi et moi et vos,
N'en partirez hui ne demain. »
Adonc l'a saisi par la main,
Si l'en mena en ses vergiers,

Em prez, en jardins, en rosiers.
N'est nus qui vos seüst à dire
Le solas, le deduit, le rire,
Le bel leu, la joie et la feste
Que fist li cuens et la contesse
Au chevalier par fine amor;
Mout li porterent grant honnor.
Avint qu'il fu tens de souper :
Si s'en ralerent per à per,
Si con au matin aseoir.
Mout furent bien servi le soir
De viandes à grant plenté,
Et de vins à lor volenté.
Après mengier, chascuns commence
De faire karoles et dance,
Tant qu'il fu houre de couchier;
Puis an mainent le chevalier
En sa chambre où fait fu son lit,
Et là burent par grant delit;
Puis prinrent congié, se me samble.
Li cuens et la contesse ansamble
Si s'an revindrent d'autre part;
Mout samble à la contesse tart
Que le conte fust endormis.
Adonc l'en a à raison mis :
« Sire, il est tens de couchier or. »
Dist le cuens : « Et je m'i acor. »
Leva soi et se despoilla,
Et tantost ou lit sommeilla.
Quant la contesse vit son point,
Sens cri, sens noise faire point,
Si s'en vint à sa dammoisele,
Qui tant iert avenans et bele,
Celi que je vos ai nommée :
« Blancheflor, or soiés senée
De faire ce que te dirai. »
Cele respont : « J'en penserai
De faire le vostre comment,
Sans querre nul alloingnement.
— Tu t'en iras au chevalier
Que monsignour herberja ier;
Ne cri ne noise ne feras,
Et aveuc li te coucheras,

Et feras dou tout son plaisir
De ce qu'il te vourra querir ;
Et bien li di que je y alasse,
Se le conte ne redoutasse,
Et li di que je t'i envoie.
Or va, si te met à la voie,
Et se qui sera dit et fait
Me raporteras, si te plait. »
La damoisele respondi :
« Hareu ! dame, qu'avez vous dit?
(Je) n'iroie por estre roïne.
— Si feras, ma bele cousine, »
Respont la dame maintenent:
« (Je) n'iroie por tant ne por quant, »
Dist cel qui y woussist ja estre.
Mais el le dit por savoir l'estre,
Commant sa dame est eschaufée
Pour son hoste, et [est] embrasée.
« Or n'y vaut riens, faire l'estuet, »
Dist la dame, « car je le weul. »
Cele qui fu humelians,
Qui ot les ieus noirs et rians,
Li dist : « Dame, et car vous f[e]rez :
Non ferai, voir. — Vous y irez,
Car tous mes consaus vous savez.
— J'irai donc, puisque le voulez,
Et ferai vo commendement. »
[Et] cele saut isnellement
Toute nue, em pure chemise,
A tout une pelice grise;
S'en vint au lit au chevalier,
Et delez lui s'ala couchier,
Et se devesti toute nue
Por mieus paier sa bien venue.
Li chevaliers s'espovery,
Quant cele près de lui senti ;
Maintenant demandé li a
Que c'est que quiert, quel besoing a.
Cele ne fut pas effraée,
Ains respondi comme senée :
« Ne doutez pas, sire, » fait ele,
« Je suis cousine et damoisele
Ma dame, qui à vous m'envoie,

Pour vous faire solas et joie;
Mout volentiers i fust venue,
Ne fust por estre aparceüe.
De moi pouez vostre bon faire
Einsis con il vous vourra plaire. »
Et li chevaliers la ravise
Au parler et à la devise;
Adonc la print et embraça,
Et acola, et puis baisa,
Puis mist ses mains sor ses mameles,
Qui sont poingnans, dures et beles.
Cortoisement demendet a
Que c'est que fu que tastet a.
Ele li respont : « Mes tetiaus;
Ne croi pas que truissiez plus biaus. »
Adonc la print par la poitrine,
Et mist ses mains sur sa boudine,
Sur son ventre et sur ses costez :
« Bele, » fait il, « or m'escoutez,
Dites moi donc que est ceci. »
Et cele tantost respondi :
« C'est mes costez, c'e[s]t ma poitrine,
C'est mes ventres, c'est ma boudine,
Que vous em plaist il plus oïr? »
Puis la baisa por conjoïr,
Et pour ce ne l'a pas laissiée,
Que par tous lieus ne l'aist tastée.
Ne vos en sai à dire plus :
Là estoient il dui sem plus.
Puis l'a li chevalier tastée
Sor le con en cele valée,
Et a demendet hautement
Que fust que ce est que va tastant;
Et li cons tantost respondi :
« C'est li cons qui vous atant ci
Que vous maintenent le foutez
Et en faites vo[s] privautez;
Et se mervoille durement
Que vous alez tant atendent :
Car por autre riens n'iert venue
Ma dame qui lez vos gist nue. »
Quant cele oit que ses cons parole
Au chevalier de tele escole,

Si s'en fouï con esperdue,
A la contesse, toute nue,
Et li dit ce que trouvé ot,
Et li raconta mot à mot
Comment ses cons avoit parlé.
« Je croi que tu m'aies gabé, »
Fait la dame. — « Non ai, por voir :
Par vos le porrez bien savoir. »
Adont lou parler en laisserent
Jusqu'au matin qu'il se leverent,
Et li contes et la contesse,
Qui fu tens d'aler oïr messe.
Li chevaliers à aus s'en vint,
Ses salua et congié print,
Mais il ne li vorrent donner
Tant qu'il sera après disner.
Or s'en vont la messe escouter
Et firent le disner haster.
Quant disné fu, les tables ostent ;
Lors dist la contesse à son oste :
« Sire, or dites de vos novelles
Qui soient avenans et beles,
Car j'ai bien veüs chevaliers,
Et autres gens et escuiers,
Qui contoient tel aventure
Dont on avoit de l'oïr cure.
Par foi, » fet el, « l'en m'a conté
D'un chevalier de grant bonté,
Quant il veut les cons appeler,
Qu'il les fait, quant il veut, parler ;
Et se croi, c'est le chevalier
Que monsignour herberja ier.
Mais je metroie bien dis livres,
Mes cons n'est si fous ne si yvres
C'on le feïst jamais parler,
Tant le seüst on appeler. »
Que vos iroie plus contant
Ne longues paroles contant ?
La contesse et li chevaliers
Se gagierent endementiers.
Par dis livres fu la gaiaille,
Sens faire nule repentaille,
Par tel convant que il feroit

Toutes les fois qui li plairoit
Le con à la dame parler,
Quant il le vorroit appeler.
Mais ele quist tant de respit
Que en sa chambre aler pouït;
Erramment a empli son con
Que de laine que de coton,
Et, por mieus amplir le pertuis,
Feri de ses mains par desus.
Lors vint et dit au chevalier :
« Sire, or pouez mon con huchier,
S'il vous plait; et s'il vous respont,
Prenez (sor) moi dis livres adont. »
Li chevaliers dist : « Je l'otroi :
Dont l'appellerai ge, par foi.
[1]Sire cons, car parlez à mi. »
Et li cons riens ne respondi.
Hez le chevalier esperdu,
Qu'il cuida tout avoir perdu.
Ez vous Huet qui saut avant :
« Sire, n'alez pas esmaiant,
Huchiez le cul hardiement ;
Se li cons a empeschement,
Li cus si doit por lui respondre.
— C'est voirs, et je l'en vois semondre, »
Dist li chevaliers, « par ma foi.
Sire cus, car parlez à moi,
Por coi ne parole li cons ?
— Sire, » fait il, « jel vous respons,
Car la plaie dou con est plainne
Ne sai de cotton ou de lainne,
Et por ce ne puet il parler,
Quant vos le voulez appeler. »
Lors n'i ot nul ne s'esbaïst
Qu'ainsi parler le cul oïst,
Et la dame lor dist por voir
Que li cus lor avoit dit voir.
Adont a chascuns tesmoingnié
Que li chevaliers a gaaingnié.
Li chevaliers ot les dis livres
Tous assous quites et delivres,
Et puis après à auz s'en vint,
Ses mercia et congié print.

Et sachiez qu'à la departie,
Fu la cors troublée et marrie,
C'on voussist mieus qu'il demourast
Dis ans, que si tost s'en alast.
Il n'ot roi, duc, prince ne conte,
Ne fame nule an tout le monde
Qu'aussis volentiers nel veïst,
Et festoiast, si li feïst;
Mais plus a chier le tornoier
Qu'aveuc les dames donoier.
Partis s'en est li chevaliers,
Et Huès, li siens escuiers,
A tout l'argent; ez le tornoi
Qui fu criez estre à Tornay.
D'anqui s'en va par toute terre
Où (il) ot tornoiemens ou guerre;
Partout adès fu bien venus,
Et de tout le mont chier tenus,
Car il fu vaillans et prodons,
Et si fu certains des trois dons
Que li donerent les puceles
Qui tant sont avenans et beles.
Bien les esprouva, bien le sot;
Où qu'il fu, adès planté ot :
Car fame et home et toute gent
L'avoient chier por son cors gent,
Et de tous ses voloirs feïst
Toutes les fois que li seïst.
Et Huès pourchaça deniers
Toutes fois qu'il en fu mestiers.
Einsis vesqui, n'en doutez mie,
Tant con ou cors li dura vie.

308 — Puis. B, *Si*.

309 — cele. C, *cel*. — Ce vers et les cinq suivants (309-314) sont remplacés dans B :

Et les deniers bien estoia
Que li chevaliers li bailla.
Adont s'en tournerent parlant
Et d'eures en autres riant
Dou provoire qui s'en foï
Pour le con que parler oï.

Li chevaliers à Huet dist :
« Huet, » fait il, « se Deus m'aïst,
Se je t'eüsse orains creü,
Mout les eüsse mescreü.

310 — Atant. E, *Et si*. — Ce vers et le précédent sont intervertis dans E.

312 — E, F, *baille*.

313 — « i » manque dans F.

314 — E, *Huet, dist il*. — F, *Bien fusse*.

315 — B, *Se nous eüssiens*; E, *Se g'eüsse or*; F, *Se je aüsse*. — F, *destenues*.

317 — Les. E, *As*.

318 — Bien. B, *Je*.

319 — B, *Quant tel g*. — m'ont. F, *mout*.

321 — E, *Tout cest avoir*. — B, *et dou tout g.*; E, *ne tout g.*; F, *ne del tot g*.

323 — Quar. F, *Que*.

325 — Ce vers et les neuf suivants (325-334) manquent à B.

326 — par. F, *de*.

327 — F, *et pert lo monde*.

330 — « ge » manque dans C et F.

331 — Ce vers et le suivant manquent dans E.

333 — avillié. E, *aveuglé*.

334 — andui. F, *adès*.

335 — Tant qu'il. B, E, *Atant*. — en. E, *à*.

337 — que. F, *qu'an*. — B, *Que vos feroie je*; E, *Que vos feroie plus*.

338 — cel. B, *ce*.

339 — avuec. B, *i ert*.

340 — B, E, *estoit courtoise d.*; F, [*ert*] *joene et bele d.*

341 — Ce vers et le suivant sont remplacés dans B :

Et clers et chevaliers assez,
Qui là estoient assemblez.

> En mi la vile senz tencier
> Pour joer et pour solacier.
> Que qu'il se vont esbanoiant,
> Ez vous le chevalier venant.

342 — F, *Maintenant en cel.*
343 — B, *Celui qui fet.* — E, F, *le con.*
344 — B, *Tuit cil le queurent.*
345 — B, *Qui le virent et;* E, *Qui le vodrent touz;* F, *Qui lo voient et lo.*
347 — Ce vers et les neuf suivants (347-356) manquent à B.
348 — trestot. E, *asemblé;* F, *ensanblé.*
351 — E, *bourgeis et escuiers;* F, *borjois et chevaliers.*
352 — E, *et chevaliers.*
353 — A la place de ce vers et du suivant, on lit dans F :

> Ez lo chevalier et Huet,
> Qui a son besoin est mout prest.

355 — au gieu. C, *au gieus;* E, *as genz;* F, *q'as iauz.*
357 — B, *Touz li pueples court;* E, *Si corurent touz.*
358 — fu. F, *est.*
360 — B, F, *Et en enz;* E, *En mi.* — « l'a » manque dans B et F.
361 — B, *Tout autretel fet;* E, *Ausi l'acolast;* F, *Ensi l'anbraça.*
362 — que. E, F, *qu'el.* — Ce vers et les cinq suivants (362-367) sont remplacés dans B :

> .Xx. foiz la baisant senz promesse,
> Se ses sires n'eust esté là ;
> Mais pour lui atant le laissa.
> Quant baisié l'out et acolé,...

364 — F, *Se ses mariz.*
365 — F, *Il descendent.* — contre. E, F, *entre.*
368 — B, *Si l'en ont à joie.*
369 — à. B, E, F, *en.*
370 — F, *conte.* — B, *Que vous feroie je lonc conte.*
371 — Ce vers et les sept suivants (371-378) sont remplacés dans B :

Tantost sont assis au mengier
Li baron et li chevalier.
Quant mengié orent à loisir,
Si parlerent d'aler gesir.
La contesse, qui fu courtoise,
De son oste pas ne li poise.

373-374 — Ces deux vers sont remplacés dans E :

Quant mengié orent à loisir,
Puis parlerent d'aler gesir.

375 — F, *Car ja fu noire nuit.*
378 — E, F, *Et de ce fist mout.*
379 — F, *Q'an.* — B, *Ainz li fist feire à grant delit.*
380 — B, *En une chambre;* E, F, *Li a fet fere.* — B, E, .I. *riche lit;* F, .I. *mout bel lit.*
381 — *Là se dort à aise et r.* — et se. E, F, *là et.*
382 — à. F, *au.*
383 — E, *Apela.*
384 — mielz. F, *plus.* — B, *La plus courtoise.*
386 — B, *Alez tost, ne vous ennuit;* E, *Or alez et ne vous poist.*
387 — le. B, *ce;* E, *cel.*
388 — par. B, *à.*
389 — mout. B, *tant;* E, F, *touz.*
391 — B, *Si le servez, s'il est mestiers.*
392 — B, E, F, *Je i alasse v.*

393 — B, *Que ja nou l. p. h.;* F, *Ja ne lo l. p. h.*
395 — B, E, *pas encor;* F, *mie encor.*
396 — Après ce vers, E ajoute :

« Si le servez mout volentiers.
— Dame, » fet ele, « volentiers.

397 — E, *Car.* — B, *l'osa.*

398 — B, *Au lit où cil se reposa.* — E, *chevalier gesoit.*

399 — B, *I va;* F, *S'an entre.* — C, *enz.* — B, *comme une.*

400 — B, F, *Plus tost qu'elle post se;* E, *A l'einz qu'el pot, si se.*

401 — B, *Puis si.* — B, F, *et si.*

403 — De. F, *Tot.* — B, *Tantost erramment se tourna.*

404 — B, *Et de celle;* E, *De meintenant.* — se. F, *s'en.*

407 — fu. F, *est.*

408 — B, *Que.* — F, *ci m'anvoie.*

409 — « ses » manque dans F.

412 — B, *ce ne m'iert mie;* F, *ne m'est mie trop.*

413 — B, *Dit.* — qui. E, *si.*

415 — B, *Puis li pourtaste;* F, *Et li deteste.*

416 — B, *Qui estoient.* — « mout » manque dans F. — B, E, *plesanz et;* F, *gentes et.*

417 — la. B, *sa.*

418 — « Et » manque dans F. — B, *En après;* F, *Après.*

422 — F, *Sire,* » *fait soi li c.*

423 — B, F, *Que.*

425 — F, *Que gel ne vos quier ja.* — B, E, *q. ja à celer.*

426 — cele. C, *cel.* — son. F, *lo.*

429 — B, *à la voie s'est.*

430 — El. B, *Onc;* E, *Riens;* F, *Ainz.* — Après ce vers, B ajoute :

> Dedanz la chambre sa dame entre :
> Mout li tranbloit li cuers ou ventre.

De même E :

> En la chambre sa dame en entre :
> Mout li tremble le cuer el ventre.

431 — l'en. B, *si.*

432 — la. E, F, *quel.*

433 — qu'a. B, E, F, *qu'as.*

434 — E, *Qui ceanz se herberja ier.*

435 — Ce vers et le suivant sont remplacés dans B et E :

> A cui je t'avoie envoïe. »
> Mais celle fu si esbaïe [E, envoïe],
> Qu'à poines pot parler .I. mot.
> Puis respondi mielx qu'elle [E, à l'einz qu'el] pot,
> Et dist : « Dame [E, « Dame, « fet el,] vous ne savez
> Je cuit que cist [E, cil] hons est faez.

437 — B, *De coste.*

440 — F, *lo fist.*

441 — « li » manque à C.

444 — mais. C, *mai.* — E, F, *Tote s'esbaïst et merveille.*—Ce vers et le précédent sont remplacés dans B :

> Quant la contesse ce entant,
> Si s'en merveille duremant.

445 — B, *Et dist qu'elle nou crerroit mie;* E, *Et dit que ce ne croeit mie ;* F, *Et dit : « Ce ne querrai je mie. »*

447 — B, *Que c'est tout voir.*

448 — le. B, *leur.*

449 — B, *De ci qu'à main.*

450 — E, *Le chevalier*... (une tache d'encre empêche de lire la suite). — B, *s'esveilla.*

452 — ert. F, *est.* — Ce vers et le précédent manquent dans B et E.

453 — B, *Huez se lieve, met*; E, *Huet rova mettre.* — B, E, F, *sa selle* (leçon à adopter).

454 — c'oi. B, F, *sot*; E, *oï.*

456 — B, *Plus main se lieve.*

457 — B, *vint, si li prie*; E, *va et li prie.*

458 — B, *Qu'il ne s'en voist encore mie*; E, *Que il ne s'en aut encor mie.*

459 — Ce vers est remplacé dans C (il manque dans E) par un autre vers :

> Ne s'en pourroit il pas aler,

qui vient après le v. 460.

462 — B, F, *Pour riens le digner.*

463 — B, *Mais qu'il ne vous doie.*

464 — B, *Car j'ai mout grant journée*; E, *Quar j'ai trop grant journée*; F, *Que trop ai grant jornée.*

465 — F, *Tot,* » *fait ele.* — E, F, *ne monte rien.*

467 — B, *Il.* — B, F, *que autre estre*; E, *que autrement.*

468 — quant. B, *que.* — F, *qant movoir ne puet.*

469 — il. F, *tuit.* — Ce vers et les trois suivants manquent dans B et E.

472 — F, *assis tantost.*

473 — B, E, F, *après digner.*

476 — Mais. F, *Et.* — Après ce vers, B ajoute :

> A dit : « Seigneur, or m'entendez ;
> Contesse sui, si m'escoutez :
> Je vous dirai une merveille
> Vers qui nulle n'est sa paroille. »

477 — parla. B, E, F, *parole.*

478 — B, E, *Et dit : « Seigneur;* F, *« Sire, » fait cel(e).*

480 — B, *Clercs et bourgois.*

481 — B, E, F, *raconter.*

482 — se. B, F, *s'en.*

483 — C, *D'un.* — F, *novele.*

484 — Qu'il. F, *Il.*

485 — E, *Qui a tot le m. s.*

487 — B, F, *les cons à lui.*

488 — B, E, F, *Mout fet or teus hons à loer.*

490 — B, *Ce est nostre ostes qui;* E, *C'est nostre hoste qui ci.* — F, *Que c'est nostre ostes d'avant ier.*

491 — B, *ce oïrent.*

492 — B, *Mout duremant.*

493 — * ont. C, *on.*

494 — B, E, *Se la dame.* — B, E, *dit verité;* F, *a voir conté.*

496 — la. B, F, *sa.*

498 — E, *n'est ne.* — B, *musarde ne.*

500 — E, F, *Je.* — B, *A vous veil fere une.*

501 — B, F, *Et si;* E, *Je i.* — B, *quarante;* F, *cinquante.*

502 — B, *Que mès;* F, *Ja li.* — F, *tant fos.* — E, *ne si ivres.*

503 — B, *Qui pour vous;* F, *Qu'il por vos.* — B, *parloit.*

504 — B, *Et quant li chevaliers ce ot.*

505 — B, E, F, *Si dist : « Dame.*

506 — F, *Cinquante.* — B, *Se .XL. livres avoie.*

507 — B, F, *Jes i meïsse.*

508 — B, F, *Mais mon ch. et mon h.*

509 — B, *I gagerai tout;* F, *I metrai je de.*

512 — E, *Ja meins d. n'i ara nus.*

513 — B, .XL.; F, L..

515 — B, *Et se perdez.*

516 — harnois. F, *cheval.* — B, *Tout à pié sanz vostre hernois.*

517 — C, *li ostroia;* F, *lou creanta.* — Ce vers et le suivant manquent à B.

518 — la. E, *sa.*

519 — B, *Li chevaliers ne fu pas soz.*

520 — fist. B, F, *dist;* E, *fet.*

521 — li con. B, *il tout.*

522 — E, *Or en aiez.* — B, *Ainçois,* » *fet elle,* « *en i ait sept.*

523 — et. B, F, *ou.*

525 — F, *J'irai.*

526 — B, *A ce n'ot il.*

527 — B, *La parole fu devisée.*

529 — B, E, *Dedanz.* — F, *la chambre s'en ala.*

531 — B, *Plein .I. penier prist de c.*

532 — trés bien. B, F, *trestout.*

534 — A son. B, *Et dou;* F, *O lo.*

535 — B, *Plus en i entra d'une.*

536 — B, E, *Or ne fu pas.*

537 — E, *l'ot bien empli;* F, *bien l'ot empli.* — E, F, *et rasé.* — Ce vers et les trois suivants (537-540) sont remplacés dans B :

Dou parler n'i avra mais rien;
Mout ira au chevalier bien
S'il ne pert armes et destrier.
La contesse retourne arrier,
Et en son siege se rassist ;
En après au chevalier dist.

538 — envelopé. E, *asez bouté;* F, *bien emboisé.*

541 — B, *Qu'or face dou pis qu'il p.;* F, *Qu'il face au miauz que il p.*

542 — B, E, F, *parlera.*
543 — B, E, F, *Ne ne li contera.*
545 — me. F, *m'an.*
546 — sa. F, *la.*
547 — B, *Qu'elle s'ala.*
548 — li pot. B, *pooit.*
549 — A la place de ce vers et du suivant, on lit dans B :

Car il estoit touz enossez,
Et dou coton fu encombrez.

550 — du. E, *de.*—E, *si entassée;* F, *bien encombrée.*
551 — B, *Si qu'il ne pot;* F, *Que il ne pot.*
552 — F, *Qant li ch. voit et ot.*
553 — B, *Qu'au premerain mot n'a p.;* E, *Que au premier mot n'a p.*
556 — B, E, *Dont ot li chevaliers grant ire.*
557 — F, *vit qu'il ne parlera.* — Ce vers et le suivant sont remplacés dans B :

Quant ne parle grant ne petit,
A Huet conseilla et dist.

559 — B, *Que or a il trestout p.;* E, *Et dit qu'or a il tot p.;* F, *Que* ore[s] *a il trop p.*
561 — B, *dit il.*
564 — B, *Elle vous enseigna.* — C, *ostroia.*
567 — B, *Ne vous vost mie;* F, *Ele ne vos vost.*
569 — Dist. B, E, *Fait;* F, *Et.* — F, *erraumant.*
571 — F, *Si l*[*i*] *comande.*
574 — B, F, *Li cus respont : « Sire, il ne puet.*
575 — B, E, F, *toute la gueule.*
578 — B, F, *s'enferma.*
579 — si, lisez *se.*
580 — B, F, *Bien sachiez qu'il;* E, *Bien sai que il.*

582 — De. B, E, F, *Tout.* — a dit. C, *au dit*; F, *lo dit.*

584 — B, F, *La contesse mesprant vers moi*; E, *La contesse a mespris vers moi.*

585 — enossé. B, E, *estoupé.*

588 — E, *Tantost à la.*

589 — B, « *Tout le vous c. d.*; E, *Que tost li c. d.*; F, *Tot li c. à d.*

590 — B, E, F, *Ainz.* — B, *s'en ala vuidier.*

592 — B, *S'en a trait hors tout*; F, *Et en osta hors.* — tret tot. C, *trestlot*; E, *tret fors.*

593 — fors. F, *tot.* — Ce vers et le suivant sont remplacés dans B :

> Qu'il avoit englouti et mors;
> A .I. crochet l'en a trait hors.

594 — se repent. F, *li poise.* — quant l'i. E, *qu'el i.*

595 — B, *s'en vint*; E, F, *revint.*

596 — B, *qu'on perdra*; E, F, *que perdra.*

600 — B, *Que respondu ne li avoit*; F, *Que il tost respondu n'avoit.*

601 — B, « *Sire,* » *fet il.*

603 — Du. E, *De.*

604 — s'en. F, *en.* — B, *Li cuenz l'oït, assez s'en rist.*

605 — s'en. F, *en.*

606 — B, *Riant à la c. d.*

607 — ne. B, E, F, *n'en.*

608 — E, F, *Mais au ch. face p.*

609 — B, F, *Elle si*; C, *Et ele si.*

610 — B, *Quarante*; F, *Cinquante.* — B, *bailla.*

613 — si. F, *lo.*

614 — B, E, F, *l'enoroit.*

616 — bone. C, E, *bon.* — teus. F, *bon.*

617 — Cui. C, *Qui.* — E, *En leu que il fu adoubez.*

618 — li. B, *mes.* — On lit comme explicit dans C: *Ci faut li contes dou Chevalier qui faisoit cons et cus parler.*

La version fournie par le ms. Harleien (= G) est écrite en dialecte anglo-normand; nous la reproduisons avec les fautes d'orthographe et de rythme :

Aventures e enseignement
Fount solas mout sovent,
Et solas fet releggement,
Ce dit GWARYN qui ne ment.
E pur solas demostrer,
Une truple vueil comencer :
Quant um parle de truple e rage,
Ne pense de autre fere damage.
E pur ce à cet comensement
Counteroi assez brievement
Le counte de le chyvaler
Que sout fere le coun parler.
Un chyvaler estoit jadis
Mout vaillamment et de grant fis,
Hardi, pruz, bel bachiler,
De touz se fesoit molt amer;
Mès il ne avoit rente ne terre,
E pur sa trés noble affere,
Fust il fet chyvaler,
E touz jours remist souder,
E si out un esquier
Qe Huet se fesoit nomer,
Qe i par doner e largesse
Aniantist mout sa richesse.
Pur ce dit um molt sovent
Qe petit ad e petit prent
E velt despendre largement,
Ne purra durer longement,
E pur ce il fet qe sage
Qe se prent à le avauntage.
Issi remist un an entier
Qu'il n'out rien qe de aprompter;

Puis avynt neqedent
Qu'il oy parler de un tornoiement;
E apela son esquier,
E tot ice ly fet counter,
E ly demaund consail e aye,
Si nul y sache, qu'il ly die.
« Certes, sire, ileque aloms!
C'est le mieux qe fere purroms,
Qar ileque gaygnerez
Par ount vos gages aquiterez. »
Lur herneis fount apariller,
Al tornoiement vodrount aler.
Par priories e abbeyes
Lur covenist aler totes veies,
Pur ce qe petit avoient
Qe despendre purroient;
Et ce n'est mye greindre folie
De aler ou la nees sire Elye:
Yl n'est point tenuz tous jours pour sot
Qe siet aler ou le nees Elyot.
Ce fust en esté quant la flour
Verdist e doint bon odour;
Et les oylsels sunt chauntanz
E demenent solas graunz,
Come il errerent en une pleyne
Qe ert deleez une fonteyne,
Si virent un petit russhel,
Auke petit, mès molt bel.
Yleque virent treis damoiseles,
Sages, cortoises e trés beles,
Qu'en la russhele se baynerent,
Se desdurent e solacerent.
Huet les vit meintenaunt,
Et dit: « Sire, chevalchez avaunt,
E je vous atteindroi
A plus tost que je purroi. »
Huet vers les damoiseles ala
E lur despoille enporta.
Yl ly prierent qu'il lur rendeit
Lur despoille, e puis parteit.
Yl lur dit que ce ne freit,
Mès la despoille gardereit.
Yl crierent a le chyvaler

E ly prierent retorner
E la despoille deliverer
Que Huet out, son esquier;
E il li dorreint tiel guerdoun
Qe rien lur savereit si gree noun.
La eyné dit : « Sire chyvaler,
Un doun vous veil je doner:
En tous lyus où vous vendrez,
De tous honoré serrez
E molt chery e molt amez
Taunt come ileque demorrez,
E ceux qe vous encounterount,
De vous grant joie demerrount. »
La puisné dit erraument :
« Un doun te doynz je ensement.
Ne est dame ne damoisele,
Ne seit ele ja si bele,
Si sa amour desirrez
E de vous amer la prierez,
Qe s'amour ne vous grantera,
E tous vos pleysirs en fra. »
« Dont, » dit la tierce damoysele,
Qe s'estuit en la russhele,
« Bel sire chyvaler,
Qe estes si cortois e si fer,
Un doun te veil je doner
Dont meint se doit enmerviller :
Je vous dorroi le poer
De fere cul e coun parler
A vostre requeste communement,
Derere e devant la gent;
De quanque vous leur demaunderez,
Certeyn respounz averez.
— Damoisele, grant mercis. »
A ceste parole sunt partis;
La despoille yleque lessa,
Congié prist e s'en ala.
Ne demora gueres come errerent,
Qe un chapeleyn ne acountrerent
Une jumente chevalchant,
Qe molt suef va portaunt.
Quant yl vist le chyvaler,
Grant joie comença de mener,

Ou bel semblant le honora
E à ly del tot se abaundona.
Dit Huet : « Bon est de assaier
De fere le coun al jumente parler.
— Vous ditez bien, par seint Richer,
Je le vueil assayer :
Où va tu, daun coun, ne le celez mie?
— Sire, je porte à mesoun le prestre à s'amie.
— Ad yl amie verroiement?
— Oïl, syre, certeynement,
E dis marcz en s'almonere
Qu'il dorra à sa amie chere. »
Le prestre dit à le chyvaler :
« Merci vous quier, sire cher;
Quanque j'ai, vous vueil doner :
Ne me fetes si vergounder. »
Les dis mars ileque lessa
E à sa amie avant ala,
Que molt li sout mal gré
Pur ce qu'il out si erré.
Le chyvaler s'en ala
Que grant joie demena;
Si est lee a demesure
De si merveillouse aventure,
E à Dieu graces rent
Qu'il ad esploité si richement.
Tant ont par le païs erree
Qu'il fust à poi avespree :
Si virent un chastiel assis,
Halt, bel e de grant pris.
Un counte ileque maneit;
Tot le païs suen esteit.
Yleque vodrent herbiger :
Pour nuit ne poeint avant aler.
Al chastiel sunt descenduz :
Yleque sunt molt bien reçuz.
Le counte, quant y les veit,
Molt durement les honoreit
E la countesse ensement;
Grant joie ly firent communement
Esquiers, vadletz, serjauntz,
Trestous petitz e grauntz.
Quant al soper furent assis,

Richement furent servis ;
Une damoisele e le chyvaler
Ensemble sistrent al soper.
Le chyvaler primes parla,
E la damoisele enresona,
E la pria e requist
Qe ele amer ly volsist.
A quoi dirroi je longement?
Ele ly graunta soun talent,
E qe la nuit à ly vendreit,
Ensemble ou li la nuit cochereit.
La damoisele ne se oblia :
A le chyvaler s'en ala ;
E come en le lit se cocherent,
Estroitement s'entre acolerent :
« Donqe, » dit le chyvaler,
« Daun coun, ne pus tu nient parler?
— Oïl, mi syre, verroiement,
Tot à vostre comaundement.
— Me diez si vostre dammoisele
Seit uncore pucele.
— Nanyl, syre, certeynement :
Ele ad eu plus que cent
Coillouns à soun derere
Qe ount purfendu sa banere. »
La dammoysele se tynt abay :
« Allas! » fet ele, « qe vient ycy ?
Trop su honye ledement
E engyné vylement! »
A plus tost qe ele pout,
De le chyvaler eschapout.
Quant sa dame fust levee,
L'endemayn ly chay al pré,
E la cria sovent mercie,
E dit : « Dame, je su honie :
Se vous le volez celer,
La verité vous vueil counter.
— Oïl certes, à mon poer
Vostre priveté vueil celer.
— Le chyvaler qe vint er sà,
De ly amer me pria,
E je ly grauntay son desduit,
E à son lit venyr la nuit.

Quant à son lit venuz estoie,
Yl me acola et fist grant joie,
E meyntenaunt, nel vueil celer,
Fist moun coun à li parler,
E tiele parole mist avant
Dount je arroi honte grant;
E à plus tost qe je poeye,
De soun lyt eschapoye.
— Tès, » fet la dame, « c'est folye.
— Certes, dame, je ne mente mye. »
La dame jure Dampnedee
Qe ele savera la veritee.
Meïsme le jour après manger,
La dame comença à parler,
E dit al counte : « Sire, saunz faille,
Vous orrez de une grant merveille :
Yl y ad seynz un chyvaler
Qe siet fere le coun parler. »
Ly sire dist : « Lessez ester,
Ne le pus crere ne quider.
— Certes le chyvaler qe siet là,
Um le dit qu'il le fra.
— Sire chyvaler, dit ele verité?
— Oïl, sire, à noun Dee,
Parlera ele sovent,
Sire, à mon comaundement. »
La dame dit meyntenant :
« Sire chyvaler, venez avaunt:
Je mettroi de moneie cent lyvres
Qe vous ne frez mon coun sy yvres
Qe de ly respounce ne averez
A chose qe vous demaundrez.
— E je mettroi mon chyval
Qe ele respoundra de bien e mal,
E parlera apertement,
Oyauntz tous communement. »
La dame un petit suzryst :
« En ma chambre entroy, » ce dist,
« E bien tost revendroy,
E vostre coyntise assayeroi. »
La dame prist de cotoun :
Si parempli bien le coun
E la fist si empler

Qu'il n'y purra plus entrer.
Bien quatre lyvres de cotoun
La dame mist en soun coun ;
Pus [en] la sale entra,
E le chyvaler demaunda
Qu'yl dut assayer
De fere soun coun parler.
E quant le chyvaler fere ne le pust,
Certeynement molt li desplut,
E se tynt engynez :
« Syre, » dit Huet, « que i pensez ?
Souvyegnez vous de le cul
Qe respoundra à vostre vueil.
« Cul, cul, qe fet le coun?
— Sire, est empli de cotoun,
Qe me destreint si ferement
Qe je ne pus apertement
Une soule parole parler,
Taunt me fet encombrer. »
Tous diseyent à un acord :
« Dame, vous ly fetez tort ! »
Ou un long cro le cotoun
Firent trere hors del coun.
Le chyvaler al coun demaunda
Pur quoy respounce ne ly dona :
« Sire, je ne purroi verroiement,
Taunt fu estranglé vylement. »
Le counte dit meintenant :
« Dame, dame, je vous comaunt,
Fetes pees al chyvaler,
E puis le lessez aler. »
E la dame ensi fist,
E le chyvaler congié prist :
Vers son païs s'en velt aler.
Assés emporte de aver :
Ore ad assez dont out mester
Pour ces gages acquiter.
E quaunt cest aventure fust sue
E entre gent oye et veue,
Sy ly mistrent un surnom
E le apelerent *Chyvaler de coun*,
E son esquier Huet
Le sournom *de culet* :

Chyvaler de coun, Huet *de culet,*
Fous y est qe plus y met.

Ce fabliau a peut-être fourni à Diderot l'idée première de ses *Bijoux indiscrets,* imités plus tard par Gudin , dans son *Origine des contes* (t. II, p. 352-363).

CXLVIII. — De la Coille noire, p. 90.

A. — Paris, Bibl. nat., Mss. fr. 837, fol. 236 r° à 237 r°.
B. — » » » 1593, fol. 181 r° à 182 r°.
C. — » » » 2173, fol. 92 r° à 93 r°.
D. — » » » 12603, fol. 239 r° à 239 v°.
E. — » » » 25545, fol. 70 r° à 70 v°.
F. — Bibl. roy. de Berlin, Mss. Hamilton 257, fol. 31 v° à 32 r°.
G. — Bibl. de Berne, Mss. 354, fol. 63 r° à 64 r°.

Publié par Barbazan, III, 128; Méon, III, 440-444, et par M. L. Hervieux, *les Fabulistes latins depuis le siècle d'Auguste jusqu'à la fin du moyen âge,* t. I (1884), p. 623-626.

Le ms. B porte pour titre : « Dou Vilein à la coille noire »; les ms. C, D et F n'ont pas de titre.

Vers 1 — A, B, F, *cont et de sa;* C, *conte qui prist à;* D, *di et de se.* — G, *Uns vilains qui ot pris à f.* — D fait précéder ce vers des deux suivants :

Un fablel vous voel commenchier,
Qui ne fu fais ne hui ne hier.

2 — B, *D'une.*
4 — F, *Ne savoit pas du p.* — pas. D, *mot.*
5 — F, G, *si la coille.*
6 — E, *Cele seüst.* — G, « le » manque; *c'est or.*

7 — C, *Ja n'eüst geü* lez; D, *Ne jeüst ja delés.*

8 — bien. A, B, F, G, *el;* C, D, *ele.* — F, *cuida.* — C, D, *que f.*

10 — C, *li preudom.*

11 — A, B, C, F, *Et se fu à;* G, *Si se fu à.* — D, *Et par delés sen fu s'assist.*

12 — B, F, G, *Et.* — A, B, C, F, G, *en ses braies jusqu'à.* — G, *dis.* — D. *Tant qu'en ses braies li fus fist.*

13 — A, B, F, *Avoit pertuis, si furent;* G, *Ot de pertuis, si furent.* — C, *Ot pertuis, si furent deroutes;* D, *Grans treus, si que eles sont routes.*

14 — hors. C, G, *fors.* — issirent. C, *paroient.* — A, B, D, F, *Tant que fois issirent* [D, *issoient*] *trestoutes.*

15 — A, B, D, F. *Ses.* — G, *sa fame les vit.*

16 — fait. A, B, C, F, *dist.* — com. D, *si.*

17 — noires. A, B, F, *fetes.* — D, *si noire coille.*

18 — delez. A, G, *avoec.*

19 — A, *Cist;* B, F, *Cil.* — tel hernois. C, D, F, G, *tel coille;* A, *tés coilles.*

20 — A, B, F, *bien sui honie.* — C, *Bien sui honnie, bien sui morte;* D, *Lasse !* » *fait ele,* « *tant sui morte.*

21 — il ainc. A, B, D, F, G, *onques.* — Ce vers et le suivant manquent à C.

22 — A, *En ;* B, *Et ou.* — qui. A, D, *qu'il;* G, *c'on.*

23 — B, F, *Ne que.* — D, G, *fui.* — C, *Quant je sui à li m.*

24 — irée. B, E, *iriée.* — C, *Et quant je sui à li donnée.* — D, G, *Dolente en sui.* — D, *molt et irée;* G, *et esgarée.*

25 — A, B, D, F, *Certes si doi je mout;* C, *Et certes je le doi;* G, *Et voir si do je* [*mout*].

26 — A, B, C, D, F, G, *Mès par celui qui me fist nestre.*

27 — A, B, F, *Je m'en clamerai;* C, *Je le laisserai;* D, *Jes laisserai et;* G, *Jel laisserai et.*

28 — A, F, *A l'evesque en irai;* B *Au prevot* (*cui*) *en irai;* C, *Si irai au vesque.*

29 — D, G, *Si li.* — A, B, C, F, *Et li conterai.*

30 — fu mout. C, *qui fu.* — G, *fu de boen afaire.*

31 — D, *Li dist mout;* G, *Dist li mout.*

32 — A, B, *Suer;* D, *Dame;* F, *Or.* — A, B, D, F, *alez, à Dieu.*

33 — D, *Se vos de moi.*

34 — C, *Ja n'en avrez.* — A, C, F, G, *la Dieu amor;* D, *de Deu l'amor;* D, *de Dieu amour.*

35 — A, B, F, *Se de vous ne redi;* C, *Et si sur vous dirai;* D, *Si je au jour ne di;* G, *Se je de vous ne di.*

36 — C, *Ou ja;* D, *U il;* G, *Don ja.*

37 — C, D, G, *Quoi.* — A, B, F, *Quoi! dant vilain.* — B, G, *que direz vous.*

38 — A, B, C, D, F, G, *Certes or.*

39 — A, B, C, F, G, *Or ne leroie je.* — Ce vers et les sept suivants (39-46) manquent à D.

40 — C, *Que je nel;* G, *Je ne le.* — A, F, *Que ne m'en clamaisse;* B, *Que ne me clamasse.*

41 — C, G, *Et à.* — A, B, *ou au.*

42 — A, B, F, *.I. petit pet.*

43 — A, *du mieus;* B, F, *du pis;* C, G, *le mielz.* — A, B, C, F, G, *que vous porrez.*

44 — C, F, *que par teus nouveles.*

45 — au cuer. C, *auques.* — A, B, F, *mout corouciez.*

47 — A, B, F, *De ce que;* C, D, G, *Pour ce que.*

48 — A, B, C, F, G, *Lors.* — D, *Atant s'en va trestoute irie.*

49 — A, B, F, *Et vint à l'evesque à P.;* C, *Mout grant aleüre à P.;* G, *Ainz ne fina jusqu'à P.*

50 — Chiers amis. G, *N'a pas ris.* — A, B, F, *Qui mout s'est de la clamor ris;* C, *A l'evesque a dit et apris.*

51 — D, *Je vieng;* G, *Si sui.* — A, B, C, F, *Sire, devant vostre presence.*

52 — A, B, F, *Veuil je bien dire;* C, G, *Si dirai tout;* D, *Dire vos voel.*

53 — suis, lisez *sui.* — à vous. A, B, F, *à cort.* — Ce vers et les suivants sont remplacés dans D :

> La raison pour quoi ichi vien,
> Et se mestiers m'est, j'averai bien.

54 — A, B, C, F, *Bien a* .VII. *anz;* G, *Plus a d'un an.* — A, B, C, F, G, *que m'a tenue.*

55 — A, B, F, .I. *vilains;* G, *Mes vilains.* — A, B, F, *c'onques ne connui;* C, G, *c'onques nel connui.*

56 — A, B, F, *Fors qu'ersoir;* C, *Tant qu'ersoir;* G, *Mais arsoir.*

57 — G, *La chose.* — A, B, F, *que plus n'i remaigne.*

58 — G, *Et tesmoing en avroie maint.* — A, *Et je;* B, *Que je;* F, *Ne que.* — A, B, F, *demeure en sa compaigne.*

59 — A, B, F, *Tesmoignié me sera;* C, *Qui se tesmoigneront;* D, *Qui me tesmoignera;* G, *Qui tesmoigneroit.* — G, *à voir.*

60 — A, *Mes vilains;* B, D, G, *Mes maris;* F, *Mes sires.*

61 — A, B, C, F, *Que fer.* — D, *et le couille assés.*

62 — n'à. G, *ne.* — C, *Que la chape nostre pr.*

63 — C, *Et velue.* — Ce vers et les cinq suivants (63-68) manquent à D.

64 — nule. A, B, F, *vielle.* — C, G, *N'onques encor nule viés b.*

65 — A, B, C, F, G, *D'userier.* — A, B, F, G, *si enflée.*

66 — C, *Iceste est veritez prouvée.*

67 — A, B, F, G, *Au mieus que dire le vous sai.* — Ce vers et le suivant sont remplacés dans C :

> Que pour ce ne puis concevoir,
> Ne nul enfant ne puis avoir.

68 — Ce vers et le précédent sont intervertis dans G.

69 — A, B, C, F, G, *Lors s'en gabent trestuit;* D, *Adonc s'en gabent tuit.*

70 — « Et » manque dans E. — en riant. C, D, *ensemble.* — A, B, G, *Et en riant l'evesque dient.*

71 — C, D, G, « *Sire, pour Deu.* — A, B, F, *Qu'il face le vilain.*

72 — A, B, C, D, F, *Por savoir qu'il;* G, *Por savoir que.*

73 — A, B, F, *Et dira.*

74 — A, B, F, *Je lo bien.*—D, *mout bien.* — A, C, F, *que l'en;* B, *que on;* D, *qu'on.*—Le vers manque à G.

75 — A, B, D, F, *Dist.* — D, *en moie foi.*

76 — le. A, C, F, G, *li.* — D, *venir devant.*

77 — Pepin. A, C, F, *Popin;* D, *Martin.*

78 — A, B, F, *Qu'il face venir.* — D, *Que devant moi l'amaint demain.*

79 — F, *Tantost;* G, *De lui.* — Ce vers et le suivant manquent à D.

80 — A, *L'en l'acuse;* C, G, *Qu'an l'acuse;* F, *L'en acuse.* — de. C, *d'un.*

81 — A, *Il vint avant;* B, *Cil vint avant;* C, G, *Cil vient à cort;* D, *Par devant* (vers faux); F, *Cil vint à court.* — B, G, *et si s'acuse;* F, *et si l'acuse.*

82 — D, *si l'encuse.* — A, B, F, G, *Maintenant sa fame l'acuse;* C, *Qu'il est venus, et lors l'acuse.*

83 — A, B, F, G, *Et dist;* C, *La dame.*

84 — A, B, F, *A qoi que la chose en atort;* C, *Qui que,* » *fait ele,* « *à mal le tourt;* D, *Qu'en caut à moi qui le m'atourt;* G, *Qui qu'à vialt,* » *fait ele,* « *l'atort.*

85 — A, B, F, G, *Moi ne chaut se j'en;* C, *Moi n'en chaut se j'en;* D, *A honte ne s'en.* — Ce vers et le suivant sont intervertis dans A, B et F.

86 — A, B, F, *je me sui.*

87 — c'est. A, F, *cel;* B, G, *ce.*

88 — A, B, F, G, *De;* C, *A;* D, *Od.* — A, B, C, D, F, G, *sa grant coille de Hongrie.*

90 — C, G, *Certes mout;* D, *Certes bien.* — A, B, F, *Trop furent cil mavès ovrier.*

91 — A, *Que le;* D, *Cil quel;* F, *Qui le.*

92 — D, *Mais se.* — A, B, F, *Mès s'il se voloit escuser* [B, F, *acuser*].

93 — A, B, F, *Ou;* C, D, G, *Et.* — B, *la posasse;* F, *li posasse.*

94 — A, B, F, *La verité;* G, *Et verité.*— A, B, C, D, F, G, *li demandaisse.*

95 — A, B, *Por qu'il l'a;* C, *Por quoy est;* D, F, *Pour quoy l'a.*

96 — sa. A, B, F, *la.*

97 — A, B, C, G, *Et dist :* « *Biaus sire, à vous;* D, « *Biaus sire,* » *fait il,* « *je;* F, *Si dist :* « *Beau sire, vos.* — C, D, *plain.*

99 — Ce vers et le suivant manquent dans A, B, C, D, F et G.

101 — C, *A gasté.*

102 — A, *Vous mentez aval;* B, C, D, F, G, *Vous mentez parmi.*

103 — A, B, *Dist cele,* « *danz;* D, *Dist la dame;* F, *Dit ele,* « *dant.* — B, *despors.*

104 — A, B, D, F, *Bien a* .VII. *anz que;* C, *Plus a de* .III. *anz;* G, *Plus a d'un an que.* — B, *tors.*

105 — E, *fainc.*

106 — A, B, F, *Non,* » *dist il;* G, *Oez, sire.* — jel. A, B, C, *je.* — D, *Dist li vilains :* « *Ce sai je bien.*

108 — A, B, F, *Lors n'i a nul;* C, *Adont n'i a nul;* D, *Adont n'i a celi;* G, *Lors n'i a celui.* — A, B, F, *qui ne s'en rie;* C, G, *qui n'en rie;* D, *n'en rie.*

109 — A, B, D, F, G, *Quant il oïrent la.* — C, *Et qui n'en tiegne à grant parole.*

110 — C, F, *s'en tint.*

111 — A, *que ele a fete;* B, C, F, *que ele ot fete;* G, *que avoit fete.*

112 — D, *racorda.* — A, B, F, *L'evesques la pais en afete;* C, *Dont li evesques li afeite;* G, *Et li evesques les afaite.*

113 — C, *Response, comme il me semble.* — A, B, F, *Racordez furent;* D, *Si les renvoia;* G, *Si s'en retornent.* — D, F, G, *ce me samble.*

114 — A, B, F, *Puis s'en retornerent ensamble;* C, *Que ilz s'en voisent tous ensemble;* D, *En lor païs aus* .II. *ensamble;* G, *Ceste fable dit par essamble.*

115 — C, *fable.* — G, *Et si lo poez bien savoir.*

117 — baron. A, B, C, F, *seignor;* G, *mari.* — a. A, B, *tient.*

118 — B, C, D, *et por;* F, G, *ne por.*

119 — A, B, F, G, *Qu'autant de force.* — A, B, *a il ou noir;* F, *a* .I. *hons noir;* G, *a en* .I. *noir.* — C, *Car autant de force a une noire;* D, *C'autant a il de bien un noir.*

120 — D, F, *Comme un blanc;* G, *Con en un blanc.* — A, B, D, F, *ce poez savoir;* G, *se sai de voir.* — C, *Comme a une blanche pour voire.*

CXLIX. — De la Dame escolliée, p. 95.

A. — Paris, Bibl. nat., Mss. fr. 1593, fol. 173 v° à 177 v°.
B. — » » » 12603, fol. 271 r° à 274 r°.
C. — » » » 19152, fol. 43 r° à 45 r°.
D. — » Bibl. de l'Arsen., Mss. B. L. F. 60, fol. 11 v° à 15 r°.
E. — Bibl. roy. de Berlin, Mss. Hamilton 257, fol. 42 r° à 45 r°.

Le ms. de l'Arsenal porte dans la nouvelle numérotation le n° 3114.

Ce fabliau porte comme titre dans A : « De la male dame, » et dans D : « De la Vielle escoillie. » Le titre manque dans B et E.

Publié par Méon, IV, 365-386, et en partie par Renouard dans Legrand d'Aussy, III, app. 25-30; donné en extrait très court par Legrand d'Aussy, III, 187-198, sous le titre « De la Dame qui fut corrigée. »

Vers 1 — qui les. A, E, *vos qui*. — Ce vers et les vingt-trois suivants (1-24) manquent dans B et D.
2 — levez. A, *tenez*.
3 — Ques. A, *Ses*; E, *Et*.
4 — A, E, *Et vos avilier et*.
5 — C, *un*.
6 — E, *Que por vos ai*.
7 — poez. A, *devez*. — Ce vers et les dix-sept suivants (7-24) sont remplacés dans E par les deux suivants :

D'un conte que vos veil conter :
Ja le m'orrez ci raconter.

9 — A, *Trestouz les bons.*
10 — C, *tigne.*
11 — A, *enseignier.*
12 — A, *Et les sages chastoier.* — Après ce vers, A ajoute :

> Et les dames tot ensement
> I repreignent chastiement
> Que nule rien ne preigne mie
> Sor son seignor la seignorie.

13 — A, *Ne se.*
14 — A, *Vers leur seignors.*
15 — A, *et honorer.*
16 — A, *Et leur seignors honor porter.*
17 — est. A, *ert.*
19 — A, *Puis qu'il le me covient conter.*
23 — A, *Or dirai, bien.*
24 — A, *N'i a si mal gas con.*
25 — C, *Un.* — A, B, E, *chevaliers estoit.*
26 — A, B, E, *Mout franc à qui il apendoit.*
27 — A, B, E, *Assez grant terre et grant honor.*
28 — s'ossor. A, *sa suer.*
29 — lui. B, E, *soi.*
31 — A, B, D, *et de sa.*
33 — A, B, E, *Tant que la dame l'ot.*
34 — E, *quanqu'il dit.*
35 — A, *Covoitoit, ele;* B, *Commandoit, ele;* D, *Disoit que elle;* E, *Ele torjours le.*
36 — quanqu'il. E, *ce qu'il.* — A, *Et en voloit qu'il desvoloit.* — Après ce vers, E ajoute :

> Tot ce qu'il voleit desvolot,
> Et voleit ce qu'il desvoloit.

37 — B, *avoit.*

40 — A, E, *en ala.* — Ce vers et le précédent manquent dans B.

42 — A, *Tantost il la prist à amer;* B, E, *Si la commencha à amer.*

43 — B, E, *et non pourquant.*

44 — B, *La ama;* E, *L'en aime.* — A, *mout bonement.*

45 — A, *Et por le loer;* B, D, E, *Que por le loer.* — A, B, D, E, *aime l'on.*

46 — veoir. D, *loer.* — A, B, E, *Sanz veoir, ce qui semble bon.*

47 — point de. D, *mie.*

48 — A, *Il ert jones;* B, *Jones ert; Josnes hon iert;* E, *Jones fu.* — A, B, E, *mout ot de ses bons.*

49 — A, *Et estoit;* B, *Et s'estoit;* E, *Et si est.*

50 — li valt. B, E, *valoit.*

51 — dont l'en. A, *quant en.*

52 — A, B, *Et mout trés volentiers veïst;* E, *Et volentiers voer vosist.* — Ce vers et le précédent sont intervertis dans A, B et E.

53 — A, D, *Se on.* — D, *ou s'on li ment.* — B, *Seüst;* E, *Savoir.* — B, E, *s'on li dist voir ou ment.*

55 — E, *.I. jor ala li quens chacier.*

56 — B, *Ensamble o lui.* — troi. B, *vint;* E, *meint.* — C, D, *Les chiens mainent li chevalier* (par confusion avec le vers suivant).

59 — A, *à heure de none;* B, *bien près de none;* D, E, *après de none.*

60 — A, *Li orages vient;* B, E, *Orages vint, et;* D, *Orages monte.* — A, B, D, E, *li cieus tone.*

61 — « Et » manque dans C. — A, *Et mout a negé;* B, *Si a mout venté;* D, *Esclairiet a mout;* E, *Si ot mout venté.* — A, B, D, E, *et pleü.*

62 — E, *Esgaré sont et esperdu.*

64 — A, *sont alé;* B, E, *sont venu;* D, *se tornent.*

65 — A, B, D, *traioit.*

67 — E, *porrons.* — B, *Ne je ne sai que puisse faire.* — Ce vers et les trois suivants manquent dans A.

68 — D, *anuit mais.* — B, *Car ne poons anuit mais tr.;* E, *Car en[u]i mès ne porrons tr.*

69 — B, E, *de mes;* D, *de nos.*

70 — B, *Et li solaus trait;* E, *Car le soleil tret.*

71 — A, *Que je.* — E, *ma gent.*

72 — A, *Mès que je cuit que il;* B, E, *Et si cui bien que il.*

73 — A, *Et nos estuet traire à ostel;* B, E, *Or nous couvient querre l'ostel.*

74 — C, D, *mie à quel.* — B, E, *Si* [E, *Je*] *ne sai où l'aion ne quel.*

75 — A, *Tant com.* — D, *Et que que li q. se d.*

77 — lez un. D, *sor un.* — Ce vers et le suivant sont intervertis dans A, B et E.

78 — A, B, E, *Là sont venuz sanz.* — A, *delaier;* B, E, *atargier.*

79 — A, *C'est cil.* — B, E, *Qui la trés bele fille avoit.*

80 — A, *chevauchiez.* — B, E, *Estes les vous là venus droit.*

81 — A, B, E, *Le jor ot pleü;* D, *Cel jour ot plu.* — A, *lor fist bel;* B, *or fist bel;* D, *là ne fist el;* E, *dont fist bel.*

82 — A, B, E, *A la porte.*

83 — siet. A, *fu;* D, *sist.* — B, E, *Sist li preudon sour un perron.*

84 — C, E, *Qui.*

87 — A, *maintenant;* B, *isnelement.* — Ce vers est remplacé dans E par les trois suivants :

Et vos là le conte venu
Qui au perron est descendu,
Qui le salue inellement.

86 — A, *Le salua;* B, *Ki le salue.* — A, B, *et cil li rent.* — E, *Et celi li, et si li rent.*

87 — A, E, *et si se;* B, *et cil se.*

88 — A, *Et li quens ostel i;* B, E, *Et li quens l'ostel li.*

89 — A, « *Sire,* » *respont;* B, *Lors li respont;* E, *Lors respondi.*

90 — B, E, *L'ostel eussiés.*

91 — B, E, *Car.*

93 — D, *Osés.*

95 — B, E, *je voelle ne die.*

96 — A, B, E, *Ainz est soe la commandie.*

97 — Ce vers et le suivant manquent dans A, B et E, qui intervertissent aussi les vers 99-100 avec les vers 101-102.

99 — s'en ai. A, *de moi;* B, *se moi;* E, *s'à moi.*

101 — A, D, *ne mie;* B, E, *non pas.*

103 — A, *sourist.*

104 — D, *ne feïst.*

105 — A, *fet il,* » *si l'ai empris.*

106 — A, *tenir à toz dis.*

107 — A, B, E, *n'en a de moi.*

108 — A, B, E, *Or vos soffrez.*

109 — lassus. E, *laiens.*

110 — à. A, *mout;* B, *bien.*

111 — B, *le vous.* — Le vers manque dans E.

112 — l'ot. A, *lors.* — trés. B, E, *mout.* — D, *Et se elle l'ot, trés bien sai.*

113 — A, B, E, *herbergiez.*

114 — A, B, E, *voil que vous i veniez.*

115 — A, *Li chevaliers s'en va;* B, E, *Li quens remeist, cil va.*

116 — A, *Et li autre;* B, E, *Quand fu ens.* — A, B, E, *après li s'en vont.*

117 — « *Dieus gart,* » *dist li quens,* « *le seignor.*

118 — A, B, E, *Et si li doint joie et honor.*—Après ce vers, A ajoute :

Et li sires a respondu
Tantost com il l'ot entendu.

119 — D, *Dist li quens.*

120 — A, *Et vostre bele compaignie.*

121-122 — Ces deux vers manquent dans B, C, D et E.

123 — non. B, D, *nou.*

124 — A, B, E, *Sire, por coi.*

125 — B, E, *sire, par franchise.* — Ce vers et le suivant manquent dans A.

126 et 129 — B, D, *Nou.*

127 — B, E, *Si ferés, sire, par amour.*

128 — A, B, E, *Nos herbergiez.*

130 — B, E, *Ne par force ne par;* D, *Ne por amour ne por.*

131 — si. A, B, *et.* — C, *avent.*

132 — A, B, E, *ja fera.*

134 — A, B, E, *Vous serez mout bien.*

135 — il. B, *cil.* — E, *et ceus si firent.*

136 — A, B, E, *les chevaus pristrent.*

137 — A, B, E, *Quant.*

138 — A, *S'a dit;* B, D, E, *Ce dist.* — A, B, D, E, *li sires :* « *Par.*

139 — A, B, E, *Ne mangerez.*

140 — A, B, E, *ne de mes riches.*

141 — D, *vinz viez.* — Ce vers et le suivant sont intervertis dans A, B et E.

142 — D, *De mes oysiaus, de.* — A, B, E, *Ne mes bons vins ne buverez.*

143 — A, B, E, *Ce dit la dame.* — A, « *Or vos tesiez;* B, E, « *Or le laissiés.*

144 — E, *Por.*

145 — A, *Que por son dit;* B, E, *Car pour son dit.*

146 — est. B, E, *fu.*

147 — A, *Mès bel li est;* B, E, *Mais mout fu liés.*

149 — A, *De li servir;* B, E, *De l'honnerer.*

150 — A, B, *fain et av.;* B, *fuerre et av.*

152 — E, *Avoit.*

153 — E, *hasta.*

154 — A, *Et mout en fait.* — Après ce vers, A ajoute :

> Bons chapons en pot et en rost;
> Ce fist ele haster mout tost.

155 — A, E, *Et v. et;* D, *Et ven.* — B, *et de volille;* D, *et puis volille.*

158 — li sires. A, B, *li peres;* E, *mon pere.*

159 — B, E, *laissons.*

160 — voz. A, *ces;* D, *nos.* — B, *no fille par mon sens;* E, *no fille par bon sens.*

161 — B, E, *non pas cha fors.*

162 — A, B, D, E, *Tant est bele.*

164 — D, *acointeroit.* — A, B, *Je cuit;* E, *Espoir.* — A, B, E, *la covoiteroit.*

165 — E, « *Sire,* » *dist el,* « *el i vendra.*

166 — A, *Maugré vostre.*

167 — B, E, *Atant s'en court, si l'ap.* — A, *sa fille ap.*

168 — A, B, D, E, *Mout fu gente, cl. et v.*

169 — A, B, E, *Fors;* D, *Lors.* — B, E, *la mena.*

170 — A, *et lez lui;* B, *lés lui l'a.* — E, *Et lés lui au mengier assise.*

172 — li. D, *i.* — A, B, E, *Mais* [A, *Et*] or *l'a il plus grant.*

173 — ert. D, *est.* — A, *fu vis que mout fu bele;* B, E, *est vis cent tans est bele.*

174 — B, E, *de l'estincele.*

175 — A, B, *tant li a fait;* E, *li a fet tant;* D, *tant la vorra.*

177 — Or. A, *Il.* — et. A, D, *si.* — Ce vers et le suivant manquent dans B; ce vers et les onze suivants (177-188) manquent dans E.

178 — C, D, *Amors qui le conte a* [D, *ot*] *espris.*

179 — A, *Menga.* — B, *Li quens menga o la meschine.* — Ce vers est interverti avec le suivant dans B.

181 — A, *Mout ont bons vins et bons clarez;* D, *Mout i ot bons vinz et mourés.* — Ce vers et les sept suivants (181-188) manquent dans B.

182 — A, E, *Mout par fu.*

183 — A, E, *se sont.*

185 — Ce vers et les trois suivants (185-188) manquent dans C et D.

189 — B, E, «*Sire,*» *dist li quens.*

191 — mi. A, *nul.* — Ce vers et le suivant sont intervertis dans B et E.

192 — car. B, D, *que.*

193 — peres. B, *sires;* E, *seigneur.*

194 — A, B, D, E, *Je la vorrai.*

195 — A, B, E, *Je la voil doner.*

196 — A, D, *avant sailli;* E, *s'en pesa li.*

197 — Ce vers et le suivant sont remplacés dans A:

> « Sire quens, car parlez à moi, »
> Si dit, « me sont mout à anoi :
> A moi en deüssiez parler,
> Que j'en sui dame del doner. »

198 — B, *Ja.* — B, D, E, *nul gré ne l'en.* — B, *saverés.*

199 — A, *Si dit, « me tornent à anui ;* B, E, *Li dons n'en affiert mie* [E, *pas*] *à li.*

200 — et. C, *à.* — A, *Li dons n'en affiert pas à lui ;* B, E, *Si don ne sont mout à anui.*

201 — A, *J'ai.* — B, D, E, *Je ai assez or.*

202 — A, *Et s'ai.*

203 — A, *A grant avoir ;* B, E, *Ke vous donrai.* — A, *si la prenroiz.*

204 — A, *S'a dit li quens ;* B, D, *Ce dit li quens ;* E, *Et di li quens.* — A, *« Vos le verroiz ;* B, E, *« Bien le verés ;* D, *« Ce est assés.*

206 — D, *l'avoir.*

207 — B, *Cui j'aurai.*

208 — A, B, E, *Aïtant.*

209 — A, B, *Couchié sont ;* E, *Couchier s'alerent.* — A, *en dormant li troi ;* B, *dorment en recoi ;* D, *dormant li troi ;* E, *sans requoi.*

210 — met. A, B, E, *tint.*

211 — mais plus. C, *et poi.* — Ce vers et le suivant manquent dans B et E, et sont remplacés dans A par les quatre suivants :

Ou cors li mist tel estancele
Qu'il ne pense qu'à la pucele :
Amors li a fet tant amer
Qu'il la vorra avoir à per.

213 — A, *Quant il fu jors ;* B, *Jusqu'al matin ;* E, *Desqu'à demein.* — B, E, *ke levé sont.*

214 — A, D, *Monterent ; Si montent ;* E, *En montent.* — A, *et au mostier vont.*

215 — o. A, *à.*

216 — honorée. A, *espousée.* — B, E, *Si l'a li boins quens espousée.*

217 — E, *grans deniers li.*

218 — E, Or *et argent.* — A, *avoir en;* B, *juiaus en;* E, *deniers en.*

219 — A, D, *qu'assez a avoir;* B, E, *n'en veut riens avoir.*

220 — A, *Et itant leur a dit p. v.;* B, E, *Assés a richece et avoir.*

221 — D, *Mout prent.* — Ce vers et les trois suivants sont remplacés dans B et E par les suivants :

> Li sire est à sa fille alés :
> « Fille, s'ounour avoir volés.

Il est à remarquer que les mss. B et E donnent tous deux pour ce dernier vers la leçon *volés avoir,* qu'il faut corriger en *avoir volés;* de plus le ms. B intercale à tort entre les deux vers :

> Tout belement li a moustré.

222 — A, *Qui la male [a], il n'a noiant.*

223-226 — Ces quatre vers manquent dans A.

225 — B, *Servés;* D, *Creez.*

226 — B, E, *cremés, vous arés honte.*

227 — C, *Dist la fille.* — Ce vers et le suivant manquent dans B et E.

228 — A, *secroi.*

229 — A, « *Volentiers, fille,* » *dit la mere;* B, E, *La dame rapela sa fille.* — Ce vers et les deux suivants manquent dans D.

230 — A, *Ele li conseille;* E, *Soëf li c.*

232 — F, *A vostre.*

235 — C, *Ainz.* — A, *fist rien ne defeïsse.*

236 — A, *Ne ne vot rien ne desvousisse;* B, E, *N'ainc ne fist riens ne desfesisse.*

238 — A, *Se desdissiez.* — B, E, *Faites aussi vostre seignor.* — Ce vers et le précédent sont intervertis dans E.

241 — A, B, E, *Sel faites, m'amie seroiz.*

242 — D, *Ou se ce non.* — vos. A, E, *sel;* B, *le.*

243 — *Je le ferai, se j'onques p.;* B, E, *Jel ferai, mere, se je p.*

244 — A, B, E, *Se je mol envers moi le truis.*

245 — Ce vers et les treize suivants (245-258) manquent dans B, C, D et E.

249 — * que me. A, *vos me.*

252 — « vos » manque dans A.

260 — A, *Ma fille avez fait .I. don;* B, E, *Or vous voeil jou faire mon don;* D, *Ma fille avez en vous fait don.* — Après ce vers, B et E ajoutent :

Si le ferai tout entresait,
Puis ke ma femme a le sien fait.

261 — A, *Prendre.*

262 — B, E, *Mon;* D, *Ce.* — B, E, *est mout.*

263 — cez. B, E, *mes.*

264 — C, D, *Prenez.* — B, E, *Et fort et legier.* — C, *jumel.*

266 — A, *Congié prent et.* — B, E, *Congié prent, s'en maine sa mie.*

267 — Moult, lisez *Mout.* — B., *s'en va.*

268 — art. C, *ar.*

269 — A, B, E, *Sa fame soit* [A, *fust*] *vers lui veraie.*

270 — B, E, *K'ele à.*

271 — A, *Qui mout;* B, E, *Ki tant.*

272 — A, *Lors s'en entre.* — B, E, *Entré s'en sont en une plaigne.*

273 — lievres. B, C, *levriers.* — A, *es prés.* — E, *d'iluecques près.*

274 — B, *as levriers;* E, *au levrier.*

275 — A, B, D, *Quant si preu et si isnel;* E, *Quant issi preuz et isneus.*

276 — les. E, *vos.*

277 — D, *Que le lievre orendroit pr.* — Ce vers et les sept suivants (277-284) sont remplacés dans A, B et E (nous reproduisons le texte de A) :

Que ainz le tierz champ l'aiez pris.
La dame l'ot, si en a ris.
Li lievres fuit qui crient la mort,
Mout fuit, mès pas ne lor estort :
El cinquieme champ l'ont (re)tenu.
Es vos le conte là venu :
Il descendi, si trait l'espée,
La teste a à chacun copée
Des .II. levriers ; mout s'esmerveille
La dame, ot la face vermeille;
Porpense soi : « Cist quens est fiers,
Qu'einsi a ocis ces levriers
Por son commant qu'il trespasserent. »
Le lievre pristrent, sel trousserent.
Li palefroiz le conte assoupe.
« Je te commant deseur ta croupe
Et deseur ta teste que as,
Sache bien que perdue l'as...

Les mss. B et E offrent quelques variantes insignifiantes : à la place des six derniers vers, ils ont les quatre suivants, qu'il eût mieux valu introduire dans notre texte :

Le lievre prendent, si s'en vont,
A lor chemin revenut sont.
Li palefrois au conte teste :
« Je te commanc desour la teste...

278 — chiés. C, *chiens.*

279 — Lisez *Li levrier corent à eslès.*

284 — D, *Puis dist : « Arreste ! » au sor b.*

285 — A, « *Se assoupes une.* — E, « *Ne chopes.*

286 — A, B, E, *Ne l'entent pas.*

287 — A, D, E, *Au chief de piece;* B, *Au chief d'un fossé.* — A, E, *rassoupa;* D, *se cessa.*

288 — B, *trencha.*

290 — A, *s'a dit.* — B, E, *la femme.*

291 — Cel. A, *Cest;* D, *Ce.*

293 — A, *Por mon pere plus que;* B, *Plus pour mon pere que.* — C *por quoi.*

295 — A, B, E, « *Dame,* » *dit li quens,* « *por itant.*

296 — A, B, D, E, *Qu'il.*

297 — B, *amainne.*

298 — A, B, E, *De l'enseignier.*

299 — E, *Si.* — A, B, *Vint à sa demaine c.*

300 — B, E, *Ou ja.*

302 — A, B, D, E, *Qui.* — A, *poise.*

303 — A, *Qu'il le cuident;* E, *Qui cremoient.*

304 — B, *Atant sont;* C, E, *Ez les vos.*

305 — B, E, *Trestout à l'encontre li vont.*

306 — B, E, *Li plussour.*

307 — B, E, *Ki cele damoisele.* — A remplace ce vers et le suivant par ces vers :

Entor li vienent li baron,
Arengié trestuit environ,
Qui li demandent maintenant :
« Sire, con vos est covenant ? »
Et li autre li demanderent
Communalment que ces genz erent
Et cele bele dame aussi.
« Onques par ma foi n'en menti :
Biau seignor, ce est vostre dame,
Car je l'ai espousée à fame...

308 — B, E, *et soit.*

309 — A, *Par cele foi que je voz doi;* B, E, *Dites vous voir? — Oïl, par foi.*

310 — ai. C, *a.* — A, B, E, *Je li ai mis.* — B, E, *aniel.* — E, *en d.*

311 — A, *Tuit dient : « Bien soit el venue! »*; B, E, *M'espousée est, bien soit venue;* D, *Dame, bien soiez vous venue.*

312 — B, *A grant honnour l'ont recheüe.*

314 — B, *Son keu.* — et li. A, *sel.*

315 — B, E, *Et commande que tost;* D, *Et a commandet qu'il.* — Ce vers et les neuf suivants (315-324) sont remplacés dans A :

Et li dit qu'il face achater,
Quanqu'il porra de bien trover
Et si face tantost venir,
Qu'il veut mout haute cort tenir
De ces barons et de ces genz.
« Ja esparniez n'i soit argenz :
Et si fetes bones savors,
Si que je aie granz honors,
Ausi con divers sont li mès.
— Sire, j'en sui maintenant près, »
Dit li queus, « je m'en apareil. »
La dame le trait à conseil :
« Que t'a dit li quens, di le moi.
— Dame, par la foi que (je) vos doi,
Je le vos dirai volentiers :
Il me disoit que li mangiers
Fust apareilliez maintenant,
Et je le (vous) vois forment hastant;
Et si ferai assez saveurs
De manieres et de plusors.

316 — D, *Sauces teles que.* — B, E, *dont cascune li place.*

317 — D, *saveurs.* — B, D, E, *bien.*

318 — B, E, *Que les gens s'en soient loées.*

319 — D, *Por honor.* — B, *Des noces lor.* — E, *Des noces et cortoise dame.*

320 — B, E, *Ki mout par est courtoise fame;* D, *Que de lui portent bonne fame.*

321 — B, *Li queus dist.*

322 — li dit. B, E, *le trait;* D, *l'apele.* — B ajoute ce vers unique :

Si li demande en basset.

323 — B, *Ke dist me sires;* E, *Que dit monseignor.* — D, E, *Quieus savours.*

325 — E, *Et veus tu fere mon gré.* — A, B, oïl.

326 — D, *Garde dont n'i ait mais.* — A, B, *Garde que tu faces einsi;* E, *Cille, dame, sanz maugré.*

327 — A, B, *Qu'il n'i ait.* — fors, C, *for;* D, *mais.* — E, *Or ne faces savoir c' aillée.*

329 — E, *N'oseré, dame.*

332 — A, *à mon gré.*

333 — Ce vers et les quarante-neuf suivants (333-382) sont omis par le ms. E.

335 — n'en. A, B, *n'i.*

337 — la. D, *sa.*

338 — A, B, *Du mangier.*

339 — A, B, *L'aillie a mout bien.*

340 — A, B, *Si fu l'eve donée.*

341 — A, B, *au dois.*

342 — B, *Li serjans ki furent courtois.*

343 — D, *à l'escuierie.*

344 — A, *Et à chascun mès ot aillie;* B, *Si ot à chascun mès aillie;* D, *A chascun des mès ot aillie.*

345 — A, *Et des bons vins;* D, *Mais des bons vins.* — B, *Dont il i avoit grant plenté.*

346 — A, B, *Li quens en est* [B, *fu*] *loz.*

347 — A, *Mout l'en poise;* B, *Mout l'en pesa.* — A, B, *mès il soffri.*

348 — A, B, D, *Tant que la cort se departi.*

349 — A, D, *En sa.* — A, B, *manda.*

350 — B, *Cil.* — D, *non pas.*

351 — B, *Tel paour a, tous va.*

352 — A, B, D, *dit il.*

353 — tantes. A, *toutes.* — B, *Lui fait tant d'aillies.* — D, *Nous avez fait(es) tantes aillies.*

355 — A, B, *Que à faire vos commandai.*

356 — Ce vers et le suivant manquent dans A et B.

358 — C, *l'ai ge ainsi fait.*

359 — A, B, *Ele le me commanda, sire.*

360 — A, B, *Et je.*

361 — A, B, *que li monz requiert.*

362 — A, B, *Ja nus.*

363 — ma. B, *mon.*

364 — A, *Li quens du queu.* — B, *De li fist li quens.* — C, *li rois.* — B, D, *Sa.*

365 — tolt li. D, *puis.* — A, B, *Un oil li tolt et une.*

366 — A, B, *Et un poing et puis si.*

367 — A, D, *qu'il n'i.* — B, *Hors de sa terre et de son regne.*

368 — A, *Li quens parla.* — B, *Et puis si apela sa femme.*

369 — B, *par cui.*

370 — B, *Feïstes vous tel apareil.* — Le vers manque dans A.

372 — A, *Foi que je doi à;* B, *Foi que doi Dieu et.*

374 — A, *bele amie.*

376 — A, B, D, *me loa.*

377 — B, *je de vous.* — « de » manque dans C.

378 — A, *Que.* — lisez *n'otroiasse.* — C, *ostroiasse.*

380 — B, *S'en averoie.*

381 — A, *li fait einsint.*

382 — B, *sire, merchi.*

383 — *Dame,* » *s'a dit.* — B, E, *Dame, par Dieu ki me fourma.*

384 — B, E, *Ja pardouné ne vous sera.*

386 — B, E, *Tantost.* — A, B, E, *par les treces.*

387 — rue. D, *met.* — B, E, *Si la met à la terre.*

389 — A, *Qu'il la laissa tote por;* D, *Que il la laisse presque.*

390 — B, E, *Entre ses bras.* — E, *d'iluec.* — A, B, E, *l'emporte.*

391 — ele. D, *cele.* — A, *teus* .II. *mois;* B, E, *plus d'un mois.*

392 — A, B, E, *C'onques.*

393 — A, B, *Et li quens la fist bien servir;* E, *Li quens la fist mout bien servir.*

394 — A, B, E, *Tant que* [B, E, *qu'il*] *la fist tote garir;* D, *Et mout l'a faite bien servir.*

395 — A, B, E, *De cest;* D, *De nostre.* — C, *essanble.* — D, orrez.

396 — A, B, E, *riche home.*

397 — A, *del veoir.*

398 — « *el* » manque dans A, B et E.

399 — A, B, E, .X.; D, .II.

400 — B, *Trop richement;* D, *Mout volentiers.*

401 — A, B, E, *A son seignor dit com el seaut.* — come. D, *quant.*

403 — Ce vers et le suivant manquent dans B et E; ce vers et les sept suivants (403-410) manquent dans C et D.

405 — B, E, *Cil.*

406 — B, *Ne mena.* — E, *S'en mene o soi* .I. *escuier.*

407 — B, E, .I. *poi de fief de lui.*

408 — B, E, *Un escuier et .I. corlui.*

409 — E, *Mene avec li.*

410 — E, *Mout richement.*

412 — à fol. B, E, *à grant.*

413 — « le » manque dans C. — si. D, E, *li.* — A, *Qu'ele mande;* B, *Quant el mande;* E, *Quant ele mande.* — A, B, *et noient li sires.*

414 — A, *avoec li ne veut dire.* — B, E, *A son cuer en a* [E, *ot*] *duel et ire.*

415 — B, E, *Nonpourquant.* — B, D, E, *fist.*

417 — A, B, E, *descendue.* — D, *Estes vous la d. venue.*

418 — « pas » manque dans C. — A, *trop bien;* B, E, *mout bien.* — A, B, D, E, *receüe.* — Après ce vers, on lit dans A :

> Ele et ses chevaliers toz dis
> Si sont en .I. bas banc assis;

dans B :

> Ele et si chevalier tout dis
> Sour .I. bas banc se sont assis;

et dans E :

> La fiere dame et li sien dis
> En .I. bas banc furent assis.

419 — A, D, *les* [D, *li*] *fist poi liée ch.;* B, E, *lor fist mauvaise ch.*

421 — A, B, E, *Li quens à l'encontre.* — D, *li contes saut.*

422 — A, *li dit mout en haut;* B, E, *dist il et mout haut.* — D, *Hier comme!* » *crie tout en haut.*

423 — B, E, *s'aïre.*

424 — D, *Ce dit.* — Or. A, *Quar.* — B. *Li quens li dist.* — B, E, *Souffrés, biaus sire.*

425 — A, B, E, *Que je vos.* — vo. A, B, D, E, *ma.*

426 — B, E, *ce dist li frans hom.* — Après ce vers, on lit dans A :

> Dejoste .1. feu fu fez .1, liz
> De coutes pointes, de tapiz ;

et dans B et E :

> Jouste le feu fu fais [E, ont fet] li lis
> De kieute pointe et de tapis.

427 — A, *Prent.*—B, E, *Li quens là* [E, *Là li quens*] *son seignor assist.*

428 — le. A, *li.*

429 — D, *La pucele.* — A, B, *vint.* — B, E, *de sa.*

430 — A, B, E, *Vers sa mere a* [A, *ot*] *le cuer mout tenre.*

431 — B, E, *Mais nonporquant.* — B, *le prestre.*

432 — A, *Qui du;* B, *Quant du;* E, *Car le.*—A, B, E, *baston li resovient.* — C, *souvent.*

433 — B, *Premiers.* — Ce vers et le suivant manquent dans A.

434 — « la », qui manque dans D, serait mieux corrigé en *le.* — B, E, *Et il li, puis si le b.*

436 — D, *i est.*

437 — A, *l'assiet.*

438 — A, *La mere fait;* B, E, *La dame fist.* — A, *dolente;* B, E, *mout mate;* D, *mout pesme.*

439 — Ce vers et le suivant manquent dans B et E.

440 — A, *Entor le dois firent grant feu.*

441 — C, *Laivent.* — B, *Delés lui l'asist;* E, *Jouste*

lui s'asist. — Ce vers et le suivant sont intervertis dans B et E.

443 — B et E placent ici le vers 444 de l'édition.

444 — B, E, *Tout* [E, *Et*] *orent mès à lor talent.*

445 — A, *de plusors mès et de bons vins.* — Ce vers et le suivant manquent dans B et E.

446 — A, *De forz morez, de charez fins.*

447 — sis. A, B, D, E, *dis.*

448 — A, *A autre table;* B, E, *A basse table.* — A, B, E, *sont assis.*

451 — ert. A, B, *fu;* D, E, *est.*

454 — A, D, *De fruit ont pris, si sont;* B, E, *Le fruit ont pris, puis sont.*

455 — B, *Jusqu'au matin que;* E, *Desqu'à demain que.*

456 — B, E, *leva.*

458 — B, E, *l'apela;* D, *en apele.*

460 — A, B, E, *A chiens, à oiseaus ou à.*

461 — A, E, *Et* [E, *Si*] *fetes tant.* — A, D, E, *que venoison.* — Ce vers et le suivant manquent dans B.

462 — A, E, *A souper à plenté aion;* D, *A plenté au souper aion.*

463 — A, E, *ne escuier.*

464 — A, E, *Qui n'i* [B, *ne*] *voist avec vos;* D, *Illueques ne voise;* E, *Qui o vos ne voise.*

465 — A, B, D, E, *remaindrai.*

466 — « mal » manque dans E. — Après ce vers, A ajoute :

> Çaiens me covient demorer;
> Li sires ne viaut refuser.

467 — B, *Cil est montés;* E, *Et cil s'i fist.* — A, *n'i tardent plus;* B, *n'i targe plus;* E, *n'i tarja plus.*

468 — B, D, E, *n'en remest.*

469 — B, E, *Li quens retint* .IIII. *serjans.*

470 — C, *menbruz.* — A, *Qui erent bel et avenant.* — B, *Fors et hardis.* — B, *membrus et grans;* E, *hardiz et grans.*

471 — B, *Il conseilla;* D, *Il conmanda;* E, *Si commande à.* — B, E, *tout le plus fort.* — Ce vers et les onze suivants (471-482) sont remplacés dans A :

Il en a pris l'un par le doi;
Dit li quens : « [Or] enten à moi :
Alez moi tost en ce tonel
Querre les couilles d'un torel
Et un rasoir mout bien trenchant. »
Et cil le fist tost maintenant
C'onques ne fis plus longue fable.
Le torel trouva en l'estable;
Tantost se mist à genoillons ;
Si li a ostez les couillons.
Tout droit à son seignor s'en vint;
Et li quens par la manche tint
La dame, et puis si li a dit :
« Ma dame, se Dieus vos aïst...

472 — B, D, E, *Va, quier moi.*

473 — B, E, *Qui soient dedens.* — B, *faucel;* D, *foucel.*

474 — B, *Et si m'aporte* [*et*]; D, *Sa l'en aporte à;* E, *Ses mes aporte et.*

475 — Ce vers et le suivant manquent dans B et E.

476 — D, *Sa l'en aporte.*

477 — B, E, *Et cil.*

478 — E, *Lors.* — B, *la.*

479 — B, *et si li dist;* D, *puis si li dit.* — E, *Adès li sor un banc l'asist.*

480 — B, E, « *Ma dame;* D, « *Hé! dame.*

481 — D, *rouverrai*. — Ce vers et le suivant manquent dans B et E.

482 — D, *se je*.

483 — A, *Por coi avez vos cest*. — B, E, *si grant*.

484 — E, *Trop vol*.

485 — E, *Por que*.

486 — A, *Que quanque*; B, *Tout quanque*; E, *Tot ce que*. — A, B, E, *vostre sires dit*.

487 — A, *Si desfaites ce que*; B, E, *Tot desdites quanque* [E, *ce qui*]; D, *Desdites ce que il*. — A, B, D, E, *li plaist*.

488 — A, *que ce soit fait*; B, E, *k'il ne soit fait*; D, *il sera fait*.

489 — vilté. B, E, *honte*.

490 — Après ce vers, A ajoute :

> Et la dame li respondi
> Si que li sires l'entendi.

492 — A, *S'il ne fet rien qu'à moi n'agret*; B, E, *Il ne fait riens ki moi agret*.

494 — B, *Li orguels es naches*. — Les deux vers suivants manquent dans B.

496 — A, D, *de vostre*.

497 — A, E, *coillons*.

498 — D, *Si en est vo*. — B, E, *vos cuers plus*.

499 — E, *garder*.

500 — ses. A, B, E, *jes*.

501 — A, B, *La dame dit : « Merci*; E, *Elle li dit : « Merci*.

502 — A, B, E, *Vos me gabez* [A, *gastez*], *nel devez dire*; D, *Gaber ne devés ne ce dire*.

503 — Ce vers et le suivant manquent dans A, B, D et E.

505 — A, « *Sergant, estendez la par terre;* B, E, *Serjant, couchiés la moi par terre;* D, *Estendez la, serjans, à terre.*

506 — C, *As dels;* D, *As denz.* — A, B, E, *Dedenz les rains.* — Après ce vers, A, B et E ajoutent :

> Se cel [A, cest] orgoil i troverai :
> A cest rasoir l'en [A, les] osterai.

507 — B, E, *La dame estendirent souvine.*

508 — Lors. D, *El(e).* — A, *Et ele;* B, E, *Qui souvent.* — A, B, E, *se claime frarine.* — frarine. C, *chaitive.*

511 — A, *li met on à enclos;* B, E, *boute ens, si ot enclos;* D, *i met enz trestout clos.*

512 — A, *entor mout gros;* B, E, *du torel gros.*

513 — A, *Et ele torne et ele;* B, E, *Ça et la tourne et cele.*

514 — B, E, *cil que fors l'en trait.*

515 — B, *Devant li mist en .I.;* E, *Tout sanglent le giete el.* — Ce vers et les neuf suivants (515-524) manquent dans C et D.

516 — B, *La dame cuida tout;* E, *La dame cuide bien.*

517 — Ce vers et les cinq suivants (517-522) sont remplacés dans B et E :

> Que che fust voir, et cil revient [E, revint],
> Ki en se main le rasoir tient [E, tint].

523 — E, *Demi pié li fent.*

524 — B, E, *cil que fors l'esrache.*

525 — A, B, *El bacin tot sanglant.*

526 — A, D, *Ele se pasme.* — A, *Si fu mue;* B, E, *et si fu mue;* D, *si se mue.*

527 — A, *Quant el revint;* B, *Et quant revint.*

529 — B, E, *dont vous.*

530 — A, B, E, *plus simple.*

531 — A; *dont aucune.*

532 — B, *reviengne.* — E, *sanz qu'ele.*

533 — A, B, D, E, *Sergant.* — A, *.1. lonc fer;* B, E, *.1. caut fer.* — A, C, D, *m'eschaufez;* B, E, *m'a-portés.*

534 — A, *Et les racines me querez;* B, E, *Dont les racines arderez.*

535 — A, *Et la dame gita un cri;* B, E, *Quant cele l'ot, si jete .1. cri.*

536 — A, E, « *Sire, loiaument vos afi;* B, *Et dit :* « *Sire, je vos afi.* — Après ce vers, B et E ajoutent :

Que vous avés trestout osté,
Jurrai le vous par verité.

537 — A, B, E, *Mon seignor mais* [A, *plus*] *ne desdirai.*

538 — A, B, E, *Mais* [A, *Et*] *volentiers le* [E, *vos*] *servirai.*

539 — A, *Plus ne sera desdiz par moi.* — Ce vers et le suivant manquent dans B et E.

540 — gel. D, *je.* — A, *Et dit li quens :* « *Et je l'otroi.*

541 — A, *atendons.*

543 — B, E, *La contesse.* — B, *ot le cuer dolent;* E, *va mout plorant.* — Ce vers et le suivant manquent dans C et D.

544 — B, E, *Pour sa mere.* — B, *va mout plorant;* E, *a le cuer dolant.*

545 — C, D, *La contesse.* — C, *a forment ploré;*

D, *en a mout ploré.* — B, *Et dist : « Mout ai le cuer iré;* E, *Mout par en a le cuer iriez.*

546 — A, *mon gré.* — B, *« Dame, savoir m'en devés gré;* E, *Et dit li quens : « Sachoiz moi gré.*

547 — que. A, *qu'à.* — B, *De la bonté que li.*

548 — A, B, E, *Et* [B, *Quant;* E, *Que*] *son orgoil li ai fors trait.*

549 — D, *qu'à lui ne retraiés.* — A, B, E, *Mès je* [E, *si*] *dout qu'à li ne traiés* [A, *retraiés*].

550 — A, *Et (que) cest orgueil;* E, *Et de l'orgeil.*

551 — ge. A, D, *g'i.* — B, *Or cha tost et g'i;* E, *Or cha tantost g'i.*

552 — A, *Se il i sont, jes;* B, E, *S'il i sont, jes en.* — D, *Et se jel truis, je l'osterai.* — Après ce vers, A ajoute :

> La dame plora mout forment;
> A son seignor dit erramment.

553 — A, *Sire, merci.* — B, E, *Quant cele l'ot, si s'en fuï.*

554 — A, *Certes bien le poez.* — B, E, *Et dit : « Sire, pour Dieu merchi.*

555 — Ce vers et le suivant manquent dans B et E.

557 — la. A, B, E, *sa.*

558 — A, B, *Ma mere est mout fiere et mout dure;* E, *Si a esté mout fiere et dure.*

559 — A, *Je trairai mout plus;* B, E, *Je retrai mout plus.*

560 — A, *Que je ne faiz;* B, E, *Cent tans que ne fac.*

561 — B, D, E, *Ains.* — A, *desfis.*

562 — A, B, E, *Fors une* [B, *c'une*] *foiz.*

563 — B, *S'em presistes;* D, *Preïstes en;* E, *Vos en prenez.* —vostre. C, *la.*

564 — B, E, *Et je vous.* — A, B, E, *ferai seürance;* D, *ferai asseürance.*

565 — A, *Que je vorrai ce que.* — E, *Que j'ameré quant qu'amerez.*

566 — A, *ce qu'am.* — E, *Et si voudrai ce que voudrez.*

567 — A, *Se (je) ne faz, einsi me faciez;* B, *S'ensi nel fach, tel me fachiés.* — Ce vers et le suivant manquent dans E.

568 — « *Dame,* » *dit li quens.*

569 — A, B, *Je;* D, *C'or.* — E, *Et dit li quens :* « *Je souferrai.*

570 — E, *Se revelez jamès.*

571 — Ce vers et le suivant sont remplacés dans A, B et E :

> Osté vous seront li dui frere,
> Si con il sont à vostre mere.

572 — avon. D, *sont.*

573 — A, *Sachiez por voir;* B, E, *Sachiez de voir.* — B, *pour teus gr.;* D, E, *par teus gr.*

574 — E, *dames.*

576 — a. A, B, D, E, *ot.*

577 — A, B, E, *Sa fame a trovée.* — A, *qui pleure;* B, E, *plorant.*

578 — A, *enz en l'eure.* — B, E, *Demanda li tout* [E, *de*] *maintenant;* D, *Et il i va en icele eure.*

579 — D, *que il.* — B, *Pour quoi pleure ne qu'ele a;* E, *Por qu'ele plore ne qu'el a.*

580 — A, D, *s'avance, si;* B, E, *saut avant, si.*

581 — A, B, « *Biaus sire, je;* E, « *Sire, car je.*

582 — A, *Ce tot.* — B, *ele avoit.* — D, *el(e) vous menoit f.*

583 — B, E, *es rains.*

584 — A, B, *Par coi si.*

585 — A, *Veés les chi;* E, *Por ce les illuec.* — A, *en cest b;* D, *en ce b.*

586 — A, *Ja n'i mëisse;* B, E, *Nus n'i meïst.*

588 — D, *el(le) vous doit.*

590 — E, *Mès vol.*

591 — le. B, E, *son.* — Ce vers et les trois suivants manquent dans C et D.

592 — B, E, *Se jamais enviers vous mesprent.*

595 — A, B, E, *Li sires cuide que voirs soit.*

596 — B, E, *qu'el bacin voit.*

597 — A, *Et por sa dame;* B, E, *Et por sa femme.* — A, B, E, *qu'est navrée;* D, *qui est navrée.*

598 — A B, *Bien cuide qu'el* [B, *que*]; E, *Bien cuida qu'el.* — soit. E, *fust.* — D, *acorée.*

599 — A, B, E, *Son.* — A, B, E, *sa.*

601 — D, *fist.* — A, B, *aguillier.* — E, *font appareillier.*

602 — E, *En litiere la font couchier.*

603 — A, *Se.*

604 — A, B, E, *Les.*

606 — A, B, E, *La dame son seignor servi.*

607 — D, *Ains puis ne le;* E, *C'onques puis nel.*

608 — par. B, E, *en.* — Après ce vers, A ajoute :

Qui si bien chastoia la dame :
En bon repos soit la soe ame !

609 — B, *Beneois soit et.*—E, *il si.* — A, *Beneoit de Damedeu soient.*

610 — B, E, *les.* — A, *fames males.*

611 — Ce vers et les trois suivants (611-614) sont remplacés dans A, B et E :

Honi soient cil, et si erent
Cil qui trop leur fames dangierent !
Les bones dames honor aient,
Qui leur seignors a honour traient.

612 — D, *Trop deugeront.*

615 — E, *Et lor envoit.* — A, E, *duel et contraire.* — Les quatre derniers vers manquent dans B.

616 — A, *As orgueilleuses;* D, *As ramponeuses.* — D, *de mal aire.* — E, *Celes qui sunt de pute afere.*

617 — cest. D, *ce.* — Les deux derniers vers manquent dans A et E.

618 — D, *Dehait* (*ait*).

Sur ce conte, qui se retrouve dans le *Novelliero italiano*, voyez une note de Marcus Landau, dans *Die Quellen des Decamerone* (1re éd., 1869), p. 86.

CL. — Le Dit dou Soucretain, p. 117.

Publié par Méon, *Nouveau Recueil,* I, 318-337; et donné en extrait par Legrand d'Aussy, IV, 266-273.

Vers 3 — * Fablel; ms., *Fable.*

9 — Il s'agit de la célèbre abbaye de Cluny, si riche et si puissante au moyen âge.

13 — « Challemaigne, » autrefois Kalmagn, Kalmagne, Calmagne, était, au Xe siècle, un courtil situé près de Culey, à huit kilomètres de Cluny (voy. Bruel, *Chartes de Cluny,* t. I, p. 297). Notre texte prouve

qu'au XIIIe siècle le lieu-dit était devenu un bourg, qui n'existe plus aujourd'hui.

28 — * aorer; ms., *orer*.

58 — * dont; ms., *dant*.

59 — « nul » manque dans le ms.

74 — * le; ms., *la*.

76 — * se il; ms., *s'il*.

81 — * Que il; ms. *Qu'il*.

116 — « grant », qui manque dans le ms., peut être supprimé.

127 — * S'ancore; ms., *S'ancor*.

130 — Le vers manque dans le ms.

142 — * primes; ms., *prime*.

151 — « A » manque dans le ms.

167 — * aus; ms., *au*.

174 — « il » manque dans le ms.

205 — * dès; ms., *del*.

215 — * se; ms., *le*.

231 — « Et » manque dans le ms.

233 — * d'arrier; ms., *d'arriere*.

234 — * Qui l'atandoit; ms., *Qui là l'estandoit*.

254 — * Mors; ms., *Mors ou*.

255 — * aus; ms., *au*.

270 — * aporte; ms., *raporte*.

290 — Le vers manque dans le ms.

313 — * grande; ms., *grant*.

318 — « Se » manque dans le ms.

338 — * vint; ms., *vit*.

344 — « de » manque dans le ms.

346 — * or; ms., *ore*.

368 — « bien » manque dans le ms.

371 — * portoient; ms., *poyoient*.

390 — « si » manque dans le ms.

395 — « i » manque dans le ms.

399 — * que ele; ms., *qu'ele.*
401 — * estoit; ms., *est.*
407 — * que c'est; ms., *que ce est.*
418 — * dans; ms., *dedans.*
419 — « il » manque dans le ms.
425 — « vous » manque dans le ms.
429 — « me » manque dans le ms.
433 — « ja » manque dans le ms.
438 — * Et; ms., *Et il.*
444 — * l'ostes; ms., *li ostes.*
448 — « Car » manque dans le ms.
456 — « il » manque dans le ms.
463 — Le vers manque dans le ms.
466 — * disent; ms., *dist.*
470 — « Et » manque dans le ms.
473 — * ce estoit; ms., *c'estoit.*
494 — * il doit aler; ms., *il i va.*
507 — * Fait; ms., *Fai.*
513 — * ait; ms., *est.*
514 — * el; ms., *ele.*
517 — * lamont; ms., *amont.*
526 — * chiéent; ms., *chient.*
538 — « et » manque dans le ms.
543 — * pié; ms., *ne pié.*
556 — * creez; ms., *creé.*
563 — * quites; ms., *quite.*
564 — « le » manque dans le ms.
574 — * por; ms., *par.*
575 — * levé se; ms., *levés.*
593 — * N'une; ms., *Ne nulle.*
598 — * que il; ms., *qu'il.*
602 — * Que à; ms., *Qu'à.*
606 — Les derniers mots de ce vers sont presque illisibles.

607 — * grande; ms., *grant.*

Cette histoire, dont nous avons eu plus d'une fois l'occasion de parler (II, 276; IV, 232; V, 336, 392; VI, 160), offre deux versions bien distinctes : il s'agit toujours cependant de faire disparaître le cadavre d'une ou de plusieurs personnes, dont on a intérêt à laisser ignorer la mort.

A la première version, d'origine orientale, appartient le fabliau des *Trois Boçus* (I, 13-23), qui sans nul doute se rapproche le plus de la forme primitive; les trois, ou plutôt les quatre bossus deviennent quatre prêtres dans le fabliau des .IIII. *Prestres* (VI, 42-45); enfin, dans *Estormi* (I, 198-219), un nouvel auteur développe avec de nombreux détails le thème précédent.

Dans la seconde version, nous distinguons deux types de conte, dont le second est peut-être dérivé du premier. Au premier type nous rattachons les trois fabliaux, *Du Segretain ou du Moine* (V, 115-131), *Du Segretain moine* (V, 215-242), *Le Dit dou Soucretain* (VI, 117-137), qui donnent le même récit avec un texte différent. Le second type est représenté uniquement par *De la longue Nuit, ou du Prestre qu'on porte* (IV, 1-40), histoire allongée, dont le héros est un prêtre, et non plus un sacristain, et où les aventures ne sont pas placées dans le même ordre que dans les trois fabliaux précédents.

Un nouveau fabliau, *Dou Sagretaig*, qui est malheureusement incomplet et que pour cette raison nous n'avons pas publié dans le corps de notre Recueil, ne se rattache que très indirectement à nos deux premières versions. Ce texte, connu par Legrand d'Aussy (éd. Renouard, IV, 285-292), se trouve dans le ms. de Berne

354 (fol. 6 r°-9 v°), et nous le publions plus bas. Le contexte du fabliau permet de voir (p. 252-253) que le commencement du conte, où un prêtre est tué d'un coup de corne par un mouton, n'est autre que l'histoire si courte de HAISEL, *Du Prestre et du Mouton*, publiée précédemment (VI, 50); le poète a soudé à la suite certains épisodes empruntés au *Sacristain*, puis a complété le tout par une fin nouvelle.

Nous empruntons à Legrand d'Aussy les quelques lignes qui résument en prose le commencement de ce fabliau :

[DOU SAGRETAIG]

« Sire Martin, curé d'un village sur la Seine au-des-
« sus de Nogent, alloit de temps en temps en bonne
« fortune chez une bergère de sa paroisse. Un jour qu'il
« se trouvoit chez elle, et qu'il y étoit dans un moment
« de désordre, le bélier du troupeau vient le frapper par
« derrière avec ses cornes; Martin tombe à la renverse
« et se tue. La bergère va poser le corps à la porte d'un
« de ses voisins, nommé Adam; [le fils de] celui-ci »

Sa hache prent, si li cort sore;
Si l'a sor la teste feru
Qu'il lou gita tot estendu.
Et ses peres qui l'escouta
Tot maintenant li demanda :
« Di va, » fait il, « qu'as tu trové ?
— Prestre Martin, un fol prové,
Qui chascun jor va agaitant
Nostre meison, et espiant
Par où il porroit enz entrer.
Miaus li venist en pès ester,
Car je li ai tele donée,
N'iert mais par lui cloche sonée;

Car il se gist toz estenduz. »
Lors est Adanz à l'uis couruz,
Et vist que c'est prestres Martins :
« Fiz à putain, » dist il, » mastins,
Dieus te honisse ! qu'as tu fet ?
Nos somes tuit mort et deffet !
Je seré penduz s'en lou set;
A ce que li prevoz me het,
N'i avra mestier raençon. »
Lors lou traient en la maison,
Et si se sont trestuit teü,
Qu'il ne fussent aparceü.
Et la dame lor dist : « Taisiez !
Ja de ce ne vos esmaiez,
Que bien nos en delivrerons;
Mès jusqu'à souper atendrons
Que la gent seront tuit cochié.
Lors l'avrons mout tost ensachié;
Dedenz un sac sel porterons
Et en un sac lou giterons.
Puis en coviegne à l'autre gent,
Aval ira jusqu'à Nogent :
Si ne savra l'en dont il vient. »
A cest conseil chascuns se tient :
Si lou portent dedenz l'estable,
Puis se rasié[e]nt à la table,
Et sistrent tant après mangier
Que les gens s'alerent cochier.
Lors si ont pris prestre Martin
Qui si soloit lever matin :
En un sac lou lient estroit,
Et Garinez l'enporte droit
En la grant Sainne el plus parfont;
Dedenz lou gietent, si s'en vont ;
Si se sont en lor lit couchié.
Et li prestres a tant nagié,
Si con les ondes l'ont mené,
A une roiz l'ont asené
A pescheors, qui tendue iere :
Ne pot avant aler n'ariere;
Si est tantost au fons alez.
Et li peschieres est levez
Bien matin, ainz que l'autre gent.

Et la contesse ert à Nogent;
Si voloit lever ses engins.
O lui ala un suens voisins,
Que conpaignon andui estoient,
Et lor gaainz parmi partoient.
Ensi anbedui s'en alerent
Najant que onques ne finerent,
Tant qu'il sont à la roiz venu,
Qui lou prevoire ot retenu.
Lor commencent andui à trere,
Et vers Dieu lor orison fere
Que il lor doint tel pesson pendre,
Qu'il puis[sen]t chier à la cort vendre,
Qu'il en avroient grant mestier.
Lor conmancierent à sachier
Tant qu'il sentirent lou prevoire :
« Ha Dieus ! » font il, « c'est chose voire,
Que tu nos as hui regardez.
— Conperes, » dist li uns, « gardez
Que nos ne soions deceüz
Au vendre; que c'est un granz luz,
Qui bien valt trente saus o vint. »
Tant que li prestres avant vint,
Qui dedenz l'eve fu enclos :
De l'eve fu si plains et gros,
Que il pesoit bien largement
Plus de trois mines de formant.
Et ne porquant tant s'esvertuent
Qu'en une de lor nés lou ruent;
Mès mout i furent travellié,
Par pou ne furent parillié.
Et quant il virent ce fusas :
« Conpainz, » dist l'uns, « ne nos a pas
Nostre Sires tot oblié :
Plain sac de robe avon trové.
— Voire, conpere, » dist Bernarz,
« Bien vaudra à chascun sa parz
Soissante saus, ou plus assez;
Alons nos en, se vos volez :
Si la partirons en meson.
— Conperes, vos dites reson, »
Fait danz Guiz « retornons nos en;
Or lou faisons trestot par sen,

Qu'en ne s'en puisse aparcevoir.
En cest sac a mout grant avoir.
Se nos bien garder lo savons,
Trestoz jor mès riche serons. »
Atant retornent, si s'en vont,
Jusqu'à Nogent revenu sont :
Onques nus ne les encontra.
Danz Guiz en sa maison entra,
Et Bernarz vint à son ostel,
Qui enporta lo grant chatel.
Et danz Guiz esvelle sa feme :
« Or tost sus, » fait il, « dame Osane,
Esvelliez vos et vos levez,
Que Dieus nos a hui regardez,
Car nos avons hui gaaignié,
Dont toz jors mès serons soignié
A ennor tant con nos vivrons.
Levez sus et si en irons
Chiés danz Bernart, nostre conpere,
Ançoiz que il granz jorz apere,
Et si partirons nostre avoir. »
Cele cuide qu'il die voir,
Et il le quidoit ausiment.
Lors s'est vestue isnelement,
Et chaucie tote endormie;
Et Bernarz ne s'oblia mie,
Qui grant pieça ert arivez.
Ses ainznez fiz estoit levez :
Si orent lou sac deschargié
Et mis à terre et deslié.
Quant Bernart vit le queroné
Qu'en avoit si mal atorné,
Et il vit la chiere nerie
De l'iaue qui l'avoit nercie,
Et vit les iaus qu[e] il reulla
Et les levres qu'il rechigna,
Si en a tel paor eüe,
Qu'il s'en foï parmi la rue.
Si a son conpere encontré;
Tot maintenant li a conté
De lor avoir la mescheance :
« Ha ! Bernart, » fait il, « quel enfance !
Quidiez me vos espoenter?

Qui en volez vos bareter ?
Por ce que vos avez veüe
La robe riche et coneüe,
Si en volez avoir ma part :
Ainz lou savroit, se Dieus me gart
La contesse, et tuit li baron.
Qu'en parde plain mon chaperon,
Mès venez en ; si me donez
Ma part, si com vos devez ;
Si en avra robe ma feme.
— Dan Guiz, » fet dan Bernart, « par m'ame,
Il ne fut onques remuez,
Tot ensi com il fu trovez.
Prenez lou tot, et si soit vostre.
— Foi que doi saint Pere l'apostre, »
Dist Guiz, « vos me feroiz raison. »
Lors en vienent en la maison
Andui ensanble ranponant ;
Au sac en vienent maintenant.
Si troverent prestre Martin
Tot rechignié conme mastin,
Qui grant piece a qu'il est tuez :
« Guinart, » ce dit Bernart, « prenez
Lou sac et quanqu'il a dedenz. »
Guinarz va près et vi les denz
Et la chiere que il li fist :
Par pou que la fievre nel prist,
Si s'escria tot maintenant :
« Bernarz, tot ira autrement :
Foi que je doi saint Fatué,
Vos avez cest home tué,
Et si avez la robe ostée,
Que Dieus nos avoit aportée
Dedenz ma roiz jehui matin.
— Vos i mentez, par saint Martin, »
Fet Bernarz (*ms.* Guimarz) « je m'en deffendré,
Et recreant vos en rendré,
Se vos m'en ossez apeler.
— Je ne lou quier ja plus celer, »
Fet Guimarz ; « mès tot orendroit
Encouré lo tort et lo droit,
Que jo voil mostrer au prevost. »
Lors s'en parti, et vint mout tost

Au prevost, qui fu ja assis
Devant son huis; et jusqu'à sis
Furent borjois ensanble o lui :
« Sire, » dist il, « clamez me sui
Venuz à vos de dan Bernart,
Qui par enging me tot ma part
D'un grant avoir que nos trovames
Hui matin, quan peschier alames :
Un sac tot plain de robe riche,
Par son barat, issi me triche;
Avoir quide ma part par tort.
Si a pris un prevoire mort,
Et mis el sac; s'en a ostée
La robe qu'aviens trovée :
Sire prevoz, faites m'en droit.
— Alez l'ome querre orendroit, »
Fait il à deus de ses garçons,
« Et li orrons lo suen respons,
De ce dont vos lou reprenez. »
Adonc fu Bernart amenez
Devant lou prevost; si se sist
Sor un perron, et si li dist :
« Bernart, cist preudon vos apele
D'une chose qui n'est pas bele,
Ainz est mout lede, ce sachiez :
Se vos en ietes entechiez,
Ne vos en escondites ja.
Il dist que robe vos charja
Tot plain un sac jehui matin.
— Sire, foi que doi saint Martin, »
Fait il, « ne vos mentiré pas :
Bien veïsmes que ce fu sas,
Mès dedenz mie ne veïsmes;
En tel maniere lo preïsmes.
Onques dedenz ne regardasmes;
Maintenant nos en retornasmes
A nos ostieus, chascun au sien.
Je lou quidai faire mout bien ;
Si pris lou sac à deslier,
Por giter hors, et essuier
La robe, qui estoit moilliée.
— Ceste ne puet estre noiée, »
Fait li prevoz, « c'est conneü ;

Ja me sera trestot rendu.
Tant con li sas porra tenir
De robe, me faites venir,
De la mellor que truisse vendre ;
Et si vos convient à desfendre
Del prevoire qui est tuez.
Entre vos deus ocis l'avez,
O li uns par soi en repost. »
Lors se leva danz Guiz mout tost,
Et dist : « Bernarz, tu lou tuas,
Qui premierement lou mostras ;
Onques ne l'avoie veü,
Si t'en rendré en champ vaincu. »
Et Bernarz est passé avant ;
Son gage done maintenant,
Et dist onques ne lou tua ;
Ainz dit qu'il s'en deffendera,
Si l'en rendra tot recreant.
Dist li prevoz : « Je lou creant ;
Au matin sera la bataille,
Dieus et li droiz à chascun vaille ! »
Hors de la ville en mi la prée
Mout i avra gent asanblée.
Ensi lou fu con je vos di ;
La bataille fu un lundi,
Que li marchiez fu à Nogent :
El champ vienent tote la gent,
Por la bataille regarder.
Et li prevoz fist bien garder
Lou champ que nus ne s'i meïst
Ne que charaje n'i meïst.
Et li prestres fu en la place
Qui a faite tante mal trace,
Que cil qui vaincre se laira,
Trestoz viz escorchiez sera,
Ensanble lo prevoire mort.
Mès nus d'aus deus n'en a lo tort
Si en face Deus demostrance
Par la soe digne puissance.
Quant li vilain sont apresté,
Si furent li saint aporté
En mi la place devant toz ;
Et danz Guiz se met à genoz,

Et dist que, si Dieus li aït,
C'onques lou prevoire ne vit,
Ne ne set qui lou fist tuer.
« Or vos en poez bien lever, »
Fait Bernarz, « et je jurerai,
Si m'aït Dieus, que rien n'en sai
De sa mort, ne onques n'i fui. »
Lors s'entrevienent amedui;
Si les fait en aler ensanble.
Li pluz hardiz de paor tranble :
Dan Guiz feri premierement
Bernarz en son escu devant,
Et dist : « Traïtes renoiez,
Par vos fu li prestres noiez;
Si le vos convient à jehir. »
A cel mot, lou reva ferir
Bernarz, et dist : « Vos i mentez;
Vos iestes fous et asotez,
Que vos ne vos clamez vaincuz;
Vos disiez que c'estoit luz,
Quant nos conmençames à trere,
Mès vos saviez bien l'afere
Que vos li aviez ja mis :
Par vos fu li prestres ocis :
Si vos en rendré recreant. »
Et cil respont : « Je vos creant
Que vos mentez tot en apert. »
Lors l'a feru à descovert
Desor la teste el hanepier,
Si qu'il lo fist agenoillier;
Mès ne fu mie trop navrez.
Et cil li cort, conme desvez,
Si a gité jus sa harace,
A deus braz par lo bu l'enbrace;
Et cil lou reprent ensement,
Qui mout en ot grant marrement.
Si s'entrevienent braz à braz.
Par tens en fust li uns d'aus laz,
Quant une aventure lor vint
Qu'à Nostre Seignor en sovint
Des preudomes qui por noiant
S'entr'ocioient durement;
Mès Dieus les en deliverra

Sique li pueples lo verra,
Qui estoit entor asanblez.
Atant ez vos, parmi les prez,
Venir un tropel de moutons;
Ferant les moinnent de bastons
Cil qui au marchié les menoient,
Por ce que vendre les voloient;
Et sachiez que cil i estoit
Qui lou prevoire ocis avoit,
Quant sor la dame fu montez.
Desoz lo mort s'est arestez
Li graz moutons, par aventure,
Et les plaies, grant aleüre,
Tantost commencent à saignier.
Les gens se prennent à saignier,
Quant cele mervelle ont veüe :
Et nès la dame i est venue,
Qui lou moton moinne au marchié.
Si a tant quis et revechié
Qu'ele ot la novelle do prestre :
Lors vousist à son ostel estre,
Et li prevoz fist arester
Les moutons et çaus desevrer
Qui por noient se conbatoient;
Par pou vaincu ne se clamoient
Amedui, tant estoient las.
Et li prevoz en es lou pas
Les conmanda à departir,
Et dit : « Bien sai tot, sanz mentir,
Qu'entre vos est cil qui l'ocist.
— Voirs est, voirs est, » fet cil et cist,
« Et conment lo conoistrons nos?
— Je le vos diré; traiez vos, »
Fet li prevoz, « trestuit arriers,
Et gardez bien endementiers
Que nès uns ne s'en aille fors;
Et je feré porter lou cors
En mi ces chans : lors si verrons,
Quant un et un venir ferons
Toz çaus qui sont en ceste place. »
Lors lou portent, en la harace,
A l'un des vilains champions;
Si lou metent sor deus boissons,

Et les plaies sont estanchiées.
Li prevoz a les genz huchiées
Qu'il viegnent tuit par un et un.
Lors n'i remest ni noir ni brun
Qui ne viegne devant lo prestre;
Nès la dame qui faisoit pestre
Les moutons, venir i estut;
Mais ainc la plaie ne se mut.
Et li prevoz a conmandé
Li mouton soient amené;
Lors n'i avra de rien dotance.
Lors li amoinne[nt], et il conmance
A saignier tot plenierement,
Con il ot fait premierement.
Si en furent tuit esbahi :
« Saignor, » fait li prevoz, « je di
Que li uns seus de ces moutons
Fist cest murtre, que ci veons;
Or n'i a mais que de l'eslire. »
Lors les fait venir toz à tire,
Chascuns par soi por esprover,
« Se nos lou porriens trover. »
Lors les chacent un poi en sus,
Et la plaie ne saigna plus :
Puis les amoinnent senglement
Chascun par soi, isnelement :
Et quant cil vint qui lou tua,
La plaie tantost escreva;
Et li prevoz l'a fait saisir,
Et fist la dame avant venir :
Si li conmande qu'elle die,
Ne lou mouton ja n'escondie,
Que la provance lou tesmoigne.
« Sire, » fait elle, » sa besoigne
Faisoit li prestres en ma chambre,
Par aventure, un diemanche;
Et li moutons qui dedenz fu,
Lou gita mort tot estendu,
Qu'il quida qu'il vousist hurter.
Puis qu'il lou me convient conter,
Ja ne vous mentiré de mot :
La nuit, si c'onques nus nel sot,
Lou fis porter à l'uis Adan,

Que sa feme l'amoit antan;
Sel fis apoier à son huis.
Si m'aït Dieus, je nel vi puis
Fors qu'en cest champ o je le voi ;
Se vos en metez rien sor moi,
Droit feré devant la contesse.
— Or avez dit conme barnesse, »
Fait li prevoz, « et come sage.
Mais Adanz fist mout grant otrage,
Que li murtres fu tant celez;
Je voil qu'il en soit apelez
A joumatin de devant moi.
— Sire, » fait Adanz, « je? por quoi? »
Qui estoit iluec devant lui;
« Si m'aït, Dieus, n'i a celui,
S'il disoit que je lou seüsse,
Qu'en bataille nel receüsse;
Mès de mon huis lo fis oster,
Et en la grant eve giter,
Dedenz un sac où je lo mis;
Et se g'i ai de rien mespris,
J'en ferai droit devant lo conte. »
Li prevoz ot que rien ne monte,
Et qu'il n'i puet rien conquester:
Si a trestot laissé ester;
S'a fait desarmer les vilains.
Enterrez fu li chapelains,
Prestre Martin, à mout grant honte,
Si con oï avez el conte.
Par cest conte savoir poez,
Que nus murtres n'iert ja celez,
Ja tant n'iert faiz celéement,
Que li deables cointement
Ne lou sache bien avant trere;
Por ce ne se doit nus retrere
De bien faire ne de bien dire,
Que chascuns ne sait lou martire,
Ne la mort don il doit morir.
Li deables set bien merir
Son servise à çaux qui lo font;
Car en enfer, el plus parfont,
Les fait aler au darien;
Et cil qui sont trové en bien

En vont en joie perdurable
Avec le Pere esperitable.

Ci fenist dou Sagretaig.

CLI. — Du Chevalier qui recovra l'amor de sa dame, p. 138.

Publié par Méon, *Nouveau Recueil*, I, 174-182, sous le titre du « Revenant », et donné en extrait par Legrand d'Aussy, II, 398-403.

Ce fabliau n'a pas de titre dans le ms.; plutôt que d'adopter le titre trop moderne, proposé par Méon, nous avons préféré en reconstituer un d'après les vers 246 et 247 du texte.

Vers 16 — * il la; ms., *qu'il la*.
17 — * D'amor; ms., *S'amor*.
26 — * grief; ms., *griés*.
47 — * Et; ms., *Et bien*.
73 — « et si se » manque dans le ms.
109 — * Toz; ms., *Tot*.
129 — * tardé; ms., *tardié*.
135 — * targier; ms., *tardier*.
136 — * di; ms., *dit*.
175 — * si vaillant; ms., *suaillant*.
191 — « Et » manque dans le ms.
203 — * matinet; ms., *matin*.
226 — * fai; ms., *fait*.
232 — * ceste; ms., *cist*.

Cette pièce a été mise en vers par Imbert.

CLII. — De celui qui bota la pierre, p. 147.

(SECONDE RÉDACTION.)

Ce titre ne se trouve pas dans le ms.; nous l'avons emprunté à la première rédaction de ce conte, publiée dans notre tome quatrième, p. 147-149 (notes, p. 278), à laquelle nous renvoyons le lecteur.

Vers 49 — * l'entalent; ms., *jen talent.*

109 — Le mot « fable » est justifié par ce fait que ce fabliau se trouve égaré dans le ms. au milieu des fables d'Yzopet.

CIII. — D[illegible] sur [illegible], p. [illegible]

([illegible])

Ce [illegible] se trouve [illegible] emprunté à la première [illegible] de ce conte, publiée dans notre tome quatrième, p. [illegible] (notes, [illegible] 298), à laquelle nous renvoyons le lecteur.

Vers 45 — [illegible]; ms. [illegible].

109 — [illegible] est justifié par ce [illegible] ce tableau se trouve [illegible] dans le ms. [illegible] des Fables d'Ysopet.

APPENDICE

Nous donnons ici trois fabliaux de Jean de Condé, tirés d'un manuscrit de Rome (Bibl. Casanat.), qui auraient dû figurer dans le corps du Recueil. Ces fabliaux, dont le dernier a inspiré le conte de La Fontaine, *le Psautier,* ont été publiés une première fois par M. A. Tobler dans un volume du *Litterarischer Verein* de Stuttgart, intitulé *Gedichte von Jehan de Condet* (p. 161-176); ils ont été réédités depuis par M. A. Scheler dans les *Dits et Contes de Baudouin et de Jean de Condé,* II, 121-131 et 271-279. Nous reproduisons à peu de chose près le texte de M. Scheler.

I

Des Braies le Priestre.

Recorder ai oy maint conte
Que priestre(s) ont fait as pluisors honte
Et ont à leur femme jeü,
Et avoec çou le leur eü;
On en conte maint lait reviel.
S'en dirai .i. conte nouviel,
Qui est estrais de verité.

Il avoit à unne cité,
N'a mie lonc tamps, .I. boucier;
Sa femme eut .I. priestre plus cier
De lui, car mius faisoit sen gré
Quant à li parloit à secré.
Li bouciers, qui mot n'en savoit,
Ens ou markiet aler devoit
O compaignons de sen mestier :
D'argent çou qu'il en eust mestier
Quist pour mouvoir à l'endemain,
Qu'il dsit qu'il voloit aler main.
Sa femme fist savoir au priestre
K'en pais poroit avoec lui iestre.
Li priestres qui le couvoita,
Dou boucier le meute gaita;
Celle qui haioit son signour
Le fist mouvoir devant le jour.
Quant de se maison fu issus,
Li priestres, qui n'e[s]t mie ensus,
S'est ou lit la dame couciés.
Chius a ses compaignons huciés;
Il dient : « Qui t'a encanté?
Encor n'ont pas li cok canté;
Il est pau plus de mienuit,
Reva coucier, si ne t'anuit,
Car encor pues dormir grant somme :
Il a en toi trop [*ms*. Il y entroit trois] songneus homme. »
Cieus en revient en sa maison.
Sa femme dist : « Pour quel raison
Revenés? que vous faut il ore?
— N'en voel[ent] pas aler encore
Li autre, » ce dist ses maris.
Li priestres fu tous esmaris;
Elle dist que garde n'aroit;
Coi se tenist viers le paroit.
Et li bouciers se rendormi.

. . . .
. . . .
. . . .

Celle fu dou mai[n]s bien partie,
Car .II. en eut en sa partie :
Li priestres se gisoit à diestre,
Et ses maris deviers seniestre.

Et quant vint deviers l'ajourner,
Li autre se vont atourner,
Et hucierent leur compaignon.
Si saut sus à loi de gagnon
Et se lieve, plus n'i atent.
As piés de se[n] lit se main tent,
Au prendre ses braies mesprent,
Car les braies le priestre prent,
C'onques il ne s'en donna warde ;
Haste soi pour çou c'on l'awarde.
A ses compaignons en ala,
Et si se parti de dela.
Li priestres remet ens ou lit,
Et si demena son delit,
Et quand il plot, si se leva;
Les braies au boucier trouva,
Si trouva le bourse pesant.
Par lui meïsmes va disant :
« Je ne sui pas mout enganés
Quant à l'argent sui assenés;
Boire yrai, point d'argent n'avoie. »
Li priestres en ala sa voie.
Li autre au marciet venut sont,
Biestes pour acater quis ont.
Li bouciers une en acata
Et donné su[r] cel acat a
Le denier Dieu sans delayer;
Puis va à se bourse abrayer
Qu'il voloit payer son argent.
Entour lui ot assés de gent.
Sa monnoie trouver y cuide,
Mais il trouva sa bourse vuide :
Dou priestre i trouve le sayel,
Dont fu batus d'un grief flayel
Et fu de cuer honteus et mas.
« Foy que doi, » fait il, « saint Thumas,
Vesci coze trop desghisée ! »
Entour lui ot mout grant risée.
Li bouciers fu tous entrepris
Et de grant mautalent espris,
Quant le saiel au priestre troeve :
Or peut veïr apierte preuve
Que li priestres fu de li priès.

.I. siens compains li dist apriès :
« Compains, c'as tu fait de tes braies?
Or as tu ensangnes bien vraies
Dou priestre dont le saiel as;
De ta femme fait ses soulas
Et si est [*ms.* ert] dou tien parçonniers,
Qu'il a te bourse à tes deniers. »
Li bouciers fut plus abaubis
Qu'entre .x. beus une brebis,
Et cascuns di[t] : « Vois du huihot! »
La bieste de quoy payer n'ot :
Trestous desconfis en revint.
Telle aventure li avint;
La nouvielle s'en espandi,
Et li evesques l'entendy :
Si vot à tous priestres deffendre
Des saiaus à leur braies pendre.
Par çou vous (*ms.* vois) di au daarains :
Priestre(s) sont trop rade de rains;
Si en ont maint homme ahonté.
Maint(e) conte vous en ai conté
Et par verités enquis ai.
Atant n'en tais, que plus n'en sai.

II

Le Dit dou Pliçon.

Gens sont qui ont plus kier risées
Et mokeries desghisées
Oïr que ne face[nt] siermons;
S'en ai estet souvent semons
De risées à rime mettre,
Et pour çou me voel entremettre
De conter rime veritavle
Où il a .I. fait mout [*ms.* mal en] notavle
D'un fau[s] tour et mout desghisé
Et soudainnement avisé;
Et pour çou [s']autrui vint (bien) à point,
Si en fust celle en mauvais point
Que de ce biel tour s'avisa, (*ms.* ja visa)

Ensi comme devisé a.
Y fut la femme à .I. bourgois
Qui ot fait ami à son cois
D'un escuyer cointe et joli.
Une nuit se gisoit o li,
Car ses maris n'estoit pas là,
(Ja orés que la cose ala),
Li bourgois revint coiement,
Et aluma couviertement
La candeille, c'on ne seut mot.
La femme, qui son ami ot
Entre ses bras et coste à coste,
Ne se garde pas de tel oste.
Li bourgois, qui pas n'en savoit
Ne soupeçon point n'en avoit,
En la cambre entra maintenant,
La candeille en sa main tenant.
Sa femme mout s'en miervilla ;
Quant veüe la candeille a,
Si se dreça toute esbahie,
Car bien cuide i estre traïe.
Cieus bouta la tieste ens ou lit,
Qui n'ot ne soulas ne delit ;
Il ne set que faire ne dire,
Tout tranle de pauour et d'ire.
« Hareu, » dit elle, « qu'esse chi ?
Que ce puet iestre, Dieu mierci ?
Douce dame sainte Marie !
Que cils maus hons m'a esmarie.
Priès que n'end ai pierdu le sens !
Ce n'est pas fais de boinne gens
De revenir sifaitement,
Car c'est .I. tours d'agaitement :
Vous m'avez mis en grant freour.
— Taisiés, » dist il, « n'ayés pauour :
Si vous apaisiés, douce suer,
C'onques ne pensai en mon cuer
Que pour vous gaitier revenisse
Ne que nul mal en vous tenisse ;
Mais tout à vo pais en soyés
Ne point ne vous en desvoyés. »
Sur les piés de son lit s'assist.
A celui qui ens ou lit gist

Li cuers de grant paour fraiele
Et frit con tourtiaus em paiele.
Li bourgois sa femme conforte
Qui la coulour ot pale et morte,
Car ne set que faire peüst
Ne quel confort en li eüst.
« Soer, » dist il, « de çou c'ai meffait
Me pardonnés tout le mesfait,
Car je ne vous mescreï onques. »
Celle dist : « O[r] respondés donques :
S'un homme eüssiés ci trouvé
Par dalés moi à fait prouvé,
Dittes que fait en euissiés,
Ne se souffrir le peuissiés. »
Et cil respont : « A ceste espée
Lui eusse se tieste copée
Et vous morte en se compaignie. »
Celle, qui bien fu ensaignie
Et au grant besoing avisée,
Li a dit faisant grant risée :
« Vous ne savés que fait eüsse
Ne comment gardé[e] m'en fusse (*ms.* eusse);
N'en fuisse gaires en friçon. »
Sour sen lit a pris sem plisson,
Celui le gieta sour le cief,
Et puis l'acola de recief
Par mi le visaige et le col :
Ensi a aveulé le fol.
Lors bouta dou piet son amy;
Et cils, qui d'anguisse fremy,
Ist dou lit tout nus aparmain,
.I. coutiel tout nut en sa main,
De quoi y se fust deffendus,
Et, si peuist, mout cier vendus.
La dame le bourgois acolle,
Et en. riant fort le rigolle.
Cils ist de la cambre tous nus :
Il ne sera huimais tenus;
« Ensi fort tenir vous saroie,
Tant c'à la voie mis l'aroie, »
Dist celle qui sen point regarde ;
Et quand vit que cius n'aroit garde
C'on li fesist ne grief ne lait,

Sem pliçon oste et son geu lait :
« Or est il, » fait elle, « escapés ;
Huimais ne sera atrapés ;
Courés apriès, car il s'en va. »
Or oiés confait tour trouva !
Li tours fu biaus et grascieus,
Plain[s] d'engien et maliscieus ;
Si fu à grant pourfit tournés,
Car grans maus en fu destournés.
Quant celle ot furni son pourpos,
Ses cuers fu aisse et à repos :
Si demaina joie et leaice ;
Ses maris aussi s'esleaice (*ms.* s'esleaige)
Qui tenoit tout à mokerie ;
Entr' iaus .II. eu[t] grant ciflerie :
Cius s'en tourna sans plus affaire.
Plus ne sai conter de l'affaire :
Des dras à l'escuyer responre
Ne couvient pas cele semonre ;
Quant sifait tour ot achievé,
Cius autres li ot pau grevé.
Li verités plus ne m'en conte,
Et pour çou finnerai men conte.

III

LE DIT DE LE NONNETE.

On ne doit mies trop reprendre
Aucun fol, s'on li voit emprendre
Par ynnorance aucunne cose,
[Kar] il avient que teils hons cose
Sour qui il a bien à koser.
Pour çou vous di ge bien qu'oser
Ne doit nuls hons tel cose faire,
Mais à bien tourner son afaire
Là doit cascuns mettre s'entente.
Or vous voel dire sans atente
Pourquoi cest provierbe commence,
Car il n'afiert mie c'on mence,
Ains doit on ensievir le voir.

Ja bien oï ramentevoir
D'une abbie, dont li couvens
De dames iert legiers con vens,
Car amours repairoit en l'iestre
Qui legieres les faisoit iestre.
Li abbesse ne haoit mie,
Car elle avoit souvent sen mie
Qui de ses maus la garissoit.
Susposons ore qu'ensi soit
Qu'on sewist bien que li prieuse
N'en estoit mie diseteuse;
Celles des autres offechinnes
Ne vausissent paons ne chinnes
Tenir, quant leur amis tenoient :
Mout noblement se maintenoient.
Or revenrai à mon pourpos.
Une en y ot qui pour repos
Avoir, layens s'estoit rendue;
Assés nouvielle estoit viestue
Si qu'encore offisce n'avoit;
Mais pour çou mies ne l'avoit
Amours laissiet à pourveoir,
Kar ne laissoit pas, pour veoir
Que ses compaignesses fesissent,
Qu'elle et ses amis ne fesissent
Oevre d'amours à kiés de fois,
Tant que l'abbesse pluisseurs fois
Le vit et si li deffendi.
Mais li nonnette n'entendi
Point à le deffense warder,
Si que l'abbesse rewarder
Ala, qui mieus voet c'on le mette
Em prison, qu'elle s'entremete
De faire à l'abbie diffame.
Et pour le jeter hors de blasme
Fu li lassette em prison mise
Qui d'amer s'estoit entremise,
En une fort(e) maison de pierre.
Là reclama Dieu et saint Pierre,
Kar des jours y fu plus de vint.
Or orés ja que il avint
A la grascieuse au corps gent.
Une nuit faisoit biel et gent

Par nuit, et si luisoit la lunne :
Par un trau a veüe l'unne
De ses compaingnesses passer,
Qui pour ses dous maus respasser
Aloit avoeques son ami.
Dist li nonne : « Entendés à mi,
Dame qui là devant passés :
De vostre vie vos passés
Mieus que de la moie ne faice :
Par les ieus qui sont en ma faice,
Se vous ne faites que hors soie,
Dechi demain vremeil que soie,
Je croi, vo visaige ferai,
Et tout vo fait acuserai :
Si serés au mains mise en mue. »
A le prieuse li sans mue
Lues qu'elle oy celle parler,
Si qu'à painne puet paraler
.I. peu plus priés de la maison.
Le nonnete a mis à raison,
Mais ses amis le soustenoit ;
Se li a dit : « Suer, ne t'anoit :
Par le foi que doi saint Martin,
Tu seras hors demain matin,
Ains que li couvens soit levés.
— Puisque vous en couvent l'avés,
A vous m'en tieng comme à justice. »
La dame, cui amours justice,
Et ses amis de là se part :
Juer s'en vont ne sai quel part.
Quant ce vint a le matinnée,
Au cloistre vint toute atournée
Entre li et la cheneliere
Et avoek elles la boursiere.
Quant elles furent elles trois,
Si dist : « Or me soit fais ottrois
De celle qui est em prison :
Par le corps Dieu, pau nos pris[e] on,
Quant si longhement on l'i laisse :
Mierveilles est que ne s'eslaisse
A li tuer par desespoir.
Dames, faisons ent no pooir
De li ravoir tout maintenant. »

Elles en vont leur mains tenant
En celle besoingne afremée :
Le cambre troevent deffremée
Là u droit l'abesse gisoit.
Li prieuse dist : « Dieus y soit ! ».
Si tost que laiens fu entrée,
L'abbesse fu mal encontrée,
Car elle ne gisoit pas seule.
Non pourquant si bien les aveule
Que ses drus fu ou lit couviers,
Qui n'estoit pas simples conviers,
Ains iert uns biaus abbes jolis.
Des dames fu pourpris li lis :
Toutes .III. as genouls se metent ;
De canques pueent s'entremetent
De pryer pour leur compagnesse.
« Or n'en parlés plus, » dist l'abbesse,
« Car ciertes ce seroit pour nient.
— Ma dame, on ne set qu'il avient, »
Dist li prieuse, « si ferés ;
Une autre fie le ferrés
De verge plus grosse et plus dure.
— Ce n'iert pas tant que li ans dure, »
Dist l'abesse, « que celle en isse :
Ce sanle .I. ciers [u] une bisse,
Tant est sa maniere volage.
— E, dame, ciertes cel outrage
Li fait faire amours, bien le sai ;
Metés le hors, et par assai
Se point se vorroit castyer.
— Vous plaideriés jusk'à hïer,
Avant que vous le revissiez.
— Ma dame, ce seroit peciés,
S'ensi vous le laissiez mourir. »
L'abbesse fu plainne d'aïr
De çou qu'ensement estrivoient ;
Et si se doubte que ne voient
Son ami, s'est ou lit assise,
Puis a tantost se plice prise
Et le viesti delivrement.
Se chils qui cest dit fist ne ment,
Ensi que j'ai oy reprendre,
Kant sen cuevrekief cuida prendre,

Laidement au prendre mesprist,
Car les braies à l'abbé prist,
Et puis les jeta erranment
Sour son cief, car grant maltalent
Eut et d'aïr fu alumée :
Si ne s'en est point avisée,
Ne elle ne s'en donne garde.
Et li prieuse le regarde,
Vit les lanieres qui pendoient
Devant se[n] front et baulioient ;
Si les a les autres moustrées,
Et elles se sont espautré[e]s
Au rire, et li prieuse dist :
« Dame, par le corps Jhesu Crist,
Vos ne nos faites mie à point,
Et si savés bien qu'amours point
Si fort et maistrie les siens,
Qu'il n'est si fort ne si siens
Qui contre amour se puist deffendre.
Cuidiés vous faire le det fendre?
Nennil, car li maus est sifais,
Ne nuls n'em porte si grant fais
Qu'il n'en vorroit trop plus porter ;
Nous ne nos poons deporter
D'e[n] recorder les grans douceurs ;
C'est trés grascieuses labeurs,
Ce savons nous bien toutes chi ;
Dame, si vous prions mierchi
Pour no compaingne, s'il vous plest.
— Se Dieus de chi lever me lest,
Pour moi n'iert hors de ceste anée.
— Vous m'avés ore trop tanée ;
Tant em parlés or que volés,
Car se vous teniés plus vos lés
Que vous ne faites le moitiet,
S'iert elle hors, et par congiet,
Ansçois que de çaiens issons.
Par (*ms.* U par) le mere Dieu de Soissons,
[U] plus en sereys couroucie.
— Voire, que je soie (*ms.* que soiyes) escorcie,
Se m'en deportés point ne pau.
— Et pour quoi, dame, de pagnau
A li lasse desiervi(e) mort,

Se boinne amours la point et (*ms.* à) mort?
— Espoir que elle s'en repent.
— Que savés vous que il vous pent
Bielle dame, devant vos ieuls?
— Que m'i penderoit, garce vieuls?
Li cors de vous soit maleois!
— Uns cuevrekiés à menus plois
Vous y pent, dame, ce me samble,
Qui, par le cor Dieu, bien resamble
Çou de quoi on cuevre sen cul.
Che n'est mie de cuir de mul,
Dame, dont ces lanieres sont
Qui vous pendent devant le front :
Bien croi que leur peres fu ciers.
Que feus d'infier arde vos niers,
Quant ensement vos maintenés
Et no compaigne retenés
Contre nous à telle destrece!
Dame, (*ms.* Ha dame) quantes fois vo longhece
A anuit esté mesurée?
Or soyés mieus amesurée
De mains no compaigne mesdire »,
[Li] dist li prieuse, et sans yre,
« Abbesse, que saige fereys.
Faites tost, si nos amendeys
Çou qu'avés enviers nous mespris,
Se vous ne volés que repris
Soit em plain capitle tantos. »
La dame n'eut le cuer tant os
K'en son lit ossast demourer,
Ains sali sus sans demourer
K'os escaudés n'i feïst oevre;
Des braies se tieste dascuevre,
Si k'à genouls mierchi cria.
Li prieuse l'en releva,
Et l'abbesse plus de .c. fois,

. . . .

Leur cria mierchi là endroit,
Et dist : « Jamais n'à tort n'à droit
N'irai contre vo volentey.
Pour Dieu ayés de moi pitei! »
Elles em prissent le sairment,
Mais ce fu par .1. teil couvent

Que durent vir le baceler.
Et l'abbesse dist : « Ja celer
Nel vous quierc et nel (*ms.* ynel) couvient mie... »

. . . .

Le couvreture a rebracie,
Et l'abbes l'a embracie,
Devant elles .III. le baisa ;
Et li prieuse s'abaissa,
Vit l'abbé et le reconnut :
« Bawa, pour le crois que Dieus eut (*ms.* nut ,
Viseteres, iestes vous là?
Par le langhe dont Dieus parla,
Compaingne[s], c'est nos viseteres ;
Chi poons bien prendre materes
Orendroit à nos souverains.
Que feus d'infier arde les rains
Qui au riber espargneront ;
Et tout cil qui em parleront
En mal soient de Dieu maudit ! »
Se cils ne ment qui fist che dit,
On se doit mout bien aviser
S'il a sour lui que deviser,
Ains que sour autrui on mesdie.
Or querrés qui plus vous en die.

ADDITIONS ET CORRECTIONS

DES SIX VOLUMES

Ces Additions et Corrections ne font pas double emploi avec celles qui figurent dans les Notes et Variantes des différents volumes.

Tome premier.

P. 6, l. 22, la croiz, lisez *l'acroiz.*
9, 10, la haie, lisez *La Haie.*
10, 22, Torne Enfine, lisez *Torne en fuie.*
114, 18, s'aïme, lisez *saïme.*
127, 3 et ailleurs, bajasse, lisez *baiasse.*
148, 4, me, corrigez *ne.*
— 18. M. Héron, dans son édition des *Dits de Hue Archevesque* (Rouen 1885), p. 40-41, corrige « Els » en *Ele,* qu'il identifie avec *Ele d'Alençon,* tante de Robert Malet; mais le sens n'exige pas cette correction, d'autant que les actes que le trouvère attribue aux différents personnages mentionnés dans ce passage ne s'appliquent qu'à des hommes.

P. 152, l. 5, membre je sitor, peut-être faut-il corriger *membre, jes i tor?*

P. 152, l. 7, vimon, peut-être faut-il corriger *Vimou* (*Vimeu*)?

P. 153, l. 5, d'el, lisez *del*.

157, 23, ces piaut, lisez *c'espiaut*.

165, 16, a changié Agraine, corrigez [*l'*] *a changié à graine*.

P. 196, l. 19, Ei, lisez *Et*.

211, 17, R'estuez, lisez *Restriez*.

225, 8, tonduz, corrigez *tenduz*.

252. Les chiffres indiquant d'une part la pagination et de l'autre la numérotation des vers sont intervertis.

P. 287, l. 21, craissés, lisez *craissès*.

310, 8, à loer, lisez *aloer*.

320, 12, sa mie, lisez *s'amie*.

TOME DEUXIÈME.

P. 5, l. 30, convontie, lisez *convoutie*.

20, 14, majestire, lisez *maiestire*.

30, 12. Le proverbe disant qu'il faut se garder du *petit œil* (de l'œil de l'enfant) se retrouve presque textuellement t. IV, p. 149, et t. VI, p. 151.

P. 42, l. 17, Jakemès, lisez *Jakemes*.

58, 12, liastes, lisez *hastes*.

80, 7, sa mie, lisez *s'amie*.

90, 26, aperdre, lisez *à perdre*.

136, 14. Supprimez le point après « deslaveüres ».

137, 18. Rétablissez la leçon du ms. *proliers*, au lieu de « pioliers ».

P. 151, l. 19, sajetele, lisez *saietele*.

181, 27, Joban, corrigez *Johan*.

276, 4. Voyez une longue note du tome VI, p. 242, qui groupe toutes les rédactions de ce conte.

P. 290, l. 17. Le fabliau de *Sire Hain et de dame Anieuse* se trouve aussi dans le ms. Hamilton 257 (fol. 5 *c*-7 *c*) de la Bibliothèque royale de Berlin.

P. 291, l. 28. La version du ms. de Berne est publiée dans le t. IV, p. 133-143. Une rédaction de la *Borgoise d'Orliens* se trouve aussi dans le ms. Hamilton 257 (fol. 32 *c*-34 *a*).

P. 292, l. 21. Voyez, pour une imitation russe de la *Borgoise d'Orliens*, le t. III, p. 335.

P. 293, l. 16. Voyez, pour une imitation russe de *Brunain la vache au prestre*, le t. III, p. 335.

P. 294, l. 10. D'autres refrains cités dans la *Chastelaine de Saint Gille* se retrouvent ailleurs; voyez pour le refrain du XVe couplet la *Romania*, t. X, p. 522, et pour le refrain du XXXIIe, les *Tournois de Chauvenci* (édit. Delmotte, 1835), p. 496.

P. 294, l. 15. Le fabliau de la *Dent* a été publié depuis notre édition par M. A. Héron, dans les *Dits de Hue Archevesque* (Rouen, 1885), p. 7-13.

P. 294, l. 20-29. Le manuscrit qui contient ce fabliau étant du XIIIe siècle, il ne peut s'agir ici des personnages mentionnés dans la note; voy. Héron, *Dits de Hue Archevesque*, p. 37-42, et aussi notre index alphabétique qui termine le présent volume.

P. 297, l. 10. Voyez une deuxième et une troisième rédaction (incomplète) des *Trois dames qui troverent l'anel*, dans le t. VI, p. 1-7 et 154-155.

P. 299, l. 4. Rapprochez du *Prestre crucifié* le fabliau du *Prestre teint*, t. VI, p. 8-23, et les notes, p. 156-157.

P. 299, l. 19. Voyez la note du t. VI, p. 242.

300, 25-27. Supprimez la note. « Aussai » signifie simplement *Alsace*.

P. 301, l. 15. Cette version de *Gombert et des deus*

clers se trouve aussi dans le ms. Hamilton, 257 (fol. 10 *d*-11 *d*) et dans le ms. 354 de Berne (fol. 44 r° - 45 v°).

P. 304, l. 12 et 17. Il y a deux, et non trois versions de ce fabliau (voy. à ce sujet le t. V, p. 325); la seconde a été publiée dans le t. V, p. 83-94.

P. 310, l. 23. « Mielanz », localité disparue aujourd'hui, a donné son nom à une porte d'Arras, la *Porte Méaulens* (voy. *Romania*, t. IX, p. 496).

P. 314, l. 15. L'histoire du *Meunier d'Arleux* forme la IVe des *Cent Nouvelles nouvelles*.

P. 322, l. 23. Voyez, pour une imitation russe du *Debat du c... et du c...*, le t. III, p. 335.

P. 348, l. 32, aniaus, corrigez *aviaus*.

349, 14, agrius, corrigez *à kius*.

Tome troisième.

P. 54, l. 15, aimoit, lisez *amoit*.

64, 1, exploita, lisez *esploita*.

67, 14, etrivaine, corrigez *estrivaine*.

116, 13, recolhir, corrigez *retolhir*.

199, 7, avoier, rétablissez *amoier*.

214, 19, et p. 402, l. 2, aorce, lisez *à orce*.

248, 20, cremue, corrigez *crenue*.

265, 27, estanceüre, corrigez *estauceüre*.

267, 25, estanciée, corrigez *estauciée*.

289, 16. Le *Mantel mautaillié* a été publié à nouveau depuis notre édition par M. F. A. Wulff dans la *Romania*, t. XIV (1885), p. 343-380. M. Wulff a utilisé un nouveau ms. de la Bibliothèque nationale, nouv. acq. fr. 1104 (fol. 48 v°-54 v°), qu'il faut ajouter aux six mss. que nous avons cités.

P. 327, l. 14. Le *Chevalier à la robe vermeille* se

trouve aussi dans le ms. Hamilton 257 (fol. 29 *a*-30 *d*).

P. 334, l. 6. Le fabliau de *Gauteron et de Marion* se trouve aussi dans le ms. Hamilton 257 (fol. 48 *d*-49 *a*).

P. 334, l. 22. Les *Contes secrets traduits du russe* ont été publiés depuis dans les Κρυπτάδια, t. I (Heilbronn, 1883), p. 1-292.

P. 335, l. 14. Le *Prestre qui abevete* se trouve aussi dans le ms. fr. 1593 (fol. 171) de la Bibl. nat., sous le titre du *Prestre qui fouti la fame au vilain;* mais l'écriture est si effacée que le ms. n'est pas utilisable.

P. 336, l. 25. Le *Pescheor de Pont seur Saine* se trouve aussi dans le ms. Hamilton 257 (fol. 27 *a*-28 *a*).

P. 341, l. 19 et 24. Sur l'identification de « Brilli » et de « Buesemoncel », voy. A. Héron, *Trouvères normands* (Rouen, 1885), p. 35.

P. 342, l. 4. Le fabliau de la *Damoisele qui ne pooit oïr parler de foutre* se trouve aussi dans le ms. Hamilton 257 (fol. 45 *a*-45 *c*).

P. 343, l. 2. La seconde version de la *Damoisele qui ne pooit oïr parler de foutre* a été publiée dans le t. V, p. 24-31.

P. 343, l. 14. Le fabliau de *Pleine Bourse de sens* se trouve aussi dans le ms. Hamilton 257 (fol. 35 *b*-37 *c*).

P. 359, l. 18. Le fabliau de *Celle qui se fist foutre sur la fosse de son mari* se trouve aussi dans le ms. Hamilton 257 (fol. 26 *c*-27 *a*).

P. 370, l. 3. Le *Vilain Mire* se trouve aussi dans le ms. Hamilton 257 (fol. 11 *d*-13 *c*).

P. 382, l. 13. La nouvelle de Bonaventure des Périers n'a qu'une ressemblance fort lointaine avec le fabliau de l'*Evesque qui beneï le con*.

P. 382, l. 20. Le *Valet aus douse fames* se trouve aussi dans le ms. Hamilton 257 (fol. 18 *d*-19 *d*).

P. 395, l. 5. Le *Vilain qui conquist paradis par plait*

se trouve aussi dans le ms. Hamilton 257 (fol. 2 *d*-3 *d*).

P. 403, l. 9. L'histoire du *Testament de l'asne* forme la XCVI^e des *Cent Nouvelles nouvelles*.

P. 404, l. 10. Le *Bouchier d'Abevile* se trouve aussi dans le ms. Hamilton 257 (fol. 19 *d*-22 *b*).

P. 427, l. 10. La seconde rédaction de *Berangier au lonc cul* est publiée dans le t. IV, p. 57-66.

P. 430, l. 8, (nouv. 32), ajoutez *et* (*nouv*. 60).

434, 24. Rapprochez des *Braies au Cordelier* la pièce des *Braies le Priestre* de Jean de Condé, publié en appendice, t. VI, p. 257-260.

Tome quatrième.

P. 23, l. 25, escons, lisez *escous*.

41, 17. Mettez une virgule après « adolez ».

84, 23. Ouvrez les guillemets avant « Papeoire ».

94, 18. Mettez deux points à la fin du vers, et remplacez les deux points par une virgule à la fin du vers suivant.

P. 162, l. 11, braint, corrigez *brait*.

233, 4. Voyez la note du t. VI, p. 242.

233, 7. Cette version de la *Male Honte* se trouve aussi dans le ms. 354 de Berne (fol. 45 v°-47 r°).

P. 235, l. 1. Il existe, non pas trois, mais seulement deux rédactions de la *Male Honte* (voy. à ce sujet le t. V, p. 330); la seconde est publiée t. V, p. 95-100.

P. 236, l. 7. La seconde version du *Preste qui manja mores* est publiée dans le t. V, p. 37-39.

P. 237, l. 32. La seconde version des *Tresces* est publiée dans le t. V, p. 132-142, sous le titre de la *Dame qui fist entendant son mari qu'il sonjoit*.

P. 238, l. 3. L'histoire des *Tresces* se retrouve aussi dans les *Cent Nouvelles nouvelles* (nouv. 38 et 61).

P. 241, l. 21, prote, lisez *porte*.

P. 246, l. 6. Le fabliau de *Barat et de Haimet* se trouve aussi dans le ms. Hamilton 257 (fol. 86 *a*-88 *c*).

P. 265, l. 15-16. Rétablissez le vers qui manque, et lisez :

> Cel jor furent bien atorné,
> Quar il orent à grant plenté.

Pour certaines corrections orthographiques à faire aux variantes de B, voy. un compte rendu de M. Stengel dans l'*Archiv für das Studium der neueren Sprachen*, t. LXV, p. 462-463.

P. 274, l. 23. La seconde version du fabliau des *Trois Dames* est publiée, d'après le ms. fr. 1593 de la Bibl. nat., dans le t. V, p. 32-36.

P. 275, l. 11. La rédaction incomplète du ms. de Genève n'est pas la même que celle qui a été publiée dans le t. I. La rédaction du ms. de Genève, ainsi qu'une troisième version du fabliau des *Trois dames qui trouverent .I. anel*, est publiée dans le t. VI, p. 1-7 et 154-155.

P. 278, l. 6. Une seconde rédaction, inédite jusqu'ici, de *Celui qui bota la pierre*, est publiée dans le t. VI, p. 147-151.

P. 278, l. 11. L'histoire de *Celui qui bota la pierre* forme la XXIIIe des *Cent Nouvelles nouvelles*.

P. 296, l. 32, nascu, lisez *irascu*.

318, 18, corine, lisez *covine*.

331, 14, garçous, lisez *garçons*.

331, 31. Le *Vilain de Bailluel* se trouve aussi dans le ms. Hamilton 257 (fol. 28 *a*-28 *c*).

TOME CINQUIÈME.

P. 41, l. 11. Supprimez « se nul », qui appartient au vers suivant.

P. 65, l. 23, solleres, lisez *sollerès*.

91, 10, S'anprès, lisez *Sanpres*.

102, 19, se trop, lisez *trop de*.

121, 5, cevecaille, lisez *ceveçaille*.

123, 12, noit de pecié, corrigez *voit depecié*.

132, 24, vaut, corrigez *vait*.

154, 23, Qui, lisez *Qu'i*.

166, 5, voie, corrigez *moie*.

170, 11. Mettez une virgule après « hait ».

192, 8, alaissier, lisez *à laissier*.

198, 23, Saviez, lisez *S'aviez*.

206, 15, aorce, lisez *à orce*.

263, 16. Le fabliau d'*Auberée* se trouve aussi dans le ms. Hamilton 257 (fol. 45 *c*-48 *d*).

P. 274, l. 33, arçal, lisez *arcal*.

313, 23 et 24. Supprimez le point et virgule après « sorporte », et mettez-le après « faille ».

P. 325, l. 1. Cette version du *Meunier et des deus clercs* se trouve aussi dans le ms. Hamilton 257 (fol. 50 *c*-52 *a*).

P. 336, l. 15. Voy. la note du t. VI, p. 242.

337, 16. Le *Prestre qui ot mere à force* se trouve aussi dans le ms. Hamilton 257 (fol. 4 *c*-5 *c*).

P. 349, l. 5. Le *Prestre taint* est publié dans le t. VI, p. 8-23.

P. 350, l. 6. La *Vielle Truande* se trouve aussi dans le ms. Hamilton 257 (fol. 85 *a*-86 *a*).

P. 370, l. 24. Le fabliau du *Couvoiteus et de l'Envieus* se trouve aussi dans le ms. Hamilton 257 (fol. 28 *d*-29 *a*).

P. 372, l. 23. Cette version du *Segretain moine* se trouve aussi dans le ms. Hamilton 257 (fol. 22 *b*-26 *c*) et dans le ms. fr. 14,971 (fol. 41 *a*-48 *c*) de la Bibl. nat., sous le titre du *Secretain et de dame Ydoisne*.

P. 392, l. 16. Voy. la note du t. VI, p. 242. Le fragment de Berne est publié dans le t. VI, p. 243-254.

TOME SIXIÈME.

P. 19, l. 28. Supprimez la virgule après « teint ».

22, 14, més, lisez *mès*.

25, 10, ajeue, lisez *aïeue*.

161, 18. Une analyse du *Prestre et du Leu* se trouve aussi dans les papiers de Legrand d'Aussy (Bibl. nat., ms. nouv. acq. fr. 6226), sous le titre du *Curé qui aimoit la femme d'un Villain;* ce fait prouve une fois de plus (cf. t. VI, p. 159) que Legrand d'Aussy a connu le ms. Hamilton.

P. 185, l. 41, gaiaille, lisez *gajaille*.

GLOSSAIRE-INDEX

Les chiffres romains renvoient aux tomes; les chiffres arabes aux pages.

A

A, avec, I, 287, etc.
« A femme avare galant escroc », *conte de La Fontaine*, III, 420.
Aaisié, riche, I, 184, etc.; gai, I, 258, etc.
Aaisier, *aesier*, mettre à l'aise, faire plaisir (charnellement), I, 31, 259, etc.
AALISON. Voy. AELISON.
Aaner. Voy. *Ahaner*.
Aatir, presser, inviter, provoquer, irriter, I, 192; III, 60, 61; VI, 53.
Abaier, aboyer, II, 18.
ABAT PAROI, *nom d'un champion*, I, 10.
Abateïs, tuerie, I, 296.
Abatre (s'), pénétrer, II, 232.
Abaubi, étonné, III, 151, etc.
Abbie, abbaye, VI, 264, etc.
Abé (en), aux aguets, V, 252.
ABEL, I, 53, 120; IV, 136.
Abelir, *abielir*, plaire, I, 138, 143, etc.
Abes, abbé, I, 169, 170, etc.
Abet, malice, ruse, duperie, I, 231; II, 261, etc.
Abeter, duper, tromper, IV, 78, etc.
Abeveter, *abeuvueter*, *abooter*, guetter, I, 189; III, 54, etc.
ABEVILE, Abbeville, I, 83; III, 227, 231; IV, 150.
Abielir. Voy. *Abelir*.
ABILOR, Abydos (?), V, 221.
Abooter. Voy. *Abeveter*.
Abosmer, accabler de chagrin, indigner, I, 279; III, 261, etc.
Aboufer, essouffler, I, 291.
Abrayer, ouvrir, VI, 259.
Abrivé, *abrievé*, rapide, II, 21, etc.
Açainte, enclos, IV, 215.
Acali. Voy. *Achali*.
Acertes, certainement, sérieusement, IV, 257, etc.
Acesmement, parure, III, 76.
Acesmer, parer, habiller, équiper, II, 94; III, 76, etc.; fourbir, II, 151.

ACEUL (S.), S. Acheul, III, 241.
Achali, *acali*, fatigué, lent, VI, 36, 40.
Acheson. Voy. *Achoison*.
Achiée. Voy. *Haschée*.
Achoisier (s'). Voy. *Acoisier (s')*.
Achoison, *acheson*, *aqoison*, occasion, raison, I, 102, etc.
Aclin, soumis, II, 135.
Acliner, incliner, saluer, I, 119; IV, 64.
Acluchier (s'), se pelotonner, V, 90.
Acoardir. Voy. *Acouardir*.
Acoier (s'). Voy. *Acoisier (s')*.
Acoillie, élan, action de se presser, III, 391.
Acoillir, *aqueillir*, prendre, I, 130; attacher, IV, 151; se mettre ensemble, IV, 140.
Acointance, rencontre, familiarité, I, 42, etc.
Acointe, ami, amant, I, 34; II, 204, etc.
Acointement, compagnie, fréquentation, connaissance, I, 118, etc.
Acointier, *acoynter* (*angl.-norm.*), *acointier (s')*, fréquenter, faire l'amour, I, 34, 218, etc.
Acoisier (s'), *aquoisier (s')*, *acoier (s')*, se taire, s'apaiser, cesser, I, 102, 265, 270; II, 81, etc.
Acoitemant. Voy. *Acointement*.
Acoler, embrasser, mettre les bras autour du cou, I, 31, etc.
Aconsuivre, atteindre, VI, 76, etc.
Aconte, récit, VI, 80; *de quel aconte*, pour quelle raison, VI, 138.
Aconter, compter, IV, 82; raconter, I, 199, etc.
Acor, pan, III, 15, 17, etc.
Acorchier, écorcher, III, 216.
Acorcier, se raccourcir, III, 11, 15, etc.
Acorde, accord, I, 286.
Acordement, raccommodement, VI, 15.
Acorer, *acourer*, tuer, I, 182, etc.; chagriner, III, 24.
Acort (estre à), être du même avis, VI, 103.
Acoster (s'), se placer auprès, I, 207, etc.; accueillir, VI, 8.
Acouardir (s'), craindre, II, 100; III, 39.
Acouchier, s'aliter, I, 178.
Acoupler (s') à, se jeter dessus, I, 276.
Acourer. Voy. *Acorer*.
Acoustumance, habitude, I, 325.
Acouter, *akeuter*, appuyer, II, 39; VI, 148.
Acouter, écouter, I, 100.
Acouveter, couvrir, I, 215, 216, etc.
Acouvrir, couvrir, IV, 9, etc.
Acoynter. Voy. *Acointier*.
Acrapir, engourdir, IV, 85.
ACRE, III, 170, 379.
Acreanter, promettre, V, 78, etc.
Acroire, emprunter, IV, 10.
Acroiz, gain, I, 6, 270.
Acrouper (s'), s'accroupir, I, 201.
Acueillable, (vin) buvable, II, 140.
Acuiter, libérer, III, 206.
Adaingnier, respecter, I, 111; convenir, III, 396.
ADAM, *nom d'homme*, VI, 243, 244, 252, 253.
ADAM DE GONNESSE, *bourgeois de Paris*, III, 145.
ADE, *nom d'une princesse*, III, 161.

Ademetre (s'), se précipiter, V, 133.
Adens, adenz, face contre terre, I, 320, etc.
Adenter, jeter visage contre terre, II, 239, etc.
Adenz. Voy. *Adens*.
Adercier. Voy. *Adrecier*.
Adès, toujours, I, 21, etc.
Adeser, toucher, approcher de, III, 184, etc.; frapper, II, 350, etc.
Adestrer, conduire par la main, accompagner, I, 56, etc.
Adevaler, descendre, I, 58, 157.
Adevancir, passer avant, III, 304.
Adirer, adyrrer, perdre, égarer, IV, 131; V, 35.
Adober. Voy. *Adouber*.
Adolé, malade, IV, 41; triste, I, 60, etc.
Adonc. Voy. *Adonques*.
Adoner, faire don, II, 98.
Adonques, adonc, alors, I, 27, etc.
Adouber, adober, équiper, armer chevalier, I, 295, etc; (*au sens obscène*), arranger, IV, 316, 319.
Adoucier, amadouer, I, 98.
Adrecier, adercier, adrechier, diriger, I, 157, III, 110, etc.; *s'adrecier*, aller, III, 40, etc.
Aduin, doux, II, 213.
Adyrrer. Voy. *Adirer*.
Aé, ael, âge, vie, II, 91, etc.
Aelis. Voy. Aelison.
Aelison, *nom d'une femme de mauvaise vie*, II, 12, 13, 17, 18, 19, 22, 23.
Aengler, acculer, III, 173.
Aerdre, saisir, attacher fortement, I, 143, 158, etc.; *s'aerdre*, s'agripper, IV, 94, etc.
Aesier. Voy. *Aaisier*.
Afaitié, affaitié, bien élevé, de bonnes manières, gracieux, II, 49; III, 216, etc.; connaissant son métier, I, 9.
Afebloier, s'affaiblir, être faible, I, 304; III, 167; IV, 74.
Afere, parties sexuelles, I, 264.
Aferir, convenir, importer, II, 52, etc.
Afetement, charme, grâce, V, 44.
Afetier, affaitier, dresser, éduquer, II, 152; réparer, V, 20.
Affaitié. Voy. *Afaitié*.
Affaitier. Voy. *Afetier*.
Affebloier. Voy. *Afebloier*.
Afferir. Voy. *Aferir*.
Affermer, enfermer, II, 196.
Affeutrer, harnacher, VI, 78.
Affichet, bijou, II, 167.
Affier. Voy. *Afier*.
Afflise (Sainte), II, 65.
Affroier, se frotter (*au sens obscène*), I, 314.
Affuison, à foison, II, 33.
Afiche, boucle, agrafe, III, 90; V, 97.
Afichier, aficier, affirmer, II, 1, 5; dire, I, 30, etc.; *s'afichier*, s'expliquer, II, 60.
Afier, affier, promettre, engager, III, 186, etc.
Afiner, finir, III, 287.
Afoler, blesser, IV, 63, 65; exploiter, III, 89.
Afonder, mettre au fond, I, 211.
Aforcheüre, fourchette des jambes, III, 294.

Aforer, percer, I, 243.
Afouberter, tromper, duper, VI, 7.
Afoué, rouge, I, 291.
Afronter, atteindre au front, IV, 188.
Afulure, coiffe, II, 75.
Agace, pie, II, 340.
AGACE, *nom de femme*, III, 76, 77, 78.
Agait, *aguet*, vigilance, présence d'esprit, I, 172, etc.; cachette, V, 120.
Agaitement, espionnage, VI, 261.
Agaitier, *aguetier*, épier, guetter, surprendre, I, 94; V, 6, etc.
Agali, aplati, III, 65.
Agart (*estre en*), faire le guet, IV, 218.
Ageliner (*s'*), *ageloignier* (*s'*), s'agenouiller, II, 108, 203.
Aggrellier, devenir grêle, III, 188.
Agrever, accabler, ennuyer, I, 155; III, 109.
Agu, aiguisé, fin, IV, 136.
Aguet. Voy. *Agait*.
Aguetier. Voy. *Agaitier*.
Aguille, aiguille, IV, 150, etc.
Aguillier, recoudre, VI, 238.
Aguillon, bâton pointu, V, 52, etc.
Ahan, labour, II, 211; fatigue, peine, ennui, souffrance, I, 86, 206, etc.
Ahaner, labourer, IV, 97, etc.; être fatigué, V, 30.
Aharnesquier, munir du nécessaire, II, 160.
Ahochier, accrocher, IV, 91.
Ahonter, déshonorer, faire honte à, II, 63, 263, etc.
Ahors, *hahors*, (*cri d'indignation et de surprise*), IV, 12, 22, 29.
Aïe. Voy. *Aïue*.
« Aïe de Nantueil », (*Allusion volontairement fautive au roman d'* « Aïe d'Avignon »), I, 3; II, 271.
Aige. Voy. *Aive*.
Aigre, émacié, I, 156.
Aillie, *aillée*, *alie*, gousse d'ail (*au sens de* peu de chose), II, 11, etc.; sauce à l'ail, V, 155, etc.
« Aimmoin », (*Allusion au roman des* « Quatre fils Aymon »), I, 11.
Ain, hameçon, III, 282.
Ainc, *ainques*, *einc*, jamais, I, 111, etc.
Ainçois, *ançois*, *ençois*, *enceis*, avant, auparavant, I, 43, 105, etc.; mais, I, 303, etc.
AINGLETERRE. Voy. ANGLETERRE.
Ainques. Voy. *Ainc*.
Ainsinc, *ensin*, ainsi, I, 305, etc.
Aintain. Voy. *Antain*.
Ainz, *einz*, avant, I, 105, etc.; mais, I, 55, etc.; *l'ainz*, l'avant, I, 306; *à l'ainz*, aussitôt, III, 371, etc.; *ainz puis*, depuis, I, 15.
Aïr, violence, fureur, impétuosité, I, 20, 106, etc.
Aïr, *haier* (*angl.-norm.*), haïr, II, 196; V, 25.
Aire, *erre*, ensemble des dispositions morales, I, 113, etc.
Airier, *aïrer* (*s'*), s'irriter, se mettre en colère, I, 229, etc.
Aisement, facilité, II, 99.
Aistre, âtre, I, 239.

Aïtant, alors, ainsi, I, 193, etc. Voy. *Itant*.
Aïue, aïeue, aïe, aide, I, 144, 277, etc.
Aive, aige, eau, ruisseau, orage, V, 116; VI, 97, etc.
Ajornant, lever du jour, III, 423.
Ajornée, point du jour, I, 50, etc.
Ajorner, commencer à faire jour, I, 154, etc.; *à l'ajorner*, au point du jour, I, 48.
Ajoster, allier, V, 3.
Akeuter, Voy. *Acouter*.
Al, autre chose, I, 202. Voy. *El*.
ALAIN (S.), III, 210.
Alainne (*à une*), d'un seul coup, II, 84.
Alegance, soulagement, VI, 68.
Alegement, aligement, soulagement, I, 257, etc.
ALEIN, *nom d'un Anglais*, II, 178, 179, 180, 181.
ALEMAINGNE, ALLEMAINGNE, Allemagne, I, 35; III, 3.
Alemande, amande (*au sens de* peu de chose), I, 121.
Alemant, Allemand, II, 238.
Alemite, coup, I, 103.
Alenée, cri, I, 192; *as grans alenées*, à longs traits, II, 57.
Alesne, alêne, II, 153.
Aletier, être allaité, V, 114.
Aleüre (*grant*), au plus vite, I, 191, etc.
ALEUS, Arleux, près d'Arras, II, 31, 34, 36.
ALIAUME, *nom d'un charretier*, III, 99.
Alier, manière de se conduire, I, 148.
Alie. Voy. *Aillie*.
Aligement. Voy. *Alegement*.
Alis, mince, III, 65.
ALISON. Voy. AELISON.
ALISTE (S.) DE HANSTONE, II, 64.
Aliter (*s'*), se coucher, III, 61.
ALIXANDRE : 1° Alexandre le Grand, I, 148; V, 245, 248, 249, 252, 258, 260; — 2° *nom d'un prêtre*, II, 9, 15; — 3° *nom d'un hôtelier*, III, 92.
ALIXANDRE, Alexandrie d'Égypte, I, 165; II, 9, 127.
ALIZON. Voy. AELISON.
ALLEMAINGNE. Voy. ALEMAINGNE.
Alloingne. Voy. *Aloigne*.
Alme, âme, II, 194.
ALMON (S.), II, 181.
Aloe, alouette, I, 149, etc.
Aloer, alouer, alouier, louer, I, 310, 315, etc.; mettre en gage, II, 169; aliéner, I, 155.
Aloiere, bourse, III, 96, 350.
Aloigne, alloingne, alonge, retard, I, 179, etc.
Aloingnier, allonger, IV, 192.
Alonge. Voy. *Aloigne*.
ALOSE (S.), V, 26.
Aloser, illustrer, tenir en estime, I, 25, 47, etc.
Alouier. Voy. *Aloer*.
ALOUL, *nom d'homme*, I, 255, 256, 258, 259, 260, 261, 262, 263, 264, 265, 269, 270, 271, 272, 273, 274, 275, 280, 285, 286.
« Aloul (Le Fablel d') », *publié*, I, 255; (*notes*), II, 305.
Alouer. Voy. *Aloer*.
AMADOUR (S.), II, 65.

Amaigroier, ruiner, IV, 172.
Amande, (*au sens de* peu de chose), IV, 137. Voy. *Alemande*.
Amandemant, pardon, II, 116, 120.
Amander. Voy. *Amender*.
AMANT (S.), I, 201, 216; IV, 118, 211.
Amassé, en grande quantité, III, 158; riche, VI, 34.
Amati, abattu, I, 57.
Amayer (s') (*angl. norm.*), s'effrayer, II, 231.
Ambedeus, anbedous, ambedui, ambedoit, amedeus, enmedeus, amedui, enbedeus, tous deux, I, 28, 175, etc.
Ambler, marcher l'amble, I, 181; aller à cheval, I, 179.
Ambler. Voy. *Embler*.
Ambleüre, amble, I, 61, etc.
Ambouser, *propr.* mettre dans de la bouse; *au fig.* se moquer de, II, 279.
Ambre, II, 127.
Amedeus, amedui. Voy. *Ambedeus*.
Amegrir, maigrir, II, 104.
Amembrer (s'), s'aviser, VI, 48.
Amendé, profitable, III, 232.
Amender, amander, réparer, VI, 14, 15; améliorer, avantager, I, 148, etc.; gagner, profiter, devenir grand, I, 2; III, 215; se corriger, VI, 146.
Amentoivre, amentevoir, nommer, rappeler, II, 134; V, 201, etc.
Amenuisier, diminuer, V, 260; maigrir, III, 188.
Amere, amant, V, 261.
Amie, maîtresse, I, 259, etc.
AMIENOIS, I, 154.
AMIENS, I, 117, 157, 160; IV, 133; V, 216.
Amiete, petite amie, I, 146.
Amoier, disposer, III, 387; *s'amoier*, s'appliquer, I, 220.
Amolier (s'), s'adoucir, I, 240.
Amonester, amonnester, persuader, I, 201, etc.
Amont, en haut, I, 15, etc.
Amordre, s'habituer à, IV, 83.
Ample, grand, I, 244.
Amuce. Voy. *Aumuche*.
Anbedous. Voy. *Ambedeus*.
Anc, (*interjection de celui qui frappe*), I, 104.
Ancele, anchiele, servante, I, 219, etc.
Ancianor, ancienor, du temps ancien, I, 47, etc.
Ancissier, ancêtre, I, 82.
Ancliner. Voy. *Encliner*.
Ançois. Voy. *Ainçois*.
Ancui. Voy. *Anqui*.
ANDAINE, Andenne, près de Namur, III, 137.
Andeus, andous, andeux, andoi, andui, tous deux, I, 126, etc.
Andier, chenet, landier, II, 150, etc.
Andoi. Voy. *Andeus*.
Andoille, andouille, I, 282; (*au sens obscène*), I, 223, etc.
ANDROETE, *amie de* KEX, III, 305.
Andui. Voy. *Andeus*.
Aneanter. Voy. *Anienter*.
Anel, *quiproquo dans la bouche d'un Anglais, ce mot signifiant* agneau (*aniel*) *et* ânon (*asnel*), II, 179, 180, 181.
« Anel (De l') qui faisoit les vis grans et roides », *fabliau de*

HAISEL, *publié*, III, 51; (*notes*), III, 334.
Anelet, anneau, I, 239, etc.
Anemi, démon, I, 94, etc.
Anessier, rassasier, III, 131.
Angevin, denier d'Anjou, III, 181, etc.
ANGIERS, Angers, III, 130.
Angin. Voy. *Engin*.
Angle, ange, III, 209, etc.
ANGLETERRE, I, 211, 251; II, 125, 131; III, 1, 161, 263; IV, 41, 42, 45; V, 95.
ANGLOIS, ENGLEIS, ENGLÈS, Anglais, II, 178, 180, 182, 242; IV, 46; V, 95.
Angoisseus, engoisseus, désolé, VI, 150; avide, IV, 146.
Angoissier, engossier, harceler, ennuyer, I, 285; III, 38, etc.
Angre, ange, II, 171.
Anienter, aneanter, réduire à rien, I, 184, etc.
ANIEUSE, *nom d'une femme* ennuyeuse, I, 97, 98, 99, 100, 101, 102, 103, 104, 105, 106, 107, 108, 109.
Anmer, aimer, I, 318, etc.
Annis, anis, III, 347.
Anouer, nouer, I, 158.
Anprès. Voy. *Emprès*.
Anquenuit, enquenuit, cette nuit, I, 223, etc.
ANQUETAIN HAMEL, *père de* CONSTANT DU HAMEL, IV, 195.
Anqui, encui, ici, I, 296, etc.; à l'instant même, I, 105.
ANSEL, *nom d'un Jacobin*, III, 112.
Anserrer. Voy. *Enserrer*.
Antain, aintain, tante, I, 85, etc.
Antan, anten, l'an passé, I, 7, 313, etc.
Antis (estre), prendre racine, III, 33.
ANTOINE (S.), V, 129.
Anual, annuel, III, 5.
Anuianche, ennui, IV, 34.
Anuit, cette nuit, I, 50, etc.
Anuitier, faire nuit, I, 118, 261, etc.
ANWIERS, ANWIER, Anvers, III, 106, 107, 111, 113.
Aoite, profit, I, 24.
Aol, oui, VI, 106.
Aorce. Voy. *Orce (à)*.
Aouvert, prédisposé, III, 199.
Aouvrer, occuper, I, 154, 156.
Apareil, situation, VI, 107.
Apareillier, préparer, I, 164, etc.; *s'apareillier*, se charger, VI, 106.
Aparer, comparer, III, 63.
Aparler, parler à, I, 276, 286, etc.
Aparmain, sur-le-champ, I, 100, etc.
Apendre, convenir, appartenir, I, 148, etc.
Apensser (s'), penser, I, 37, etc.
Aperçoivre, apercevoir, IV, 136.
Aperecier (s'), perdre du temps, I, 169.
Apert, de figure ouverte, III, 60; *en apert*, ouvertement, I, 29, etc.
Apertement, ouvertement, I, 200.
Apetichier, appetissier, diminuer, rapetisser, I, 325, etc.
Aplaignier, aplainnoier, caresser, I, 323, etc.
Aplanir, caresser, flatter, II, 138, etc.
Aplovoir, pleuvoir, abonder, VI, 37.

Apoingnier, saisir dans la main, III, 46.
Apoint, piqué, V, 274.
Apost, *apus*, en place, d'aplomb, I, 206, etc.
Apouchier, fourrer (comme en poche), III, 49.
Apovroier, appauvrir, V, 216.
Appareillier. Voy. *Apareillier*.
Appetissier. Voy. *Apetichier*.
Aprentic, ignorant, I, 194.
Apresser, presser, accabler, I, 285, etc.
Apresure, habitude, V. 261.
Aprimer, *aproismer*, approcher de, I, 113, etc.
Aprompter (*angl.-norm.*), emprunter, II, 248 ; VI, 198.
Apus. Voy. *Apost*.
Aqoison. Voy. *Achoison*.
Aqueillir. Voy. *Acoillir*.
Aquerre, chercher, II, 116.
Aquest, avantage, I, 164.
Aquoisier. Voy. *Acoisier*.
Aragier, *arragier*, devenir fou, II, 93, etc.
Araisnier, *aresnier*, parler à, I, 76, etc.
Aramir, *arramir*, fixer, engager, III, 15, 76, etc.
Araument. Voy. *Erraument*.
Arbalestel, arbalète, IV, 84, 239.
Arcal, archal, I, 248; V, 274; VI, 277.
Arce, coffre, V, 119.
ARCHEVESQUE. Voy. HUE.
ARDANNE, les Ardennes, I, 220.
ARDE, Ardres, II, 10.
ARDENNOIS, le pays des Ardennes, I, 4.
Ardoir, *ardre*, brûler, I, 182, etc.
Ardure, ardeur amoureuse, I, 236.
AREBLOIS, Arabloy, III, 140, 367.
Arecier, être en érection, V, 61.
Areer, *arreer*, arranger, I, 307, etc.
Arengier, mettre en rang, III, 377.
Arer, labourer, III, 160, etc.
ARÈS, *personnage de la Table ronde*, III, 11, 25.
Aresner, attacher par la bride, III, 36, etc.
Aresnier. Voy. *Araisnier*.
Areste, talus, III, 65.
Arestison, arrêt, III, 412.
Arestut, resté, III, 208.
ARGU, Argus, *personnage mythologique*, I, 120.
Arguer, discuter, poursuivre, exciter, I, 298, etc.
Arier, *arrier*, *arriers*, arrière, VI, 124, etc.
Ariestance. Voy. *Arrestance*.
ARISTOTE, V, 247, 248, 249, 253, 255, 259, 260.
ARLE, Arles, I, 197.
Arme, âme, III, 265, etc.
Armonie, (*instrument de musique*), I, 8.
Aroidier, raidir, V, 104.
Arondel, hirondelle, I, 157.
Arou. Voy. *Harou*.
ARRACHE CUER, *nom d'un champion*, I, 10.
« Arracheur (De l') de dents ». Voy. « Dent (De la) ».
Arragier. Voy. *Aragier*.
Arraïs, complètement (?), VI, 38.

Arramir, Voy. *Aramir*.
Arrant. Voy. *Errant*.
ARRAS, III, 239; IV, 150.
Arreer. Voy. *Areer*.
Arrestance, *ariestance*, arrêt, IV, 34, etc.
Arrier, *arriers*. Voy. *Arier*.
Arririer, arriérer, III, 87.
Arroment. Voy. *Erraument*.
Art, artifice, malice, I, 11, 98, etc.
Artesien, denier d'Artois, III, 62.
ARTU, le roi Arthur, *héros de la Table ronde*, III, 1, 2, 3, 4, 6.
Artumaire, magie, I, 8; II, 274.
Arvoire, illusion, I, 265.
As, face du dé marquée d'un seul point, V, 76.
Asai, essai, IV, 34.
Asaillir, tourmenter, IV, 145, etc.
Asasé, *asazié*. Voy. *Assasé*.
Ascorce, écorce, II, 206.
Asenbler, avoir des rapports, IV, 158.
Asenement. Voy. *Assenement*.
Asener. Voy. *Assener*.
Aseür. Voy. *Asseür*.
Aseürer. Voy. *Asseürer*.
Asmer. Voy. *Esmer*.
Asnée, charge d'âne, II, 31; (*au sens obscène*), V, 92.
Asoagier. Voy. *Assoagier*.
Asorellier (*s'*), se chauffer au soleil, V, 172.
Asoter. Voy. *Assoter*.
Asourder, rendre sourd, II, 186.
Asproier, harceler, I, 297.
Assasé, *asasé*, *asazié*, riche, II, 47, etc.
Assavoré, ayant bon goût, VI, 106.
Asseïr, *assir*, asseoir, lotir, I, 77, 177; II, 159, etc.; (*en parlant d'un dé*), rendre plus lourd, piper, V, 73.
Assenement, *asenement*, don, part assignée, II, 209, etc.
Assener, *asener*, assigner, lotir, charger, I, 46, 128, etc.; atteindre, se rendre à, I, 272, 306, etc.; *s'assener*, arriver, IV, 98.
Assens, manière, IV, 39; VI, 53.
Assentir, consentir, I, 164.
Asseür, certainement, VI, 69, etc.
Asseürer, rassurer, I, 326, etc.; *s'asseürer*, être en sûreté, attendre, I, 227, 255, etc.
Assiet, action de se poser, II, 200.
Assir. Voy. *Asseïr*.
Assoagier, *asoagier*, adoucir, II, 110; s'apaiser, V, 14.
Assommer, compter, III, 91.
Assoter, *asoter*, rendre ridicule, II, 148, etc.
Assouper, chopper, VI, 223.
Ataiche, attache, IV, 46.
ATAINES, Athènes, V, 253.
Atalenter, plaire, I, 27; II, 43, etc.
Atandue. Voy. *Atendue*.
Atant, alors, I, 19, 20, etc.
Atapir, cacher, I, 264.
Atardier. Voy. *Atargier*.
Atargement, retard, III, 249.
Atargier, *atarjier*, *atardier*, tar-

der, I, 54, etc, ; *s'atargier*, s'attarder, I, 262, etc.
Ataster, tâter, I, 236.
Ataverner, être dans une taverne, II, 280.
Atele, morceau de bois, I, 9.
Atemprer, tremper, II, 213 ; (*en parlant d'un instrument*), accorder, IV, 115.
Atendance, espérance, VI, 69.
Atendre, prêter attention, II, 202.
Atendue, *atandue*, attente, retard, II, 15, etc.
Atenement, biens immobiliers, II, 172.
ATIES, Athies, près de Péronne, III, 247.
Atirier, revêtir, III, 136 ; *s'atirier*, faire ses préparatifs, III, 126.
Atoivre, outil, instrument, I, 229.
Ator, *atour*, préparatif, VI, 109 ; parure, I, 294, etc.
Atornement, provisions, III, 201.
Atorner, *atourner*, préparer, arranger, équiper, habiller, parer, I, 73, 114, etc. ; (*appliqué aux chevaux*), soigner, II, 5.
Atort, disposition d'esprit, IV, 1.
Atot, *atout*, avec, IV, 20, etc.
Atour. Voy. *Ator*.
Atourner. Voy. *Atorner*.
Atout. Voy. *Atot*.
Atraire, tirer, se faire attendre, II, 81, etc.
Atrait, né, III, 254.
Atropeler (*s'*), s'attrouper, I, 80.
Atruper, préparer, III, 76.
Atre, cimetière, IV, 31.
Auan. Voy. *Ouan*.
AUBEPIERRE, (en Champagne), III, 102.
« Auberée (D'), la vielle maquerelle », *fabliau publié*, V, 1 ; *cité*, VI, 277 ; (*notes et variantes*), V, 263.
AUBERÉE : 1° *maîtresse d'un prêtre*, III, 179 ; — 2° *vieille entremetteuse*, V, 5, 6, 7, 8, 9, 10, 11, 15, 16, 17, 18, 19, 20, 21, 23.
AUBRÉE. Voy. AUBERÉE.
« Aubrée (d') de Compiegne. » Voy. « Auberée (D'), la vielle maquerelle ».
« Aubrée (Li lais de Dame). » Voy. « Auberée (D'), la vielle maquerelle ».
Aubun, blanc d'œuf, V, 107.
AUCERRE, AUÇOIRRE, Auxerre, I, 72, 226, 229 ; II, 300 ; V, 185.
Auctorité, sujet de récit grave, IV, 47.
AUDE (*Allusion à la belle*), *fiancée de Roland*, V, 173.
« Audigier » (*Allusion au poème burlesque d'*), *publié par Méon* (IV, 217), III, 105.
Auferrant, cheval de prix, III, 5.
AUGIER POUPÉE (Mgr.), I, 9.
Auget, baquet, II, 155.
AUGIS RABOT (Mgr.), I, 9.
Auleluye (*perdre l'*), perdre l'alléluia, manquer à se réjouir, I, 98.
Aumaille, bétail, IV, 178, 179.
Aumaire, armoire, III, 286.
Aumuche, *amuce*, aumusse, chape, I, 112, 115, etc.

Aüner, rassembler, amasser, I, 313 ; II, 28, etc.
Aunoi, lieu planté d'aunes, V, 253.
AUPAIS, *nom de femme*, I, 101, 106, 107, 109, 110.
Auquant, quelques-uns, I, 58, etc.
Auques, quelque peu, I, 12, etc.
Auramant. Voy. *Erraument*.
Ausinc, *ausinques*, de même, III, 86, etc.
AUSSAI, Alsace, I, 229.
Autel, même, pareil, II, 6, etc.
Autressi, *autresi*, *autresinc*, de même, comme, I, 3, 150, etc.
Autrestant, *autretant*, autant, de la même façon, I, 25, etc.
Autretel, semblable, III, 192, etc. ; même chose, I, 244, etc.
AUVERGNAT, II, 180,
AUVERGNE, II, 280.
AUVERNOIS, d'Auvergne, I, 124.
Auz, aulx, II, 8, etc.
Avaine, *avainne*, avoine, I, 320, etc.
Aval, en bas, I, 20, etc.
Avaleoire, avaloire, II, 150.
Avaler, descendre, faire descendre, tomber, I, 17, etc.
Avancier, aider, V, 85, 86.
Avel, plaisir, II, 19, etc.
Avenanment, d'une façon avenante, II, 95.
Avenir, plaire, II, 202.
Aventureux, chanceux, V, 76.
Aver, avare, I, 148, etc.
Aversier, *avercier*, diable, VI, 126, 128.
Avertin, vertige, IV, 79.
Avertir (*s'*), se douter, III, 52.
Avesprement, commencement du soir, I, 212.
Avesprer, soir, IV, 57.
AVICEINNES, Vincennes, III, 222, 403.
Aviegnement, arrivée, II, 189.
Aviere, avis, I, 154, etc.
Avillier, vilipender, I, 157, etc. ; *s'avillier*, se déshonorer, déroger, I, 246 ; III, 42, etc.
Aviné, ivre, III, 138.
AVINÉE, *nom de femme*, II, 54, 55, 57, 60, 69, 70, 71, 73, 74, 75, 76, 77, 78, 79, 80, 85, 87.
Aviser, examiner, III, 269.
Avision, songe, II, 104, etc.
Avoi, (*exclamation*), II, 110, etc.
Avoier, *avoiier*, conduire, diriger, mettre dans le chemin, III, 139, etc.
Avoir, richesse, bien, fortune, I, 13, 14, etc.
Avoirir, vérifier, II, 199, etc.
Avolenter (*s'*), se mettre en volonté, I, 110.
Avoltire, adultère, IV, 173.
AVONDE (dame), VI, 5, 154.
AVRENCHES, Avranches, II, 172.
Avugle, aveugle, V, 214.
Avuler, aveugler, III, 55.
Awan, *awant*. Voy. *Ouan*.
Awarder, attendre, VI, 259.

B

Baastel, batel, gobelet d'escamoteur, tour d'escamotage, I, 11; V, 171.
BABILOINE, le nouveau Caire, V, 227.
Bacheler, jeune homme, I, 17, etc.; jeune homme marié, I, 246, etc.
« Bachelier (Le) normand », *le même que* « la Plantez ».
Bachin. Voy. *Bacin.*
Bachon. Voy. *Bacon.*
Bacin, bachin, bassin, vase, baquet, VI, 112, 113, etc.
Bacon, bachon, pacon, porc salé, lard, I, 136, 201, etc.
Baer, beer, désirer, chercher, I, 92, 133, 194, etc.
Baiasse, baiesse, beasse, jeune fille, servante, I, 127, 266, 311, etc.
Baien, bain, crevé, V, 160, 364.
Baiesse. Voy. *Baiasse.*
BAILLAIT, BAILLET, *nom d'un savetier,* II, 24, 25, 26, 27, 28, 29, 30.
Baille, serviteur, IV, 43.
BAILLET, *nom de cheval,* I, 159, 160.
Baillie, gouvernement, direction, possession, I, 101, 186, etc.
BAILLUEL, Bailleul, en Flandre, III, 228; IV, 212.
Bain. Voy. *Baien.*
Baisselete, baiselete, petite fille, jeune fille, II, 155, 158, etc.
Baisselle, servante, I, 287, etc.
BAIUES, Bayeux, III, 178.
Balance, balence, péril, I, 325; III, 98, etc.
Balancier, ballancer, lancer, remuer, I, 20, 22; VI, 148; contrebalancer, II, 177.
BALDUIN, *nom d'homme,* II, 206, 211.
Balence. Voy. *Balance.*
Baler, danser, I, 143, 144.
Ballancer. Voy. *Balancier.*
BALLEFORT, *nom de chien,* IV, 320.
Balochier, ballotter, II, 175.
BALOUFART, *nom de chien,* IV, 195.
Bandon (tot à), en toute liberté, IV, 55.
Banel, tombereau, II, 324.
Banere (purfendre la), au fig. déchirer la bannière (*d'une femme*), en jouir, VI, 202.
BAR, Bar-sur-Aube, II, 124, 260.
Barat, tromperie, ruse, fourberie, I, 174, etc.
« Barat (De) et de Haimet ou des trois larrons », *fabliau de* JEAN DE BOVES, *publié,* IV, 93; *cité,* I, 153; VI, 276; (*notes et variantes*), IV, 246.
BARAT, *nom d'un voleur,* IV, 93, 94, 95, 96, 98, 100, 101, 103, 104, 105, 106, 107, 109.
Barate, embarras, III, 166.
Barbé, barbu, poilu, IV, 204, 283.
Barbeoire, masque à barbe, figure grotesque, IV, 239.
Bareil, baril, IV, 212.
Barestiere, fripon, I, 308.
Bareter, se bareter, troquer, faire l'échange, I, 84, etc.; être endetté, IV, 113.

Bargainne, contestation, IV, 21.
Barge, barque, V, 116.
Bargier, remplir, IV, 264.
Bargignier, marchander, V, 188.
Barnage, réunion de barons, III, 10; valeur, courage, IV, 61.
Barnesse, femme, VI, 253.
Baron, mari, I, 103, etc.; (*qualification honorable appliquée aux saints*), I, 102, etc.
BARRABAN, Barrabas, *personnage des Évangiles*, V, 81.
Barrere, château fort, II, 184.
Bas (*estre*), être misérable, au bas, II, 66.
Baschoe, hotte en bois destinée à recueillir la vendange, I, 252.
Basest. Voy. *Basset*.
Basme, baume, I, 218.
Basset, *basest*, bas, VI, 109; *en basset*, à voix basse, VI, 226.
Batel, bateau, I, 301.
Batel. Voy. *Baastel*.
Bateüre, coup, VI, 14.
Batu, foulé, III, 249; *batu à or*, brodé d'or, VI, 72, 169.
Bauçant, *baucent*, *beaucent*, cheval pie; *sor beaucent*, tacheté blanc et alezan, VI, 104; *nom appliqué au* membre viril, II, 137, 352.
Baudement, gaiement, I, 234, etc.
Baudet, arrogance, assurance, IV, 155; VI, 38.
BAUDOÏN, BAUDUYN, *nom donné à l'âne*, III, 217, 402; V, 166.
Baudoïn, membre viril, VI, 22.
Baudré, ceinture, V, 166.
BAUDUYN. Voy. BAUDOÏN.
Baulier, *baulloier*, s'agiter, flotter, IV, 335, etc.
Baus, *baut*, poutre, II, 152; IV, 97, 100, etc.
Baut, joyeux, hardi, présomptueux, I, 8, 34, etc.
Bawa, bah! VI, 269.
Beart, mauvais artifice, tromperie, VI, 7.
Beasse. Voy. *Baiasse*.
BEAUVOISIN, Beauvaisis, V, 2.
Becier, frapper à coups de bec, II, 203.
Bedel, sergent de police, II, 142.
BEDOER, BEDUIER, *personnage de la Table ronde, bouteillier du roi Arthur*, III, 16, 306.
BEDUYN, Bédouin, III, 217.
Beer. Voy. *Baer*.
BEESIN, BESCINOIS, le Bessin (pays de Bayeux), I, 178, 187.
BEGINES, BEGUINES, (*communauté de femmes*), III, 109, 250.
BEGU (Mgr.), I, 9.
BEGUINES. Voy. BEGINES.
Behè, *nom du* mouton (*par onomatopée*), II, 181.
Behitre, mauvais sort, VI, 35.
Behorder, lutter en jouant, IV, 148.
Belement, doucement, I, 204, etc.
Belle, véronique cressonnière, II, 8.
Bellonc, oblong, I, 231.
Bellue, tromperie, III, 192.
Bende, *bendel*, bandeau, I, 20; V, 253.
« Berangier (De) au lonc cul », *fabliau de* GUERIN, *publié*, III, 252; (*notes et variantes*), III, 421. Voy. « Berengier », (*autre version*).

« Berceau (Le) », *conte de La Fontaine*, II, 304.
Bercer, chasser à l'arc, IV, 179.
Bercil, bercuel, bercail, I, 104, 204, etc.
Bercu, qui a le nez crochu, II, 255.
Bercuel : 1° berceau, I, 239, 241, etc. — 2° voy. *Bercil*.
BERENGIER : 1° *nom d'un bouvier*, I, 278, 279, 281, 282, 283, 284, 286, 287; — 2° *nom d'un vilain*, III, 252, 260, 261.
BERENGIER AU LONC CUL, IV, 64, 66.
« Berengier (De) au lonc cul », *fabliau publié*, IV, 57 ; *cité*, VI, 275; (*notes*), IV, 236. Voy. « Berangier », (*autre version*).
BERGOIGNE. Voy. BORGOINGNE.
Berlenc. Voy. *Brelenc*.
Bernagoe, sorte de vrille, II, 127.
BERNARD, *auteur de fabliaux*. Voy. BERNIER.
BERNART, *nom d'un pêcheur*, VI, 246, 247, 248, 249, 250.
Bernart (*parler d'autre*), parler autrement, III, 259.
BERNART DE SAISOIGNE, (*Allusion volontairement fautive* à Bernart de Brabant), I, 4; II, 271.
BERNIER (*et non* BERNARD), *auteur de fabliaux*, I, 82, 96; II, 289.
BERRUIER, du Berry, III, 192.
Bers, berch, briez, berceau, I, 241 ; II, 303, 304, etc.; V, 91.
BERTE, *nom de femme*, VI, 58, 59.
Bertesche, palissade, VI, 125.
BERTHELEMI (S.), BERTREMIEUS (S.), S. Barthélemy, I, 106; III, 411.
Bertoder, couper irrégulièrement, IV, 157.
BERTRAN, Robert Bertrand IV, de Briquebec, I, 148.
Bertran (*estre au paradis*), être mal en point, I, 108.
BERTREMIEUS (S.). Voy. BERTHELEMI (S.).
Besaces (*rendre le sac as*), donner un sac pour des besaces, rendre la pareille, être à deux de jeu, III, 287.
Besague, bisaiguë, II, 150.
Besant, (*monnaie originairement byzantine*), I, 71, 72, etc.
Besche, bêche, II, 153.
BESCINOIS. Voy. BEESIN.
Bescousse, bescosse, vacarme, I, 230; lutte amoureuse, II, 208.
Bestornée (*fere la*), se détourner, V, 133.
Bestorner, retourner, III, 43; changer en mal, I, 147, etc ; estropier, II, 258; mal tomber, V, 176.
Beubance, opulence, III, 60.
Beubant, orgueil, I, 108.
Beuse, bouse (*interjection insultante*), I, 100,
BIALVAIS, BIAUVAIS, Beauvais, I, 46; II, 211.
Bichon, voleur de grands chemins, IV, 23.
Bienvignier, bienvinier, bien accueillir, II, 41, etc.
Bieu (*par*), par Dieu, I, 103 ; *cuer bieu*, cœur de Dieu, I, 75.

Bille, (*au sens de* chose de peu de valeur), III, 56, 197, etc.; *une bille*, une fois, I, 242.
Bis, (*couleur*), III, 291.
Bisse, biche, VI, 266.
Blanc mengier, (*terme de cuisine*), V, 299.
« Blanchefor » (Roman de « Flore et de), I, 4; II, 272; V, 173.
BLANCHEFLOR, *nom d'une jeune fille*, VI, 182.
Blandir, flatter, caresser, IV, 188, etc.
BLANGIÉ, Blangy, IV, 264.
Blans (*sous de*), monnaie blanche, II, 14, 72.
Blastengier, blâmer, I, 109, etc.
Blastengier, médisant, I, 68.
BLERE, BLERAIN, *nom d'une vache*, I, 133, 134, 153.
Bliaut, robe de dessus ajustée, II, 94, etc.
Blo, bleu, V, 63.
BLOIS, V, 109.
BLOIS (*Le comte de*), Guy de Blois, III, 140, 367.
Blondet, blond, I, 146, etc.
« Bijoux (Les) indiscrets », *de Diderot*, VI, 205.
Bobert, sot, III, 116.
Bocheel. Voy. *Boschet*.
Bocillier, *propr*. se rendre bossu, *au fig*. faire l'amour, IV, 315.
Boçoier, faire une bosse, V, 9.
Boçu, mal bâti, II, 257, etc.
Boidie. Voy. *Boisdie*.
Boiel, *bouel*, *propr*. boyau, boudin, *au fig*. membre viril, III, 70.
Boier, lieu bourbeux, III, 151.
Boisdie, *boidie*, tromperie, ruse, V, 238; fourberie, I, 78; III, 387, etc.
Boise, bois, II, 150, 161, etc.
Boiserie, tromperie, III, 243.
Boisson, *buisson*, buisson, V, 37, etc.; baguette, I, 273.
BOIVIN DE PROVINS, *auteur du fabliau qui porte son nom*, V, 52, 58, 64, 306.
« Boivin (De) de Provins », *fabliau publié*, V, 52; (*notes et variantes*), V, 306.
Boivre, boire, V, 234.
Bojon, aune en fer pour mesurer les laines, V, 186.
Bolangier. Voy. *Boulangier*,
Bole. Voy. *Boule*.
Bondie (*juer de*), se moquer, I, 212.
Bonoi, bonne chose, I, 296.
Bons (*fere les*), accorder ses faveurs, I, 199, etc.
Boouz, bois de bouleau, V, 240.
Borbellier, barbouiller, IV, 269.
Borde. Voy. *Bourde*.
Borde, métairie, V, 85.
Bordel, I, 207, etc.; grange pour le foin, II, 149; appentis où se trouve le four, la cheminée, IV, 110.
Bordeliere, de bordel, I, 186.
Bordeor, jouteur en plaisanteries, I, 1, etc.
Border, jouter, s'escrimer en paroles, raconter des bourdes, I, 7, 8; III, 81, etc.
Bordier, diseur de bourdes, II, 259.
Bordon, qui joue du bourdon, I, 7.
Bordon, bourdon (*insecte*), I, 284.
Bordoun, *propr*. bourdon, bâton, *au fig*. membre viril, II, 195.
BORGHET, BORGET, BOURGHET,

nom d'une servante, IV, 3, 4, 6, 7, 8, 9, 11, 13, 14.
BORGOINGNE, BERGOIGNE, Bourgogne, III, 89; IV, 139; VI, 117.
« Borgoise (La) d'Orliens », *fabliau publié*, I, 117 (*autre version de la* « Dame qui fist batre son mari », IV, 133-143); *cité*, II, 355; III, 335; VI, 272; (*notes*), II, 291.
Borlete, éperon, IV, 295.
BORNICANT, *nom d'un ménestrel*, I, 10.
Borras, bourras (*grosse toile de chanvre*), V, 52.
Borrel, collier de cheval, II, 127.
Boschage, bois, forêt, IV, 61, etc.
Boschet, *bocheel*, petit bois, III, 193, etc.
Bosselée, contenu d'un boisseau, VI, 36.
Bote, chaussure de femme, II, 75.
Boterel, crapaud, II, 250.
Botoyer, se raidir, pointer, III, 340.
Boucel, petit tonneau, I, 226, etc.; *au fig.* ventre, III, 200.
« Bouchier (Du) d'Abevile », *fabliau d'*EUSTACHE D'AMIENS, *publié*, III, 227; *cité*, VI, 275; (*notes et variantes*), III, 404.
BOUDET, *nom d'homme*, III, 76.
Boudine, nombril, VI, 184.
Bouel. Voy. *Boiel*.
Bouele (*par la cervelle*), (*réunion de deux jurons*), par la cervelle, par les boyaux, VI, 3.
Boufart, gourmand, III, 414.
Bougresie, hérésie, II, 260.
Boulangier, *bolangier*, boulanger, V, 84; VI, 129.
Boule (*jeu de*), V, 66.
Boule, ruse, tromperie, V, 56, 92, etc.
Bouler, tromper, I, 289, etc.
Bouquet, chevreau, II, 22.
Bourde, *borde*, bourde, calembredaine, tromperie, I, 292; II, 247, 257, etc.
« Bourgeois (Le) d'Abbeville ». Voy. « Houce (La) partie ».
Boursiere, trésorière, VI, 265.
Bousofflé, gonflé de colère, III, 390.
Bout, outre à mettre des liquides, I, 226.
Bouter, pousser, III, 49, etc.
Bouton, (*au sens de* peu de chose), I, 6, etc.
Bouvier, I, 261, etc.
Brachon, *bracon*, morceau de bois, IV, 27, etc.
Braeul, *braiel*, *braioel*, ceinture, I, 104, etc.
Braidif, ardent, IV, 205.
Braie, piège, V, 246.
Braiel. Voy. *Braeul*.
Braier, ceinture tenant les *braies*, III, 74, etc.
Braies, *sorte de* culotte, I, 100, etc.
« Braies (Des) au cordelier », *fabliau publié*, III, 275; *cité*, VI, 275; (*notes et variantes*), III, 430.
« Braies (Des) le Priestre », *fabliau de* JEAN DE CONDÉ, *publié*, VI, 257; *cité*, VI, 275.
Braine, monnaie de Brienne, IV, 176.
Braioel. Voy. *Braeul*.
Braire, crier, III, 119, etc.

Brais, orge fermentée destinée à la fabrication de la bière, II, 154.
Brait, cri, II, 62; aboiement, I, 262.
Bran, *équivoque sur ce mot qui signifie à la fois* son (*résidu de farine*) *et* excréments, I, 328; IV, 145.
Branc, épée large et courte, III, 130, etc.
« Branche (Une) d'armes », *dit publié*, II, 130; (*notes*), II, 322.
Braoillier, faire l'amour, IV, 191.
Braon, partie charnue de l'animal, filet, 401, etc.
Braquié, chien braque, II, 65.
Brasil. Voy. *Bresil*.
Brasser, préparer, I, 167.
Brehaing, stérile, V, 175.
Brehier, buse, (*mauvais oiseau de proie*), *au fig.* propre à rien, II, 209.
Brelenc, *brelan*, *berlanc*, table à dés, IV, 27, etc.
Bresil, *brasil*, bois de teinture rouge, V, 186; VI, 19.
BRETAINGNE, BRETAIGNE, Bretagne, I, 211; II, 125; III, 1; IV, 29.
Bricaude, tranche, V, 128.
Bricon, fou, I, 290, etc.
Briez. Voy. *Bers*.
Brifauder, faire bonne chère, IV, 152.
BRIFAUT, *nom d'un vilain*, IV, 150, 151, 152.
« Brifaut (De) », *fabliau publié* IV, 150; (*notes*), IV, 278.
BRILLI, Brilly, (*hameau de la commune normande de Vâttetot-sous-Beaumont, près de Goderville*), III, 76; VI, 274.
BRISEBARRE, *nom d'un champion*, I, 10.
BRISET, *nom d'un moine*, III, 59.
BRISEVOIRE, *nom d'un ménestrel*, I, 10.
Broche, cheville de tonneau, III, 172.
Brochete, éperon, IV, 177.
Brochier, embrocher, I, 235.
Broie, délai, marchandage, IV, 10; V, 188.
BROIES, Broyes, près d'Épernay, III, 90.
Broion, piège, I, 272.
Broissin, torche, *puis* flambeau, II, 238.
Brouet, potage, sauce, I, 6; ragoût, I, 16, etc.
Brouster, manger, IV, 114.
BRUGES, III, 91; *chauces de Bruges*, I, 1.
Bruiere, bruyère, IV, 160.
Bruir, rôtir, griller, III, 207.
Bruire, faire du bruit, IV, 115, etc.
Bruller, ensorceler, I, 279.
BRUN, Brun-sans-Pitié, *personnage de la Table ronde*, III, 15.
BRUNAIN, (*cas rég. de* BRUNE), *nom d'une vache*, I, 133, 153.
« Brunain (De), la vache au Prestre », *fabliau publié* I, 132; *cité*, I, 153; III, 335; VI, 272; (*notes*), II, 293.
BRUNATIN, *nom de femme*, III, 76, 77, 78, 79, 80.
BRUNEL, *nom d'homme*, V, 308.

Brunet, brun, II, 95.
Brunete, (*étoffe fine*), II, 14.
Bruser, (*angl.-norm.*), brûler, II, 185.
Bu, tronc du corps, I, 20, etc.
Bubete, enflure, IV, 78.
Buche, *busche*, bois à brûler, II, 188, etc.
Buen (*faire le*), accorder ses faveurs, I, 168, etc. Voy. *Bons*.
Buer, faire la lessive, laver, II, 162, etc.
Buer, heureusement, 65, etc.
BUESEMONCEL, *devenu depuis le XVIIe siècle* Bernières (*canton de Bolbec*), III, 76 ; VI, 274.
« Buevon de Commarchis » (*Allusion au roman de*), I, 12.
Bufet. Voy. *Buffet*.
Buffe, ruse, III, 67.
Buffe, soufflet, coup, I, 76, etc.
Buffer, souffler, I, 149.
Buffet, *bufet*, *quiproquo sur ce mot qui signifie à la fois* soufflet de cuisine *et* soufflet (*coup*), III, 203, 204, 206, etc.
Bufoi, fierté, I, 110, etc.
Bugle, buffle, I, 2.
Buie, entrave, anneau, V, 395.
Buinart. Voy. *Buisnart*.
Buire, cruche, II, 149.
Buiron, cabane à mettre le foin, II, 149.
Buisier, frapper, III, 130.
Buisnart, *buinart*, niais, III, 239 ; IV, 122.
Buisson. Voy. *Boisson*.
Bure, beurre, II, 253.
Burel, bure, I, 112, etc.
Busche. Voy. *Buche*.
Butor, (*oiseau*), II, 10, etc.

C

Caboce, caboche, tête, I, 205.
Cacoute, plaie, I, 273.
Caiere. Voy. *Chaiere*.
Caine, cheveux blancs, V, 188.
Caitif. Voy. *Chetif*.
CALAIS, II, 10.
Calandre, sentinelle (*sorte d'alouette*), I, 148.
Calengage, querelle, I, 197.
Calengier. Voy. *Chalengier*.
Cambrel, petite chambre, II, 166, 167.
Cambrelenc, camérier d'un évêque, IV, 26, etc.
Cambrisien, denier de Cambrai, III, 62.
Campiestre (*ville*), bourg, II, 47.
Canceler, *cancheler*, mal agir, II, 83 ; chanceler, II, 64.
Candelabre, torche, II, 56.
Çandrillon, gâteau cuit sous la cendre, V, 293.
Cane, dent, I, 149.
Canele, *quenele*, *kaniele*, cannelle, II, 9, 57, 124, etc.
Canivet, petit couteau, II, 151, etc.
Canlant. Voy. *Chanlant*.
CANTORBILE, Cantorbéry, V, 95, 329.
Cape, chape, IV, 29, etc. Voy. *Chape*.
Capel. Voy. *Chapel*.
Capelain, chapelain, II, 48, etc.
Capitle, chapitre, VI, 268.
CARADOS BRIEBRAS, *personnage de la Table ronde*, III, 27.

Carbonée. Voy. *Charbonée*.
Carche, charge, I, 213.
Carchier, charger, confier, I, 203, etc.; rouer de coups, I, 264.
CAREMBANT, en Flandre, IV, 112, 263.
Carnaige, action de manger de la viande, *par suite* régal, IV, 109.
Carne, *propr*. charme, tour, malice, V, 129.
Carole, *quarole*, *karole*, ronde (*sorte de danse*), I, 276, etc.
Carrel, pierre, caillou, IV, 147.
Cart, quart, III, 50; *quarte*, pot valant deux pintes, III, 149.
CARTAGE, Carthage, II, 60.
Carue, charrue, II, 163.
CASTELE, Castille, II, 94.
Castier, *castoier*. Voy. *Chastier*.
CATHERINE (Sainte), V, 295.
« Catins (Des) et des ménétriers », *le même que des* « Putains et des Lecheors ».
Cauche, tête d'une massue, V, 120.
Cauchemente. Voy. *Chaucemente*.
Cauchon, chausson, V, 171.
Caufer, fer chaud, IV, 83.
Caus, coups, I, 105, etc.
Cavech. Voy. *Chavez*.
Cavestre. Voy. *Chevestre*.
CAYN, Caïn, I, 53.
Cegnail. Voy. *Cenaille*.
« Cele (De) qui se fist à .I. maignien refaitier ». Voy. « Maignien (Du) qui foti la dame ».
Celée, action de cacher, V, 199; *à celée*, en cachette, I, 119.
Celéement, en secret, en cachette, I, 28, etc.
Celer, cacher, fermer, I, 95, etc.
Celerere, (*angl.-norm.*), *celereriere*, cellerière d'un couvent, IV, 130; V, 34, etc.
Celi, celle, I, 43, etc.; celle-ci, I, 205, etc.
Celle, selle, VI, 176.
« Celle (De) qui se fist foutre sur la fosse de son mari », *fabliau publié*, III, 118; *cité*, VI, 274; (*notes et variantes*), III, 359.
« Celui (De) qui bota la pierre », *fabliau* : 1re *rédaction publiée*, IV, 147; (*notes et variantes*), IV, 278; 2° *rédaction publiée*, VI, 147; *citée*, VI, 276; (*notes et variantes*), VI, 255.
Cembel, tournoi, combat, IV, 58, etc.; combat amoureux, proposition d'amour, IV, 167, etc.
Cemoine, semaine, IV, 293.
Cenaille, *cegnail*, garde-manger, IV, 98; V, 238.
Cendal, soie unie, II, 126.
Cenelier, économe, intendant, IV, 26.
Cengle, ceinture, sangle, IV, 73, etc.
Cengler, serrer, sangler, III, 23.
Cep, chaîne, fer, IV, 176, etc.
Cert, certain, III, 28.
Certé. Voy. *Chierté*.
Cervel, cervelle, V, 226.
Cervoise, *cervaisce*, bière, IV, 82, 84.
Ceveçaille, chaperon, V, 121.
Chaaignon, chaîne, VI, 133, etc.
CHAALONS, Châlons-sur-Marne, I, 46.

Chacheüre, chaussure, III, 126.
Chaiere, *caiere*, *keiere*, chaise, II, 161, etc.
Chailit, châlit, II, 205.
Chaine, chêne, III, 255.
Chainsse, *chanse*, robe de dessous, I, 289, etc.
Chaitif. Voy. *Chetif*.
Chalemeler, jouer du flageolet, I, 10.
Chalengier, *calengier*, disputer, contester, se plaindre de, assurer, I, 87; II, 80, etc.
Chalevre, sot, niais, IV, 238.
CHALLEMAIGNE, près de Cluny, VI, 117, 239.
Challier, fossé, VI, 126.
CHALLOT (CHARLOT), *nom d'un trouvère rival de* RUTEBEUF, III, 224, 225.
Chaloir, importer, I, 300, etc.
CHAMBERLENC (LE), Raoul III de Tancarville, chambellan de Normandie (né après 1205), I, 148.
Champaigne, campagne, V, 212.
CHAMPAIGNE, CHAMPAINGNE, Champagne, I, 25, 26; V, 247.
Chanbe, jambe, V, 344.
CHANBERT, *nom de chien*, IV, 320.
Chancel, chœur, I, 77, etc.
Chancre, ulcère, VI, 144.
Chanel, canal, I, 16.
Chanetel, *sorte de* gaufre, V, 312.
Chanevas, grosse toile de chanvre, II, 126, etc.
Chaneviere, champ planté de chanvre, I, 134.
Change, table de changeur, boutique de changeur, III, 347; V, 151.
Chanir, blanchir, vieillir, VI, 37.
Chanlant, *canlant*, galant, amant, IV, 15, 16, etc.
Chanse. Voy. *Chainsse*.
Chantant, chantre, V, 161.
Chanté, chantier à tonneau, III, 173.
Chanteor, chanteur, prêtre, II, 236.
Chanu. Voy. *Chenu*.
Chaoir, *cheïr*, tomber, IV, 148, etc.
Chape à pluie (estre), servir de couverture à quelqu'un, VI, 98.
Chapel, *capel*, auvent, lieu où se met l'avoine, I, 279, etc.
Chapel (frere), frère chapeau (*moine qui en accompagne un autre*), III, 59.
Chapelet, chapeau de feuillage, V, 66; *chapelet de flors*, I, 12.
Chaperon, VI, 126, 127.
Chapignier, déchiqueter, V, 315.
Chaple, bataille, VI, 140.
Chapler, sabrer, I, 296.
Chapon, VI, 218.
Chaponner, châtrer, III, 250.
Chapulaire, capuchon, I, 93.
Char, viande, I, 72, 74, etc.
Charaje, charroiement, VI, 249.
Charbonnée, *carbonée*, tranche de porc grillée, I, 281, etc.
Charetil, chartil, V, 237.
Chariere, *charriere*, *quarriere*, chemin de champ (*où deux voitures ne peuvent passer de front*), I, 59, etc.; rue, I, 308, etc.
CHARITÉ (La), en Nivernais, II, 84.

CHARLEMAINE, Charlemagne (*Allusion à*), I, 11.
« Charlot (De) le Juif qui chia en la pel dou lievre », *fabliau de* RUTEBEUF, *publié*, III, 222; (*notes*), III, 403.
Charniere (*d'une porte*), I, 262.
Charroi, chargement, III, 90, etc.
Charruier, valet de charrue, II, 259.
CHARTAIN, CHARTEIN, pays de Chartres, VI, 51, 161; du pays de Chartres, III, 192.
Chartre, prison, II, 120.
Chasier, panier à claire-voie, II, 152.
Chasse, boîte, coquille de colimaçon, I, 147, 152.
Chastel, ville forte, III, 89.
« Chastelaine (La) de Saint Gille, *chanson avec refrains, publiée*, I, 135; *citée*, VI, 272; (*notes*), II, 293.
Chasti, châtiment, VI, 150.
Chastier, *chastoier*, *castier*, *castoier*, faire la leçon à, enseigner, blâmer, réprimander, raisonner, châtier, I, 94; II, 62, etc.; *se chastier*, s'instruire, I, 239, etc.
Chastrer, châtrer, I, 286.
Chatel. Voy. *Chetel*.
Chateillier, chatouiller, IV, 7.
CHATON, Caton, V, 260.
Chatoner, marcher à quatre pattes comme un animal, V, 258.
Chaucemente, ou *cauchemente*, chaussures, II, 165, etc.
Chauces, chausses, II, 153.
CHAUCHIE (LA), La Chaussée, en Hainaut, II, 207.
Chaucie, route, II, 22.
Chaucier, soulier, IV, 183.
Chaude, fatigue, V, 210.
Chaudelet, gâteau sans œufs, II, 212.
Chaudet, chaud, VI, 38.
Chaudiere, I, 265.
Chauderon, chaudron, II, 152.
Chaudun, tripes, I, 282.
Chaut, ardent, I, 275.
Chaveçuel, oreiller, III, 235.
Chavelu, couvert de poils, I, 228.
Chavestrel, licou : *estre as chavestriaus*, s'insulter, se disputer, I, 97.
Chavez, *cavech*, chevet, II, 77, etc.
Cheance, coup de dé, III, 61.
Cheant, chanceux, III, 88.
Cheïr. Voy. *Chaoir*.
Cheitif. Voy. *Chetif*.
Chenevel, fil, II, 203.
Chenu, *chanu*, aux cheveux blancs, vieux, II, 146, etc.
Cheoit, tombé, IV, 163, etc.
Chercel, cerceau, II, 207.
Chetel, *chatel*, *quatel*, capital, argent, fortune, I, 84, etc.; *perdre du chatel*, être dans une mauvaise situation, I, 266, 275.
Chetif, *chaitif*, *cheitif*, *caitif*, malheureux, misérable, I, 1, 2, etc.
Chetiveté, mésaventure, I, 217.
Chevalereus, chevaleresque, I, 25, etc.
« Chevalier (Du) à la corbeille », *fabliau anglo-normand*, *publié*, II, 183; (*notes*), II, 333.
« Chevalier (Du) à la robe vermeille », *fabliau publié*, III, 35; *cité*, VI, 273; (*notes et variantes*), III, 327.

« Chevalier (Du) qui fist les cons parler », *fabliau publié*, VI, 68 ; (*notes et variantes*), VI, 163.

« Chevalier (Du) qui fist sa fame confesse », *fabliau publié*, I, 178 ; (*notes*), II, 297.

« Chevalier (Du) qui recovra l'amor de sa dame », *fabliau de* Pierre d'Alphonse, *publié*, VI, 138 ; (*notes et variantes*), VI, 254.

« Chevalier (Le), sa dame et le clerc », *fabliau publié*, II, 215 ; (*notes*), II, 352.

Chevallet, petit cheval, II, 114.

Chevance, moyens d'existence, fortune, argent, I, 91, etc.; *savoir de la chevance*, savoir se tirer d'affaire, I, 131.

Chevauchier, monter à cheval sur, V, 257, etc.

Chevece, collet, V, 63.

Cheveceüre, bande d'étoffe passée autour du cou et soutenant le manteau, V, 321.

Cheveler, arracher les cheveux à, V, 324.

Chevestre, cavestre, licol, I, 154, etc.

Chevir, réussir, enrichir, III, 216, etc.; *se chevir*, se suffire, venir à bout, I, 328, etc.; *s'en chevir*, s'en tirer, II, 24, etc.

Chevol, cheveu, III, 42.

Chief, kief, tête, fin, I, 100, 277, etc.; *traire à chief*, mener à fin, réussir, VI, 12, etc.; *venir à chief*, achever, venir à bout, I, 42, etc.; *à kiés de fois*, souvent, VI, 264.

Chien (entre) et leu, (*loc.*), I, 201.

Chienet, petit chien, III, 36, etc.

Chier, de grande valeur, I, 155, etc.

Chiere, figure, air, I, 16, etc.

Chierté, certé, amour, III, 54, etc.; disette, V, 59.

Chiflois, moquerie, IV, 23.

Chifonie, *sorte de* vielle à roue, I, 8.

Chimentiere, chimentire, cimetière, IV, 19, etc.

Chinne. Voy. *Cine*.

Chiprès, cyprès, II, 56.

Chisne. Voy. *Cine*.

Chivauchie, réunion de chevaliers, II, 266.

Choe, chouette, I, 252.

Choisel, bief d'un moulin, V, 85.

Choisir, voir, apercevoir, I, 107, 183, etc.

Choitier. Voy. *Coitier*.

Chol, chou, II, 149, etc.

Chopine, mesure valant la moitié d'une pinte, III, 147, 148.

Choser, coser, kozer, gronder, blâmer, I, 269, etc.

Cibole, partie ronde de la massue, I, 204.

Ciche, chiche, I, 255.

Cienne, (*petite monnaie du Liégeois ou de l'Allemagne*), *au sens de* peu de chose, III, 222.

Ciflerie, moquerie, VI, 263.

Cil, clin d'œil, VI, 22.

Cillier (se), remuer les cils, I, 238.

Cine, chisme, chinne, cygne, III, 140 ; VI, 36, etc.

Cipre, Chypre, III, 91, 92, 100.

CIRE (S.), S. SIRE, S. Cyr, I, 98 ; V, 149.
Cisel, ciseau, II, 150.
Cist, celui-ci, I, 228, etc.
Citoal, *citovaut*, zédoaire (*sorte d'épice*), II, 9 ; III, 168.
Citole, *sorte de* guitare, I, 4 ; III, 104, etc.
Citovaut. Voy. *Citoal*.
Civé, civet, II, 239.
Civot, civette, II, 142, etc.
CLAMENCE, *nom de femme*, II, 208.
Clamer (*se*), se plaindre, I, 302, etc.
Clamor, bruit public, plainte, I, 246, etc.
Claré, vin épicé, VI, 110.
Claver, frapper (*en parlant de la monnaie*), III, 60.
Clep. Voy. *Clo*.
Cler, clairière, III, 98.
Clerc, savant, V, 258.
« Clerc (Du) qui fu repus derriere l'escrin », *fabliau de* JEAN DE CONDÉ, *publié*, IV, 47 ; *cité*, V, 359 ; (*notes*), IV, 235.
Clercgaut, clerc, I, 123, etc.
Clerçon, clerc, III, 237, etc.
Clergie, état de clerc, II, 217, etc.; science, I, 8 ; III, 169, etc.
Clerjastre, mauvais clerc, II, 232, etc.
Cleu, clou, IV, 116.
Clicorgne (*de*), de travers, I, 278.
Cligner. Voy. *Clignier*.
CLIGNI, abbaye de Cluny, VI, 117, 121.
Clignier, *cligner*, *clugnier*, fermer (*en parlant des yeux*), II, 198, etc.; faire signe de l'œil, V, 341.
CLIMENT (S.), S. Clément, I, 101 ; V, 96, 194, 240.
CLIMENT, *nom d'un prêtre*, VI, 48.
Clin, baissé, IV, 135.
Cliner, se pencher, I, 58, etc.
Clique, targette, III, 235.
Clo, *clop*, *clep*, (*angl.-norm.*), boiteux, II, 185 ; V, 25, etc.
Closcier, clocher, boiter, II, 203.
Clostre, cloître, III, 268.
Clugnier. Voy. *Clignier*.
CLUINGNAIT, *valet d'un prévôt*, IV, 175.
Coanne, couenne, V, 233.
Coardie, couardise, III, 260.
Coart, *couart*, timide, couard, I, 254, etc.
COART, *nom donné au* lièvre, III, 223.
COCELESTRE, Glocester, V, 161.
Coche, femelle du cochon, V, 139.
Cochet, coq servant de girouette, I, 24.
« Cocu (Le) battu et content », *conte de La Fontaine*, II, 292.
COCUSSE (*Terre de*), pays d'Audigier. Voy. « Audigier ».
Coe, *cowe*, queue, II, 245, etc.; *faire la coe à*, tromper, IV, 165.
Coercil, *covreciel*, garniture de robe, V, 4, 268.
Coiement, doucement, I, 204, etc.
Coife, béguin (*pour homme*), III, 202 ; IV, 200.
Coifiere, marchande de coiffes, III, 146.

Coignie, coingnie, cognée, I, 203, etc.
Coille, testicule, I, 191, etc.
« Coille (De la) noire », *fabliau publié*, VI, 90; *cité*, I, 11; (*notes et variantes*), VI, 205.
Coillir. Voy. *Cueillir*.
Coin, coing, II, 135.
Coingnie. Voy. *Coignie*.
Cointe, avisé, habile, I, 133; élégant, paré, gracieux, I, 34, etc.
Cointement, élégamment, I, 144, etc.
Cointerel, vaniteux, galant, I, 7.
Cointie, réunion, société, V, 88.
Cointir (*se*), se parer, III, 76.
Coisin, coissin, cousin, coussin, oreiller, III, 181, etc.
Coit, testicule, V, 32.
Coite. Voy. *Coute*.
Coite, hâte, II, 90.
Coitier, choitier, hâter, exciter, presser, piquer de l'éperon, I, 40, 106, etc.
Coivre, cuivre, II, 126.
Colée, coulée, charge portée sur le cou, VI, 55; coup sur la nuque, coup (*en général*), I, 103, etc.
Colenbel, colombe, II, 199.
Colier, portefaix, V, 187.
COLIN, *nom d'un trouvère*, III, 145.
COLIN MALET, *auteur d'un fabliau*, IV, 112, 127.
Coloier, *propr*. remuer le cou, *puis* s'agiter, V, 332.
COLOIGNE, COLOINGNE, COULOINGNE, Cologne, III, 137, 145, 239; V, 316.
Colon, pigeon, I, 312.
Comandise. Voy. *Commandise*.
Comant. Voy. *Commant*.
Comble, conblé, riche, I, 83; III, 252.
Combrer, saisir, V, 315.
Combrisier, battre, III, 192.
Comfaitement, comment, VI, 60, etc.
Comin, commin, conmin, coumin, cumin, II, 9, etc.
Commandie, garde, II, 118.
Commandise, comandise, ordre, commandement, VI, 98, etc.
Commant, comant, conmant, ordre, volonté, I, 22, etc.
Commin. Voy. *Comin*.
Commovoir, émouvoir, VI, 14.
Communalmant, communaument, ensemble, partout, I, 277, etc.
Compaigne, compaingne, suite, compagnie, III, 396, etc.
Compaignesse, compagne, VI, 264, etc.
Compaignete, petite compagne, I, 142.
Compain, compagnon, I, 71, etc.
Compaingne. Voy. *Compaigne*.
Compaingne, compeingne, compagne, I, 297, 298, etc.
Comparage, chose promise à un compère, compérage, IV, 42; V, 97.
Comparer, comprer, payer, I, 100, 137, etc.
COMPIEGNE, COMPIGNE, I, 70, 72; II, 280; III, 242, 416; V, 1, 286, 315.
Compissier, pisser dessus, I, 262.
Complot, acte amoureux, III, 278.
Comporter, emporter, I, 20, etc.

Composte, salade de fruits et de légumes, I, 239.
Comprer. Voy. *Comparer*.
Compresse, pression, VI, 43.
Conblé. Voy. *Comble*.
Conchier, cunchier, cunquier, salir d'excréments, III, 226, etc.; *au fig*. duper, tromper, bafouer, I, 174, etc.
Concile, compagnie, I, 124, etc.
Conciler, (*angl.-norm.*), délibérer, conseiller, II, 187.
Concluz (*faire*), convaincre, III, 270.
Concueillir, ramasser, IV, 107.
Confait, quel, VI, 263.
Confès, confesseur de la foi, III, 211; *estre confès de*, se confesser à, I, 179, etc.
Confesser, *au fig*. faire mal, V, 185.
Confondre, fatiguer, III, 186.
Confort, repos, I, 327.
Confortement, secours, VI, 68.
Conforter (*se*), se consoler, III, 122.
Congeer, congédier, VI, 143.
Congié, permission, I, 102, etc.
Conjoi, plaisir, I, 203.
Conjoïr, accueillir avec plaisir, fêter, IV, 47, etc.; *se conjoïr*, se réjouir, se livrer à l'amour, I, 31, 318, etc.
Conmant. Voy. *Commant*.
Conmin. Voy. *Comin*.
CONNEBERT, *personnification des parties sexuelles de la femme*, I, 222; II, 139; V, 165.
« Connebert », *fabliau de* GAUTIER, *publié*, V, 160; *cité*, VI, 157; (*notes*), V, 349.
Connin, lapin, II, 55, etc.
Connissant, bien connu, II, 1.
Conquerre, conquérir, gagner, réussir, I, 100, etc.
Conquest, gain, intérêt, I, 155, etc.
Conquester, acquérir, obtenir, II, 205, etc.
Conreer, conroier, arranger, I, 154, etc.; régaler, IV, 115.
Conrie (*de*), convenablement, II, 114.
Conroi, équipement, II, 46; cortège, soin, II, 17, etc.; repas, I, 311, etc.
Conroier. Voy. *Conreer*.
« Cons (Le dit des) », *publié*, II, 137; (*notes*), II, 323.
Conseil, résolution, I, 253, etc.; *consel d'amors*, billet doux, I, 12.
Conseillier, conseiller, diriger, I, 78, etc.
Consentir, laisser faire, IV, 11.
Consentu, consenti, V, 217.
Consonancie, assonance, rime, V, 32, 81.
CONSTANT, *nom donné à deux prêtres*, I, 133, 197.
CONSTANT DU HAMEL, *nom d'un vilain*, IV, 166, 168, 170, 171, 172, 173, 174, 175, 176, 177, 178, 179, 180, 189, 192, 193, 194, 195, 196, 197, 198.
« Constant (De) du Hamel », *fabliau publié*, IV, 166; (*notes et variantes*), IV, 281.
Consuivre, accompagner, I, 21, etc.
Contencier, quereller, menacer, VI, 11.
Contençon, effort, I, 152.
Contendre, trouver à redire, II, 217.

Contenement, maintien, humeur, I, 254, etc.
Contenir (*se*), se conduire, se comporter, I, 147, 296.
Content, contestation, lutte, dispute, bataille, tournoi, I, 148, 295, etc.
Conterre, conteur, V, 211.
Contraire, *contrere*, contrariété, I, 313, etc.
Contrait, *contret*, contrefait, I, 226, etc.
Contralhier (*se*), se battre, III, 132.
Contralieus, contrariant, mal disposé, V, 98, etc.
Contralior, disputeur, III, 309.
Contredire, refuser, II, 5, etc.
Contredit, refus, III, 37.
Contregengle, repartie, réponse, II, 257.
« Contregengle (La) », *pièce publiée*, II, 257; *citée*, II, 274; (*notes*), II, 357.
Contrejoie, ennui, VI, 46.
Contremont, en haut, I, 273, etc.
Contrepeser, mettre en balance, I, 37.
Contrere. Voy. *Contraire*.
Contrester, s'opposer, I, 27, etc.
Contret. Voy. *Contrait*.
Controuver, *controver*, imaginer, III, 120, etc.
Convenanche, *couvenenche*, *couvenance*, *covenance*, convention, II, 53, etc.
Convent, *covent*, *couvent*, *couvant*, arrangement, convention, I, 88, etc.; *par couvant*, à condition, I, 122.
Converser, habiter, IV, 15.
Convine, *covine*, *couvine*, dessein, projet, I, 31, etc.
Convoier, accompagner, I, 59, 79, etc.
Convoutie, désir, convoitise, II, 5, 75, etc.
Coppoier, se railler, III, 33.
Cor, coin, II, 75.
Corage. Voy. *Courage*.
Corajous, plein de désirs, VI, 18.
Corbe, courbe, V, 205, etc.
Corbeillon, corbillon, II, 152, etc.
Corber, faire l'amour avec, IV, 192, 194, etc.
Corbueil, Corbeil, I, 232.
Corce, course : *toute la corce*, au plus vite, VI, 122.
Corchier. Voy. *Corecier*.
Cordele, corde, V, 129.
Cordeles (Freres des), Cordeliers, III, 109; à Rouen, VI, 5, 154.
Cordelier, franciscain, III, 270, etc.
« Cordeliers (Les) de Catalogne », *conte de La Fontaine*, III, 430.
Cordoan, *cordouan*, *corduan*, cuir de Cordoue, I, 1, etc.
Corecier (*se*), *corchier* (*se*), se courroucer, I, 206; II, 32, etc.
Corée, entrailles, II, 141, 142, etc.
Corne, coin, V, 141.
Corne (*faire*) *à*, se moquer de, V, 312.
Corner, annoncer à son de cor, IV, 2, etc.; souffler, II, 133.
Cornere, *cornerre*, celui qui sonne du cor, gardien, IV, 204, etc.
Corniere, coin, angle, *par ext.* morceau, VI, 124.

CORNILLE (S.), S. Corneille, I, 80.
CORNUAILLE, Cornouailles, V, 98.
CORNUEL, *nom d'un bélier*, III, 245.
Coroie, corroie, ceinture, bourse de cuir attachée à la ceinture, II, 15, etc.
Coroner, queroner, tonsurer, I, 169, etc.
Corroie. Voy. *Coroie*.
Cors (*le grant*), très vite, I, 18, etc.; *plus que le cors*, le plus vite possible, I, 144, etc.
Corsiere, coureuse, V, 90.
CORSIN, pays de Cahors : *liuée* (*et non « huée »*) *de* CORSIN, lieue à la mesure de Cahors, IV, 269.
Corsu, gros, IV, 21.
« Cort (Du) mantel », *le même que du* « Mantel mautaillié ».
Cort (*tenir*), mener durement, être maître de, I, 99, etc.
CORTEBARBE, *auteur d'un fabliau*, I, 70, 81.
Cortine, tapisserie, rideaux de lit, I, 120, etc.
Cortois, de belles manières, aimable, I, 117, etc.
CORTOISE, *nom d'une servante*, V, 235.
Cosche, couche, lit, V, 8.
Coser. Voy. *Choser*.
Cossé, en cosses, III, 73.
Costel, costre, coutre, couteau de charrue, II, 85, etc.
Costuriere, couturière, V, 5.
Cosu, cousu, IV, 151.
Cotel, robe de dessous, VI, 123.
Cotele, robe de dessous, I, 118, etc.
Coterele, cotte d'armes, II, 151.
Cottener, cotouner, faire l'amour, II, 209, 349.
Couart. Voy. *Coart*.
Coudre, coudrier, IV, 109.
Coué, garni de queues, III, 60.
Couée, queue, IV, 264.
Coulée. Voy. *Colée*.
Couler, faire passer par-dessus le cou, endosser, II, 94.
COULOINGNE. Voy. COLOIGNE.
Coumin. Voy. *Comin*.
Countener (*angl.-norm.*), contenir, comporter, II, 255.
Coup, mari trompé, I, 259, etc.
Coupe, faute, I, 182, etc.; *avoir coupe*, être coupable, VI, 150; *batre sa coupe*, faire son *mea culpa*, I, 185
« Coupe (La) enchantée », *de La Fontaine*, III, 323.
Couper, accuser, IV, 16.
Coupes (*les*) *le roy doner*, se comporter vaillamment en amour, II, 189.
Couple, accouplement, I, 267, etc.
Courage, esprit, cœur, pensée, I, 21, 25, etc.
Coural, du cœur, II, 73.
Couronne, couroune, tonsure, V, 121, etc.
Cousin. Voy. *Coisin*.
Coust, prix, I, 154, etc.
Coute, coude, I, 100, etc.
Coute, cuete, coussin, matelas, I, 65, etc.
Couteliere, gaine à couteau, II, 154.
Couture, terrain cultivé, IV, 176.
Couvant. Voy. *Convent*.
Couvenance. Voy. *Convenanche*.

Couvenant. Voy. *Covenant*.
Couvenenche. Voy. *Convenanche*.
Couvent. Voy. *Convent*.
Couvert. Voy. *Cuivert*.
Couverte, couverture, I, 93.
Couvertoir, couvertor, couverture, I, 93, etc.
Couvine. Voy. *Convine*.
« Couvoiteus (Del) et de l'Envieus », *fabliau de* JEAN DE BOVES, *publié*, V, 211; *cité*, I, 153; VI, 277; (*notes et variantes*), V, 370.
Couvreor, couvreur, II, 124.
Covenance. Voy. *Convenanche*.
Covenant, couvenant, accord, convention, I, 39, etc.
Covent. Voy. *Convent*.
Coverture (*por*), pour se cacher, VI, 46.
Covine. Voy. *Convine*.
Covoitise, amour de l'argent, IV, 166.
Covreciel. Voy. *Coercil*.
Cowe. Voy. *Coe*.
Crains, cheveux, I, 307.
Craisset, grassot, lampe à graisse, I, 282, 287, etc.
Crameillie, crémaillère, II, 150.
Crampi, replié, I, 225.
Cranche, chancre, I, 143.
Cras, gras, I, 115, etc.
Crasse, graisse, II, 82.
Creanter, granter (*angl.-norm.*), promettre, convenir, I, 37, etc.
CREEIL, Creil, en Picardie, I, 231.
Creindre, criembre, craindre, I, 107, etc.
Cremant, craignant, I, 31.
Crenu, garni de poils, à longs crins, III, 248; VI, 27, 273, etc.
Crepon, crespon, croupe, derrière, I, 159, etc.
Cresper, passer au fer, II, 125.
Crespir, friser, parer, III, 40, etc.
Crespon. Voy. *Crepon*.
Crestre (*angl.-norm.*), croître, II, 251.
Crete (*joe*), joue ridée (?), II, 343.
Cretelet, jeune coq vaniteux, II, 170.
Creü, fourni (*en parlant d'un bois*), IV, 94.
Crevace, fente, IV, 64.
Crever, poindre (*en parlant de l'aube*), VI, 60.
Creveüre, fente, II, 27.
Cri, annonce de vente, VI, 129.
Criée, bavardage, IV, 47.
Criembre. Voy. *Creindre*.
Crisner, grincer, I, 263.
Cristal, I, 238.
CRISTOFLE (S.), S. Christophe, IV, 126.
Cro, croq, crochet, I, 301, etc.
Croché, crosse, VI, 41.
Croiche, crèche, bergerie, V, 195.
Croire, faire crédit à, I, 77.
Croissir, craquer, I, 263; casser, VI, 25, etc.
Croler, croller. Voy. *Crouler*.
Cropener, faire l'amour, I, 209.
Croq. Voy. *Cro*.
« Crote (De la) », *fabliau publié*, III, 46; (*notes et variantes*), III, 333.
Crotouner, faire l'amour, II, 349.
Crouler, croler, croller, remuer, secouer, I, 186, etc.
Croupe (*battre la*), *ferir de la crupe*, faire l'amour, I, 257; VI, 150.

Croupir, faire rester, III, 149.
Cruet, creux, V, 105.
Crueusement, cruellement, II, 165, 167, etc.
Crume, pente, IV, 21.
Crupe. Voy. *Croupe.*
Cueillir, coillir, aller chercher, prendre, II, 69, etc.
Cuete. Voy. *Coute.*
Cuevrechief, voile de tète en tissu fin, II, 125, etc.
Cuidier, penser, I, 1, 8, etc.
Cuiret, bourse en cuir, sac en cuir, I, 202, etc.
Cuiri, garni de cuir, II, 154.
Cuirien, cuir, I, 157, etc.
Cuite, quitte, I, 76.
Cuivert, quivert, couvert, cuvert, (*terme de mépris*), fourbe, misérable, méchant, I, 25, 46, etc.
Cuivertise, fourberie, III, 207.
Cuivre, mal, IV, 36.
Culet, petit cul, VI, 204, 205.
Culeter, faire l'amour, I, 222; III, 81.
Culoner, faire l'amour avec, III, 240.
Cultil, culture, II, 265.
Cultivage, terrain à cultiver, II, 265.
Cunchier, cunquier. Voy. *Conchier.*
« Curé (Du) qui aimoit la femme d'un villain », *le même que du* « Prestre et du Leu ».
« Curé (Du) qui eut une mère malgré lui », *le même que du* « Prestre qui ot mere a force ».
Curer, prendre soin de, guérir, III, 108.
CUROÏN, *personnage d'un épisode de roman,* V, 166.
Cussançon, souci, II, 114.
Custode, gardien, III, 266.
Cuvert. Voy. *Cuivert.*
« Cuvier (Le) », *fabliau publié,* I, 126; (*notes*), II, 292.
« Cuvier (Le) », *conte de La Fontaine,* II, 311.

D

Daarain, daerrain. Voy. *Deerrain.*
Dahet. Voy. *Deshait.*
Dame, dampne, dommage, II, 200; V, 160.
« Dame (De) Erme ». Voy. « Vilain (Du) de Bailluel ».
« Dame (De la) escolliée », *fabliau publié,* VI, 95; (*notes et variantes*), VI, 212.
« Dame (De la) et du Curé », *le même que du* « Prestre et de la Dame ».
« Dame (De la) qui attrapa un prêtre, un prévôt et un forestier », *le même que de* « Constant du Hamel ».
« Dame (De la) qui aveine demandoit pour Morel sa provende avoir », *fabliau publié,* I, 318; *cité,* III, 342; (*notes et variantes*), II, 308.
« Dame (De la) qui conchia lo prestre, lo prevost et lo forestier ». Voy. « Constant (De) du Hamel ».
« Dame (De la) qui fist batre son mari », *fabliau publié,* IV, 133 (*autre version de la* « Borgoise d'Orliens », I, 117-125); (*notes*), IV, 275.

« Dame (De la) qui fist entendant son mari qu'il sonjoit », *fabliau de* GARIN, *publié*, V, 132 (*autre version des* « Tresces », IV, 67; *cité*, VI, 275; (*notes*), V, 336.

« Dame (De la) qui fist son mari mort ». Voy. « Vilain (Du) de Bailluel ».

« Dame (De la) qui fist trois tors entor le moustier », *fabliau de* RUTEBEUF, *publié*, III, 192; (*notes et variantes*), III, 385.

« Dame (De la) qui fut corrigée ». Voy. « Dame (De la) escolliée ».

« Dame (De la) qui fut fotue sur la fosse de son mari ». Voy. « Celle (De) qui se fist foutre ».

« Dame (De la) qui se venja du chevalier », *fabliau publié*, VI, 24; (*notes*), VI, 158.

« Dame (De la) qui servoit .c. chevaliers ». Voy. « Une (D') seule fame qui à son con servoit cent chevaliers ».

Damoisel, jeune gentilhomme, I, 151, etc.

Damoisele, femme mariée, III, 195, etc.

« Damoisele (De la) qui ne pooit oïr parler de foutre », 1re *réd. publiée*, III, 81; *citée*, VI, 274; (*notes et variantes*), III, 342.

« Damoisele (De la) qui n'ot parler de fotre qu'i n'aüst mal au cuer », *fabliau publié*, V, 24 (*nouvelle version du fabliau précédent*); (*notes*), V, 303.

« Damoisele (De la) qui onques pour nelui ne se volt marier ». Voy. « Pucele (De la) qui vouloit voler ».

« Damoisele (De la) qui sonjoit », *fabliau publié*, V, 208; (*notes et variantes*), V, 369.

« Damoisele (De la) qui vost marier ». Voy. « Pucele (De la) qui vouloit voler ».

Dampne. Voy. *Dame*.

Dangerous, donjereus, craignant de, regardant à, II, 253; prude, V, 26.

Dangier, dongier, pouvoir, volonté, loisir, II, 148, 228, etc.; refus, III, 40, etc.; reproche, V, 144; *à dangier*, difficilement, I, 226, etc.

Dangier, être soumis à, VI, 239.

Danoise (*hache*), IV, 196.

Dansel, danzel, jeune noble, II, 48, etc.

« Dant (De) Constant de Hamiel ». Voy. « Constant (De) du Hamel ».

DANT MARTIN, comté de Dammartin, en Brie, III, 35, 327.

Danzel. Voy. *Dansel*.

Danzele, servante, VI, 20, 22.

Daquier, piquer, III, 67.

Darien. Voy. *Deerrain*.

Daunoer. Voy. *Dosnoier*.

DAVID, *nom d'homme*, III, 232, 240, 245, 409.

DAVIT, DAVIET, *nom d'un valet*, V, 25, 26, 27, 28, 29, 30, 31.

Debarrer, propr. briser la barre, mettre en pièces, III, 131.

« Debat (Le) du C. et du C. », *publié*, II, 133; *cité*, III, 335; VI, 273; (*notes*), II, 322.

Debatre, frapper, I, 278, etc.

Debel, plaisir, V, 166.
Debouter, repousser, IV, 42.
Debrisier, briser, II, 4, etc.
Decevance, erreur, I, 60.
Deceyte (*angl.-norm.*), tromperie, II, 184.
Dechacier, chasser au loin, III, 250.
Dechivoir, *dechoivre*. Voy. *Deçoivre*.
Decirer (*se*), se lacérer, III, 119.
Deçoivre, *dechoivre*, *decivoir*, tromper, III, 88, etc.
DEDALUS, Dédale, IV, 208.
Deduire (*se*), faire l'amour, I, 126, etc.
Deduit, plaisir amoureux, I, 136, etc.
Deel, *del*, dé à coudre, V, 8, 21, 274.
Deerrain, *daarain*, *daerrain*, dernier, I, 76, etc.; *au darien*, en dernier lieu, VI, 253.
Defenir, finir, I, 296.
Deferreté, qui n'a plus de clous, V, 317.
Defeü, misérable, II, 209.
Deffaire, tuer, IV, 45.
Deffrumer. Voy. *Desfermer*.
Definement, fin, I, 202.
Definer, finir, I, 22, 111, etc.
Defois, *defoiz*, palissade, I, 28; défense, empêchement, I, 49, etc.; tort, II, 210.
Deforeter, défourrer, V, 65.
Defouler, fouler aux pieds, I, 260.
Deganer, tromper, III, 67.
Degout, ce qui tombe par gouttes, V, 107.
Degras, nécessités, I, 241.
Degrater, gratter, III, 46.
Degré, échelle, I, 273, 274, etc.
Dehait. Voy. *Deshait*.
Dehaitier. Voy. *Deshaitier*.
Dehé, *dehat*, malheur, III, 239; VI, 121.
Dehet. Voy. *Deshait*.
Dehuré, malheureux, II, 209.
Del. Voy. *Deel*.
Del. Voy. *Duel*.
Delaiance, retard, IV, 181.
Delaier, *deloier*, tarder, I, 74; retarder, empêcher, VI, 8, etc.
Delapider, maltraiter, III, 154.
Delez, près de, I, 17, etc.
Delge. Voy. *Deugié*.
Delié, fin, I, 289, etc.
Delis, mis en déroute, I, 275.
Delit, plaisir, plaisir amoureux, I, 13, 297, etc.
Deliter, *delitier*, amuser, I, 225; V, 157.
Delivre, délivré, libre, I, 22, etc.; privé, I, 147; *à delivre*, facilement, I, 276, etc.
Delivrement, rapidement, I, 128, etc.
Deloie, retard, I, 235.
Deloier. Voy. *Delaier*.
Delui, tromperie, I, 110.
Demaine, *demoine*, possession, V, 131, etc.
Demaine, *demeyne*, *demoine*, qui appartient en propre, I, 133, etc.
Demanois, *demenois*, à l'instant, I, 154, etc.; tout d'une fois, V, 295.
Demantres, durant, V, 188.
Demarteler, tourmenter, I, 292.
Demener, conduire, pousser, I, 32, etc.; se disputer, V, 123.
Demengier, ronger, III, 154.
Demenois. Voy. *Demanois*.

Dementer, se désoler, IV, 55, etc.
Demetre (se), se dépouiller, II, 3, etc.
Demeure, *demoure*, attente, retard, I, 127, etc.
Demeyne. Voy. *Demaine*.
Demie, demi-mesure, VI, 63.
Demierkes, mercredi, II, 31.
Demoine. Voy. *Demaine*.
Demor, séjour, I, 16.
Demorance, *demouranche*, retard, I, 40, etc.
Demorée, retard, absence, I, 59, etc.
Demorement, lenteur, I, 128.
Demorer, tarder, VI, 17, etc.
Demouranche. Voy *Demorance*.
Demoure. Voy. *Demeure*.
Demoustrance, preuve, I, 260.
Demuchons (à), en cachette, IV, 107.
Denier Dieu, denier à Dieu, VI, 259.
Denis (S.), I, 312; II, 13, 100, 107; III, 271, 242; V, 71, 84, 177, 236; VI, 107, 131.
Denise (S.). Voy. Denis (S.).
Denize, *nom de femme*, III, 268, 269, 270, 272, 273, 274.
Denrée, quantité qu'on a d'une chose pour un denier, I, 88, etc.
« Dent (De la) », *fabliau publié*, I, 147; *cité*, VI, 272; (*notes*), II, 294.
Dent de fer, *nom d'un champion*, I, 10.
Denyse (S.). Voy. Denis (S.).
Departer (*angl.-norm.*), *pour « departir »*, distribuer, II, 251. Voy. *Departir*.
Departie, distribution, I, 328; rupture, I, 254.
Departir, distribuer, I, 287, etc.; séparer, I, 243, etc.; *au departir*, à la fin, II, 140.
Depecier. Voy. *Despecier*.
Depeynt, peint, II, 243.
Depicier. Voy. *Despecier*.
Deport, plaisir, joie, amusement, I, 52, etc.
Deporter, réjouir, s'amuser, I, 21; II, 201, etc.; *deporter de*, renoncer à, V, 249.
Deprier, *deproier*, prier, II, 144, etc.
Deputaire, de mauvaise race, méchant, II, 162; VI, 116.
Deques, jusque, V, 364.
Derés, râpé, III, 348.
Deresnier. Voy. *Desresnier*.
Derompre, *derrompre*, déchirer, rompre, briser, II, 203, etc.
Dervé, *desvé*, *devé* (*angl.-norm.*), fou, I, 79, 80, etc.
Derver (se), s'irriter, devenir fou, III, 200, etc.; IV, 7.
Derverie, *desverie*, folie, IV, 2, etc.
Desachier, tirer, I, 174.
Desamordre, se détacher de, I, 325.
Desaprendre, faire désapprendre, V, 254.
Desaroytier, cesser d'être en érection, III, 338.
Desatirier, dénuer, III, 87.
Desavoier (se), quitter le chemin, III, 197.
Desbareter, vaincre, ruiner, II, 46, etc.
Desbestorner, changer de nouveau de mal en bien, I, 152.
Descarchier, décharger, I, 20, etc.

Descengler, au fig. prendre, décrocher, II, 262.
Deschaucier, déchausser, IV, 163.
Desclore, ouvrir, crever, IV, 25, etc.
Desclose (à la), sans abri, III, 87.
Descoillié, châtré, II, 253.
Descoingnier, faire sortir, III, 65.
Descombrer, débarrasser, se débarrasser, I, 92, etc.
Desconfort, embarras, V, 40.
Desconforter, décourager, I, 226, etc.; *se desconforter,* se lamenter, III, 159.
Desconneü (estre), perdre la mémoire, IV, 103.
Desconnoistre, désavouer, III, 114.
Desconseillié, découragé, I, 63, etc.
Descordance, désaccord, I, 36, etc.
Descorde, discorde, dispute, II, 5, etc.
Descorder (se), entrer en querelle, I, 218.
Descort, en désaccord, II, 141.
Descouchier (se), se lever, III, 277.
Descouverte (à), ouvertement, I, 198.
Descouvrir (se), se montrer, I, 260.
Desdire, contredire, démentir, IV, 155, etc.
Desennaturer (se), sortir de son naturel, V, 42.
Deseoir, déplaire, III, 55.
Deserte, action de mériter, III, 211; récompense, III, 272, etc.
Deservir, mériter, I, 53, etc.; payer, IV, 28.
Desfans, desfens, défense, I, 122, etc.
Desferm, ouvert, I, 262.
Desfermer, desfremer, deffrumer, ouvrir, I, 203, etc.
Desfier, désavouer, I, 250.
Desfremer. Voy. *Desfermer.*
Desfromanter, priver de froment, *au fig.* épuiser, IV, 146.
Desfroter, gratter, III, 333.
Desgagier, prendre des gages sur, III, 59.
Desguisier (se), être sournois, III, 66.
Deshait, dehait, dahet, dehet, malheur, I, 99, 169, etc.
Deshaitié, malheureux, I, 62; malade, I, 173; IV, 8.
Deshaitier, deshetier, dehaitier, affliger, ennuyer, I, 106, etc.
Deshueser, déchausser, VI, 109; se déchausser, VI, 28.
Desillier, désirer (?), II, 86.
Desirée, désir, VI, 24.
Desirrier, désir, I, 31, 189, etc.
Desjeüner (se), manger, I, 88, etc.
Desjougler, bafouer, I, 253.
Deslavé, sale, III, 62, 202, etc.
Deslaver, salir, IV, 272.
Deslaveüre, lavure, II, 136.
Deslier, dévêtir, II, 95.
Desmaillier, briser les mailles, II, 131.
Desmanier, perdre, V, 69.
Desmener. Voy. *Demener.*
Desmesure (à), outre mesure, I, 32, etc.
Desnaturer, changer de nature, IV, 184; *se desnaturer,* sortir de son naturel, V, 42.

Desore. Voy. *Desseure*.
Despandre. Voy. *Despendre*.
Despans. Voy. *Despens*.
Despecier, *depecier*, *depicier*, mettre en pièces, I, 104; II, 21, etc.
Despendant, qui a de grandes dépendances, VI, 70.
Despendere, dépensier, III, 124.
Despendre, dépenser, I, 238, etc.
Despens, dépense, II, 65, etc.; salle à garder les provisions, provision, III, 201; IV, 145; *vin de despense*, piquette, III, 112.
Despers, sauvage, VI, 93.
Despisier, mépriser, II, 73, etc.
Despit, mépris, VI, 111.
Despit, méprisé, I, 298.
Despitier, mépriser, I, 326.
Desplaidier, se plaindre, IV, 33.
Despoint, déchiré, V, 130.
Despois, (*lisez « des pois*) », II, 40.
Despoise, *propr*. matière, substance, IV, 35; *au fig*. naturel, caractère, V, 214.
Despondre, mettre au jour, III, 58; expliquer, démontrer, I, 136, etc.
Desprendre, dessaisir, I, 130.
Despuceler, II, 18.
Desputison, débat, II, 136.
Desreer (*se*), s'échapper, III, 104.
Desresnable, déraisonnable, I, 304, etc.
Desresnier, *deresnier*, plaider pour, III, 214; *se desresnier*, s'exprimer, IV, 106.
Desreson, folie, III, 239; injustice, II, 133.
Desrober, dépouiller, II, 128, etc.
Desroi, trouble, désordre, I, 55, etc.; dommage, I, 298; mauvaise action, II, 121, etc.; violence, III, 159; *à desroi*, en désordre, IV, 144.
Desrouter (*se*), se précipiter, III, 223.
Dessambler, séparer, I, 265, etc.
Dessavorer, ressentir de l'amertume, V, 261.
Dessechier à, ennuyer, IV, 2.
Desserrer, ouvrir, V, 124.
Desseure, *desore*, dessus, II, 199; III, 56, etc.
Dessevrer, séparer, VI, 97.
Dessivre, désenivré, III, 155.
Destachier, quitter, IV, 172.
Destalenté, dégoûté, sans appétit, VI, 25.
Desteint, éteint, II, 190.
Destempré, dérangé, V, 248.
Destendre, se précipiter, I, 262; II, 305.
Destorber, troubler, I, 33, etc.
Destorbier. Voy. *Destourbier*.
Destordre. Voy. *Detordre*.
Destorner, garantir, II, 36; *se destorner*, partir, I, 271.
Destourbier, *desturber* (*angl.-norm.*), malheur, mésaventure, vexation, empêchement, II, 24, etc.
Destraindre, étreindre, presser, gêner, tourmenter, I, 35, 86, etc.
Destre, droit, I, 285, etc.
Destrece, ardeur dans la lutte, I, 107.
Destroit, peine, I, 58; juridiction, V, 6.
Destroit, souffrant, mal à l'aise, IV, 87, etc.; triste, angoissé, II, 83, etc.; malheureux au

jeu, V, 72; rigoureux, III, 153; difficile, II, 47.
Destroitement, fortement, II, 93.
Destrous, troublé, IV, 289.
Desturber. Voy. *Destourbier*.
Desvé. Voy. *Dervé*.
Desverdellier, aller à la selle, IV, 269.
Desverie. Voy. *Derverie*.
Desvoier, *desviier*, pousser, égarer, tromper, I, 229, etc.
Desvoloir, ne pas vouloir, VI, 213.
Det, dé : *faire fendre le det*, empêcher une chose, VI, 267.
Detaillier, *detalhier*, couper en morceaux, mettre en pièces, III, 130, etc.
Detaster, tâter de nouveau, V, 29.
Detenir, retenir, V, 256.
Detordre, *destordre*, tordre, I, 105, etc.; faire fondre, II, 253.
Detranchier, *detrenchier*, couper, II, 15, etc.
Detrés, derrière, VI, 14, etc.
Detrier, retarder, I, 157, etc.; s'attarder, IV, 304, etc.; *se detrier*, se détourner, se refuser, VI, 26.
DEUDONÉ, *nom d'homme*, II, 206.
Deugié, *delge* (*angl.-norm.*), fin, délicat, IV, 131; V, 35.
Deul. Voy. *Duel*.
Deus (*plur.*). Voy. *Duel*.
« Deus (De) Anglois et de l'Anel », *fabliau publié*, II, 178; (*notes*), II, 332.
« Deus (Des) bordeors ribauz », *fabliau publié*, I, 1; *cité*, II, 357; IV, 236, 332; (*notes et variantes*), II, 269.
« Deus (Des) Changeors », *fabliau publié*, I, 245; *cité*, VI, 159; (*notes*), II, 304.
« Deus (Des) Chevaus », *fabliau publié*, I, 153; *cité*, V, 359; (*notes*), II, 295.
« Deus (Des) envieus cuivers, *même fabliau que* « Couvoiteus (Del) et de l'Envieus ».
Devalement, descente, II, 175.
Devanture, façade, I, 215.
Devé. Voy. *Dervé*.
Deveement, défense, I, 31.
Deveer, défendre, II, 86; défier, II, 239.
Devier, mourir, III, 118, etc.
Devin, erreur, I, 113.
Devin, qui devine, III, 47, 48.
Devine, prédiction, II, 207.
Deviner, supposer, prédire, II, 140, etc.; raconter, I, 199, etc.
Devis, disposition, souhait, désir, volonté, I, 37, etc.
Devise, *devisse*, espace de temps, III, 40; souhait, désir, I, 319, etc.; conversation, récit, II, 21, etc.; qualité, II, 94; *à devise*, à souhait, parfaitement, I, 11, etc.
Deviser, *devisser*, raconter, I, 162, etc.; disposer dans son esprit, I, 180.
Devisse. Voy. *Devise*.
Devorer, mettre en pièces, V, 216; maudire, V, 156.
Di, jour, I, 218, etc.
Dialetique, dialectique, V, 251.
Diemaine, dimanche, I, 9, etc.
Diffame, honte, III, 152, etc.
Digner (*se*), se repaître, V, 106, etc.
Diluns, lundi, IV, 273.

Dimage, droit à la dîme, III, 175.
DINANT, en Belgique, I, 225.
DINART, *valet d'un prévôt*, IV, 292.
Dis (*toz*), toujours, I, 125, etc.
Discorde. Voy. *Descorde*.
Diseteus, privé, VI, 264.
Disme (*la*), le dixième, III, 121.
Diva, dis va, I, 6, etc.
DOAI. Voy. DOUAI.
DOE, *nom de l'héroïne d'une chanson*, V, 258.
Doi, (*cas sujet*), deux, IV, 93, etc.
Doie, (*plur.*), doigts, II, 82.
Doille, mou, tendre, I, 282, etc.
Dois, table, VI, 106, etc.
Doke, patience (*herbe*), V, 172.
Dol. Voy. *Duel*.
Dolent, malheureux, chagrin, I, 24, etc.
« Dolente (De la) qui fu fotue ». Voy. « Celle (De) qui se fist foutre... ».
Doleoire, doloire, II, 150.
Doloir, *douloir*, *duiller* (*angl.-norm.*), souffrir, I, 143, etc.; *se doloir*, se plaindre, I, 146.
Doloser, *dolouser*, *doloser* (*se*), se désoler, se lamenter, II, 68, 83, etc.
Domars, mardi, II, 211.
Dongier. Voy. *Dangier*.
Donjereus. Voy. *Dangerous*.
Donnoier, *donoier*, *dornoier*. Voy. *Dosnoier*.
Dortor, dortoir, V, 229.
Dorvelle (*faire la*), faire semblant de dormir, IV, 7.
Dosne, dame, I, 211.
Dosnoi, réunion galante, III, 247; ébats amoureux, IV, 49.
Dosnoiement, galanterie, I, 26.
Dosnoier, *donoier*, *donnoier*, *dornoier*, *daunoer* (*angl.-norm.*), faire la cour à, II, 193, etc.; faire l'amour, II, 18, etc.
Dossée, haussement des épaules, II, 142.
Dossiere, courroie qui, passant sur la sellette du cheval, supporte les brancards, II, 150.
DOUAI, I, 13; II, 13; V, 184.
Doublere, qui rend au double, I, 134.
Doublier, nappe, III, 4, etc.
Douloir. Voy. *Doloir*.
Doulouser. Voy. *Doloser*.
Doutance, crainte, doute, I, 142, etc.
Douter, redouter, I, 31, etc.
Douteus, craintif, IV, 86.
Dove, douve d'un cuvier, V, 180.
Dragie, dragée, *au fig.* II, 131.
Drap, étoffe, I, 65; *au plur.* vêtements, I, 164, etc.
Drapaille, vêtement, III, 60.
Drapel, vêtement, I, 70, etc.
DRIAN, *personnage d'un épisode de roman*, V, 166.
Droitoier, rendre compte de ses actions en justice, V, 369.
Droiture, droit, II, 120, etc.; *à droiture*, tout droit, I, 61, etc.
Droiturier, rendre compte de ses actions en justice, V, 209.
Dru, ami, II, 215; amant, I, 258, etc.
Drue, maîtresse, amante, II, 15, etc.
Druerie, amour, I, 320, etc.; gage d'amour, I, 12.
Druge, plaisanterie, I, 1.
DRUIN BAILLET, *nom d'un valet de taverne*, III, 146, 147, 148, 149, 150, 151, 153, 154.

Duel, deul, del, dol, douleur, chagrin, ennui, I, 20, etc.
Duiller. Voy. *Doloir.*
Duire, instruire, II, 152.
Duit, conduit, tuyau, III, 57.
DURAND, *auteur de fabliaux*, I, 13, 23.
Durement, fortement, extrêmement, I, 14, etc.
Durfeüt, misérable, II, 163.
Dyen, curé doyen, VI, 91.
DYSISE, Decise, près de Nevers, III, 89, 90, 95, 96.

E

Eage, âge, vie, I, 37, etc.
Echavi. Voy. *Eschevi.*
Effamé, affamé, II, 116.
Effonder, vider à fond, VI, 122.
Efforcier. Voy. *Esforcier.*
Effréement, courroux, agitation, IV, 50.
EGIPTE, Égypte, V, 246.
Einc. Voy. *Ainc.*
Einz. Voy. *Ainz.*
El, autre chose, I, 20, etc.
ELAINE. Voy. HELAINE.
Elassier. Voy. *Eslaissier.*
Ele, aile, I, 188, etc.
ELEYNE. Voy. HELAINE.
Ellit. Voy. *Eslit.*
Elme, heaume, III, 130.
Elnol, Arnoul (*nom propre devenu nom commun*), mari trompé, V, 164. Voy. ERNOUL.
ELOI (S.), II, 349; III, 44.
ELY, en Angleterre, II, 243.
ELYE, ELYOT (*Allusion à*), VI, 199.
Emaint, en maint, II, 83.
Embatre, pousser, plonger, jeter, précipiter, II, 22, etc.; III, 121, etc.; battre, se battre, I, 244, etc.
Embler, enbler, ambler, voler, prendre, I, 92, 114, etc.; *s'embler,* s'en aller, s'échapper, I, 59, etc.
Embleüre. Voy. *Ambleüre.*
Embloier, entortiller, embarrasser, V, 299.
Emboer. Voy. *Embouer.*
Emboire, enivrer, I, 55.
Emborser, mettre en bourse, VI, 68.
Embouer, couvrir de boue, salir, III, 151, etc.
Embracier, prendre dans ses bras, I, 204, etc.
Embron, enbronc, qui a la tête baissée, morose, I, 181; III, 199, etc.
Embronchier, enbronchier, enbrunchier, baisser la tête, IV, 110, etc.; cacher la tête, I, 107, etc.; renverser, V, 208.
Embrooillier, enfoncer, IV, 315.
Emfes. Voy. *Enfes.*
Empaillolé, en paillettes, II, 125.
Empaindre, empeindre, dépeindre, I, 25; pousser, I, 276, etc.
Empaistrer, mettre des entraves à, III, 61.
Empalir, pâlir, III, 14.
Emparlé, habile à parler, I, 32, etc.; intempérant de langage, I, 108.
Empené, garni de plumes, V, 255.
Empirier, enpirier, nuire à, maltraiter, II, 15, etc.; être mal en point, souffrir, I, 127, etc.
Emplir, I, 206; VI, 203.

Emplu, mouillé de pluie, III, 194.
Emplumer, remplir de plume, IV, 195.
Empoindre, pousser, I, 228, etc.
Empointe, attaque amoureuse, V, 210.
Emprendre, *enprendre*, entreprendre, I, 251, etc.
Emprès, *enprès*, *anprès*, après, I, 306, etc.
Emprise, entreprise, III, 135, etc.
Empuré, (*corr.*). Voy. *Pur*.
Emputer, accuser, III, 217.
Enamer, aimer, I, 194, etc.
Enbarer, fausser, III, 131.
ENBATANT, *nom d'un ménestrel*, I, 10.
Enbatre. Voy. *Embatre*.
Enbaussemer, embaumer, I, 218.
Enbedeus. Voy. *Ambedeus*.
Enbelir, plaire, VI, 12.
Enbler. Voy. *Embler*.
Enbrasé, désireux, I, 233.
Enbrever, inscrire, III, 177.
Enbronc. Voy. *Embron*.
Enbronchier, *enbrunchier*. Voy. *Embronchier*.
Enbuchier, *enbuisier*, cacher, II, 188, etc.
Encachier. Voy. *Enchacier*.
Encanter. Voy. *Enchanter*.
Encarchier. Voy. *Enchargier*.
Encauchier. Voy. *Enchaucier*.
Enceis. Voy. *Ainçois*.
Encement. Voy. *Ensement*.
Encerchier, *encerquier*, rechercher, II, 120, etc.
Encestre, famille, V, 161.
Enchacier, *encachier*, chasser, II, 167, 234, etc.
Enchanteor, escamoteur, charlatan, III, 42, etc.
Enchanter, *encanter*, ensorceler, III, 56; V, 141; faire des enchantements, VI, 78; jouer, tromper, IV, 104.
Enchargier, *encarchier*, *enkarquier*, *enkierkier*, *enquierkier*, charger sur son dos, IV, 14, 30, etc.; donner charge, V, 151; prendre en charge, être responsable de, I, 213, etc.; être engrossée, II, 87.
Enchaucier, *encauchier*, presser, s'empresser, I, 252; II, 59.
Enchiez, chez, III, 271.
Encient. Voy. *Escient*.
Enclignier, scruter du regard, IV, 99.
Enclin, baissé, soumis, I, 119, etc.
Encliner, *ancliner*, baisser, abattre, jeter bas, I, 258, etc.; saluer, II, 201, etc.; se baisser, III, 13.
Enclos, couvert, IV, 195.
Ençois. Voy. *Ainçois*.
Encombrement, empêchement, VI, 76.
Encombrer, embarrasser, VI, 18.
Encombrier, embarras, ennui, malheur, dommage, II, 78, 127, etc.
Encommencement, commencement, I, 297.
Encontre, rencontre, III, 44, etc.
Encontrer, rencontrer, III, 59, etc.
Encorper, accuser, V, 139.
Encorre, encourir une peine, expier, IV, 76.
Encorser (*s'*), augmenter de valeur, VI, 68.
Encortiner, garnir de rideaux, de tapisseries, III, 4, etc.

Encoste, près, I, 241; de côté, III, 60, etc.

Encraissier, *encressier*, *engroissier*, engraisser, grossir, II, 263, etc.; devenir enceinte, IV, 210.

Encroer, accrocher, I, 14.

Encrueler, se montrer cruel, II, 256.

Encugnier, cogner l'un contre l'autre, II, 339.

Encui. Voy. *Anqui*.

Encuser, *encuzer*, accuser, I, 17, etc.

Endemain (*l'*), le lendemain, I, 222, etc.

Endemantres. Voy. *Endementre*.

Endementiers, pendant ce temps, I, 162, etc.

Endementre, en même temps, VI, 19; tandis, IV, 159.

Endosser, adosser, VI, 128.

Endotriner, instruire, V, 152.

Endous. Voy. *Andeus*.

Endraper, nipper, II, 169.

Endroit, devant, en face, I, 307; dans l'intérêt de, VI, 102.

Enduire, introduire, IV, 85.

Enel, anneau, V, 90, etc.

Enelepas; *isnel le pas*, aussitôt, promptement, I, 137, etc.; III, 49, etc.

Enesl'eure, aussitôt, I, 259.

Enfance, folie, VI, 246.

Enfançon, petit enfant, I, 163, etc.

« Enfant (De l') qui fondit au soleil. » Voy. « Enfant (De l') qui fut remis au soleil ».

« Enfant (De l') qui fu remis au soleil », *fabliau publié*, I, 162; (*notes*), II, 296.

Enfantif, naïf, IV, 114.

Enfantosmer, ensorceler, I, 279, etc.

Enferm, malade, infirme, I, 153, etc.

Enfes, *emfes*, (*cas sujet*), enfant, I, 173, 163, etc.

Enflamber, être enflammé, *au fig.* rayonner, I, 46.

Enflorer, fleurir, V, 252.

Enforceüre, fourchette des jambes, III, 6.

Enformer, mettre (*en parlant d'un gant*), I, 307.

Enfrume, moue, V, 243.

Engaigne. Voy. *Engaingne*.

Engaignier, irriter, contrarier, I, 97.

Engaingne, *engaigne*, dépit, ennui, chagrin, I, 157, 212, 308; II, 74, etc.

Enganer, tromper, I, 262; III, 236, etc.

Engelé, gelé, III, 194.

Engien. Voy. *Engin*.

Engignier. Voy. *Engingnier*.

Engin, *engyn*, *enging*, *angin*, *engien*, ruse, malice, I, 11, etc.

Engingneus, rusé, I, 29.

Engingnier, *engignier*, *enginier*, tromper, I, 47, 193, etc.

Enginier. Voy. *Engingnier*.

Engins [*de pêche*], VI, 245.

ENGLEIS, ENGLÈS. Voy. ANGLOIS.

ENGLETERRE. Voy. ANGLETERRE.

Engloutre, engloutir, avaler, III, 149.

Englume, enclume, II, 127.

Engoisseus. Voy. *Angoisseus*.

Engoisseusement, énormément, IV, 144.

Engorgié, gros, IV, 205.

Engorgier, avaler, II, 143.

Engossier. Voy. *Angoissier*.

Engouler, avaler, II, 134.
Engoussé, gras, VI, 181.
Engrami, affligé, IV, 6.
Engrangier, augmenter, I, 159, etc.
Engrant, désireux, I, 73, etc. Voy. *Grande (en)*.
Engrès, ardent, I, 56, etc.; désireux, entêté, anxieux, I, 318; III, 21, 99, etc.; irrité, violent, I, 28; IV, 126, etc.; *à engrès*, instamment, VI, 99.
Engresser (s'), s'empresser, IV, 197.
Engroissier. Voy. *Encraissier*.
ENGUERRANT D'OISI, *auteur de fabliaux*, II, 31, 44.
Enguier. Voy. *Guier*.
Enhanter, emmancher, II, 153.
Enhaper, saisir, V, 168.
Enhaster, mettre à la broche, V, 156, etc.
Enhermi, non défriché, I, 58.
Enjenglé, railleur, beau parleur, I, 253.
Enjoint, habile, IV, 282.
Enjoïr, réjouir, IV, 129; VI, 75.
Enjornant, lever du jour, III, 254.
Enkarquier, *enkierkier*. Voy. *Enchargier*.
Enlachier, enjôler, I, 322.
Enmaladir, tomber malade, II, 219, 222.
Enmaler, emballer, I, 164.
Enmedeus. Voy. *Ambedeus*.
Enmer, aimer, I, 308.
Enmi, au milieu, I, 130, etc.
Enne, (*partic. interrog.*), n'est-ce pas que, I, 52; II, 64, etc.
Ennubli, couvert d'un nuage, obscurci, IV, 81.
Enorter, exhorter, ordonner, II, 62, 102, etc.
Enosse, décharné, V, 166.
Enosser, étrangler, étouffer, III, 70; VI, 88.
Enovré, travailleur, VI, 68.
Enpaillier. Voy. *Estrain*.
Enpaindre. Voy. *Empoindre*.
Enpasté, lourd, IV, 117.
Enpaster, mettre en pâte, VI, 2, 3.
Enpesquier, faire subir un interrogatoire, I, 160.
Enpirier. Voy. *Empirier*.
Enprendre. Voy. *Emprendre*.
Enprès. Voy. *Emprès*.
Enpresser, gorger, V, 185.
Enquenuit. Voy. *Anquenuit*.
Enquierkier, *enquierquier*. Voy. *Enchargier*.
Enresdie, entêtement, I, 21.
Enresonner (*angl.-norm.*), parler à, VI, 202.
Enrievre, obstiné, II, 239.
Enrober, fournir de robes, II, 128.
Enroeillir, se rouiller, II, 151.
Enromancier, mettre en français, I, 82.
Enromant, *enroment*. Voy. *Erraument*.
Ensachier, mettre dans un sac, VI, 244.
Ensaigne, enseigne, II, 98.
Ensanle, ensemble, II, 55, etc.
Enseignié, bien appris, poli, I, 122; II, 78, etc.
Enseignier, faire la leçon à, III, 42.
Enseler, seller, III, 90, etc.
Ensement, *encement*, de même, I, 68, etc.
Ensengnié. Voy. *Enseignié*.

Enserée, commencement de la soirée, V, 15.
Enserrer, enfermer, fermer, I, 29, etc.
Ensievir, ensuyvre, suivre, rechercher, III, 215; VI, 264, etc.
Ensin. Voy. *Ainsinc*.
Ensorquetot, surtout, III, 210.
Ensuyvre. Voy. *Ensievir*.
Entaillier, sculpter, ciseler, I, 194, etc.
Entaillue (*corrigez « entaillie »*), dentelure, V, 268.
Entait, attentif, I, 14; préparé, III, 131.
Entalanté, désireux, VI, 139.
Entalenter, exciter, VI, 149.
Entalentif, plein d'ardeur, I, 228.
Ente, satiété, dégoût, I, 263; III, 135, etc.
Entechié (*estre*), posséder telle ou telle qualité, IV, 67; être accusé, V, 123.
Entencion, entention, attention, II, 93, etc.
Entendant, intelligent, IV, 45.
Entendre, faire attention, I, 320, etc.
Entente, pensée, I, 255, etc.
Ententif, appliqué, attentif, I, 238, etc.
Ententuré, d'esprit avisé, VI, 14.
Enter, fréquenter, IV, 133.
Enter, greffer, IV, 211.
Enterin, entier, I, 48, etc.; sincère, III, 19.
Enteser, tendre, III, 399; ajuster, lancer, IV, 18, etc.; *au fig*. V, 209.
Entester (*s'*), appliquer son esprit à une chose, I, 18.
Entier, entir, loyal, I, 36, etc.
Entiu, ancien, IV, 19.
Entombi, niais, IV, 112.
Entorner. Voy. *Torner*.
Entracorder (*s'*), se mettre d'accord, VI, 2.
Entrebaisier (*s'*), s'embrasser l'un l'autre, III, 283.
Entrechanjier, changer, I, 182.
Entrechapingnier, entre-déchirer, V, 74.
Entrecommander (*s'*), se recommander mutuellement, III, 282.
Entredeviser, parler de, V, 15.
Entreflaeler (*s'*), se battre, I, 243.
Entregetierre, escamoteur, VI, 34.
Entregiet, prestidigitation, I, 8.
Entrelacier, envelopper, II, 93.
Entrelaissier, laisser de côté, II, 92, etc.
Entrelarder, au fig. II, 179.
Entremaure, lutter de finesse, V, 172.
Entremetant, habile, I, 276.
Entrepiez, (*adv*.), foulé aux pieds, I, 272.
Entrepris, saisi, III, 41.
Entreprisure, embarras, I, 32.
Entresait, aussitôt, au même moment, pendant ce temps, décidément, I, 77, etc.
Entressaier, lutter, V, 74.
Entretant, jusqu'ici, IV, 201.
Entretenir (*s'*), se tenir mutuellement, I, 277.
Entretrover, se rencontrer, V, 84.
Entr'ueil, partie du visage placée entre les deux yeux, II, 95.
Entrues, tandis, I, 52, etc.
Envaïe, attaque, I, 225, etc.

Envaïr, attaquer, I, 188, etc.; faire l'amour, II, 41; *s'envaïr*, se presser, III, 14.
Envergoignier (s'), avoir honte, I, 310.
Envers, renversé, I, 104, etc.; *à envers*, à la renverse, I, 276.
Enverser, renverser, I, 258, 277, 284, etc.
Envial, défi au jeu, *au fig.* II, 209.
Envieillir, vieillir, I, 148.
Envier, augmenter son enjeu, V, 71.
Envis, enviz, à enviz, malgré soi, difficilement, II, 14, 97, etc.
Envoisement, gaieté, III, 250.
Envoiseüre, gaieté, plaisir, I, 26, etc.
Envoisié, gai, IV, 47, etc.; joli, I, 26.
Envoisier (s'), se divertir, I, 16, etc.
Envoldre, enrouler, IV, 73.
Enz, dedans, I, 18, etc.
ERAMBAUT BRACHEHUCHE, *nom d'homme*, I, 112.
ERAMBOUR, *héroïne d'une chanson*, V, 399.
Eravle, érable, IV, 293.
Erbel, prairie, VI, 168.
« Erberie » (*Allusion au Dit de l'*), *de* RUTEBEUF, III, 204.
Erce, herche, herse, I, 157; II, 153.
Ere, sol, VI, 148, 150.
Erité, patrimoine, VI, 119.
Erite, sodomite, I, 224, 225, 230.
ERME, *nom de la femme d'un vilain*, IV, 213, 214.
« Erme » (*Allusion à* « Dame), I, 11; II, 275; *c'est le fabliau du* « Villain de Bailleul », *publié*, IV, 212-216.
ERMENGART, *nom d'une vieille fermière*, IV, 113, 116, 122.
ERMESENT. Voy. HERMESENT.
Ermitier, ermite, I, 187.
ERNOUL (S.), III, 44, 193.
ERNOUL, *nom d'homme*, III, 194. Cf. *Elnol*.
ERODE, Hérode, III, 266.
Errachier, arracher, VI, 112.
Errant, arrant, esrant, promptement, aussitôt, I, 18, 22, etc.
Erraument, araument, arroment, auramant, esraument, enroment, rapidement, I, 71, etc.
Erre. Voy. *Aire*.
Erre. Voy. *Oirre*.
Errement, conduite, II, 165, etc.
Errer, aller en voyage, marcher, I, 118, etc.
Errés, râpé, III, 348.
ERSAN. Voy. HERSENT.
Ersoir, hersoir, hier soir, I, 228, etc.
ERVOIS, Arbois(?), III, 149, 369.
Es (en), en même; *en es le pas*, aussitôt, VI, 61. Voy. *Enelepas (devenu « isnel le pas »)*.
Esbaé, niais, VI, 31.
Esbahi, embarrassé, I, 162.
Esbanoier, s'esbanoier, se promener, II, 204, etc.
Esbatement, promenade, VI, 60.
Esbaubi, consterné, VI, 59.
« Esbaubismanz (L') lecheor. » Voy. « Deus (Des) bordeors ribauz ».
Esboursser, châtrer, VI, 52.
Esbrechié, ébréché, écorné, II, 174.
Esbuffer, tromper, III, 67.

Escaillongne, *escaloigne*, échalote (*au sens de* peu de chose), I, 305; II, 52.
Escalchirer, ruer, II, 203.
Escaloigne. Voy. *Escaillongne*.
Escalot, échalote (*au sens de* peu de chose), II, 51.
Escame, banc, escabeau, II, 213; III, 107.
Escanbot, gobelet d'escamoteur, I, 8.
Escarlate, *escarlette* (*angl.-norm.*), sorte de drap très fin, I, 63; II, 75, etc.
Escarnir. Voy. *Escharnir*.
Escars. Voy. *Eschars*.
Escauder. Voy. *Eschauder*.
Escavelé, échevelé, II, 48.
Escerveler, faire jaillir la cervelle à, III, 173.
Eschacier, chasser, I, 266.
Eschaillon, échelon, I, 274.
Eschamperche, échalas, I, 276.
Eschar, plaisanterie, raillerie, II, 127, etc.
Escharbot, scarabée, I, 8.
Escharnir, *escarnir*, se moquer de, injurier, I, 76; III, 17, etc.
Escharpel, fente (?), VI, 69.
Eschars, *escars*, *escharz*, avare, mesquin, I, 123, etc.; *à eschars*, uniquement, V, 70.
Escharsement, rarement, I, 31, etc.
Eschauder, brûler, I, 173; faire bouillir, IV, 138.
Eschaufer, avoir chaud, II, 133.
Eschavi. Voy. *Eschevi*.
Eschequeré, écartelé, I, 229.
Eschequier, table à jouer aux échecs, II, 17.
Eschevi, *eschavi*, de taille élancée, bien fait, II, 13, etc.
Eschiele, échelle, I, 276, etc.; pilori, II, 260.
Eschif, dépourvu, III, 176, 248.
Eschure (*angl.-norm.*), éviter, II, 226, 353.
Escient, *encient*, connaissance, VI, 28, etc.
Escientre (*mien*), à mon avis, IV, 127.
Escil. Voy. *Essil*.
Escillier. Voy. *Essillier*.
Esclaboter, *esclabouter*, éclabousser, IV, 125; être éclaboussé, I, 230.
Esclairier. Voy. *Esclerier*.
Esclate, force, élan, III, 65.
Esclavine, vêtement velu à la mode slave, IV, 193.
Escler, slave, I, 296; II, 306.
Esclerier, *esclairier*, allumer, II, 67; dissiper, IV, 31; devenir clair, I, 242; II, 85, etc.; faire des éclairs, VI, 97.
Esclicier, mettre en pièces, VI, 140.
Esclignier (*s'*), commencer à s'endormir, IV, 101.
Esclubart, coup, II, 212.
Escoillier, châtrer, I, 278, etc.
Escole, manière, III, 89, etc.; *metre*, *tenir à escole*, être peu respectueux pour, I, 118; II, 102; IV, 134.
Escombatre (*s'*), se défendre, III, 119.
Escondire, refuser, I, 72, 224, etc.; excuser, justifier, I, 269; IV, 52, etc.; *s'escondire*, se soustraire, VI, 128.
Escondit, refus, I, 36, etc.
Escons (*aller à*), se cacher, VI, 97.
Esconssé, caché, I, 206.

Esconsser (*à*), en cachette, VI, 50.
Esconvenir, escovenir, falloir, convenir, I, 296, etc.
Escopir, cracher, IV, 83, etc.
Escorce, peau, III, 232.
Escorcier, escourchier, écorcher, III, 232 ; retrousser, III, 150, 238, etc.
Escordelment, escortement, du fond du cœur, III, 19, 417.
Escorgie, fouet, V, 251, etc.
Escortement. Voy. *Escordelment.*
Escorter, écourter, couper la queue à, IV, 76, 80.
Escot, Écossais, III, 150.
Escot, pique-nique, partie de plaisir, V, 20 ; prix de la nourriture, IV, 82, etc.
Escote, écot, II, 6.
Escoter, écouter, V, 38.
Escourc, giron, II, 345.
Escourchier. Voy. *Escorcier.*
Escourre, secouer, faire tomber, I, 230 ; IV, 23 ; VI, 275.
Escout (*estre en*), *prendre escout,* écouter, I, 118, 180, etc.
Escovenir. Voy. *Esconvenir.*
Escover, dépouiller, II, 211.
Escremie, eskermie, combat, II, 152, etc.
Escremir, s'escrimer, I, 107.
Escrever, crever, VI, 252.
Escrin, coffre, I, 17, etc.
Escritoire, III, 284.
Escroue, détritus, ordure, VI, 130.
Escru, écru, IV, 140.
Escueilie, élan, action de se presser, III, 204.
Escueillir (*s'*), prendre son élan, VI, 50.
Escuelée, contenu d'une écuelle, VI, 36.
Escuelete, petite écuelle, III, 202.
« Escuier (De l') et de la Chambriere », *le même que le Dit de la* « Gageure ».
« Escuiruel (De l') », *fabliau publié,* V, 101 ; (*notes et variantes*), V, 330.
Escuissier, briser les cuisses, V, 165.
Escumer, écumer, I, 150.
Escurer, nettoyer, IV, 84.
Escureul, fourrure d'écureuil, V, 20.
Escusement, excuse, V, 244.
Esfondre, défoncer, IV, 94.
Esforcier, faire des efforts, III, 78, etc. ; augmenter, III, 63.
Esfossé (*p.-ê. pour* « *esforcié* »), gros, fort, I, 212.
Esfroier (*s'*), mener bruit, III, 196.
Esfronchier (*s'*), faire signe en remuant les sourcils, I, 107.
Esgaluer (*s'*). Voy. *Esgoheler* (*s'*).
Esgarder, regarder, I, 260, etc.
Esgaré, incertain, embarrassé, I, 302.
Esgart, attention, jugement, I, 109, 246 ; *estre en esgart,* guetter, IV, 4.
Esgener, mutiler, V, 169.
Esgoheler (*s'*), *s'esgaluer,* se réjouir, IV, 85 ; VI, 37, etc.
Esgratiner, égratigner, I, 297.
Esjoindre (*s'*), s'approcher, V, 180.
Eskac, jeu d'échecs, V, 115.
Eskermie. Voy. *Escremie.*
Eskine, échine, II, 81.
Eslais. Voy. *Eslès.*
Eslaisier, écarter, élargir, I, 287.

Eslaissier. Voy. *Eslessier*.
Eslès, eslais, élan, I, 26, etc.; *à eslès*, à toutes jambes, VI, 104, etc.; *à plain, de plain eslès*, de toutes ses forces, I, 103, etc.; *à grant eslès*, au grand galop, VI, 137.
Eslessier (s'), *s'eslaissier*, *s'elassier*, s'élancer, prendre sa course, aller vite, I, 18, 224, etc.; s'appliquer à, II, 8.
Esleü, de valeur, I, 220.
Eslire, choisir, I, 57, etc.
Eslit, d'élite, de prix, choisi, I, 13, etc.
Eslochier, disloquer, I, 273, etc.
Eslongnier, eslongier, s'éloigner de, II, 25, etc.
Esmaier, esmaier (s'), se troubler, s'effrayer, s'inquiéter, s'étonner, I, 75, 130, etc.
Esmanchié, manchot, I, 282.
Esmarir, troubler, I, 204; chagriner, effrayer, déconcerter, I, 44, etc.
Esmaure. Voy. *Esmorre*.
Esme, intention, I, 107.
Esmer, asmer, estimer, mesurer, supputer, I, 99, 181; III, 82, etc.; se proposer, II, 204.
ESMERAUDE, *nom d'une chienne*, IV, 196.
Esmeré, pur, III, 28.
Esmerveillier (s'), s'étonner, I, 285, etc.
Esmes, sommes (*forme analogique faite sur la 2e pers. « estes »*), IV, 266.
Esmeuvement, mouvement, II, 265.
Esmier, mettre en pièces, I, 205, 214, etc.
Esmolu, émoulu, I, 281, etc.
Esmorre, esmaure, aiguiser, IV, 244; *au fig*. V, 172.
Esmovoir (s'), se mettre en chemin, II, 46.
Esmuevre, départ, III, 130.
Esnetoier, nettoyer, II, 136.
Esoigne. Voy. *Essoine*.
ESPAIGNE, Espagne, II, 125, 186; III, 3; V, 217.
ESPAIGNOIS, Espagnol, IV, 25.
Espaindre. Voy. *Espoindre*.
ESPAINGNE. Voy. ESPAIGNE.
Espale, épaule, III, 129.
Espanir. Voy. *Espenir*.
Espardre. Voy. *Esperdre*.
Esparnier, épargner, II, 157, etc.
Espars, dispersé, dissous, III, 132, etc.
Esparse (faire), (*il faut p.-ê. corriger « faire espasse », au sens de* différer), II, 14.
ESPAULART, *nom d'un champion*, I, 10.
Espautrer (s'), s'esclaffer, VI, 267.
Espec, pivert, IV, 209, 327.
Espece, épice, V, 245, etc.
Espelir, expliquer, I, 157.
Espenir, racheter, expier, I, 91; V, 123.
Esperdre (s'), *s'espardre*, être éperdu, IV, 78, etc.
Esperir (s'), reprendre ses esprits, III, 235.
Esperitable, spirituel, III, 103, etc.
Espermenter, juger, apprécier, V, 212.
Esperon, éperon (*au sens de* peu de chose), II, 23. *Du Cange donne ce nom à une petite monnaie blanche d'Allemagne.*

Espeuse, épouse, I, 107.
Espi, épi (*au sens de* peu de chose), II, 175.
Espichié, amaigri, I, 326, 327.
Espié, épieu, I, 20; III, 255, etc.
Espie, espion, espionne, I, 118, etc.
Espier, tromper, III, 226, etc.
Espinoche, épinoche, I, 98, 99.
Espinois, haie d'épines, I, 28, etc.
ESPIR (S.), S. Esprit, III, 202, etc.
Esploit (*à*), *à grant esploit*, à la hâte, avec ardeur, I, 58, etc.
Esploitier, agir, faire effort, I, 40, 318, etc.; réussir, I, 307; *s'esploitier*, se hâter, IV, 89.
Espoentail, épouvantail, IV, 191.
Espoentement, peur, I, 211.
Espoenter, épouvanter, III, 74.
Espoerir (*s'*), *s'espurir*, avoir peur, IV, 35, etc.
Espoi, broche, IV, 3.
Espoindre, *espaindre*, stimuler, I, 25; pousser hors, V, 130.
Espoir, peut-être, V, 11, etc.
Esponde, bord, I, 241; II, 74, etc.
Espondre, expliquer, I, 329, etc.
ESPONE, Épone, près de Mantes, III, 171.
Esporduite. Voy. *Espreduite*.
Espousement, mariage, V, 266.
Espouser, marier, I, 139, 140.
Espreduite, *esporduite*, morceau de fer à la forge, I, 150, 151.
Esprendre, allumer, II, 198.
Esprevier, épervier, III, 36, etc.
Espringuier, danser en frappant du pied, I, 144.
Esprinsure, habitude, V, 408.
Espuer, clou, crochet, IV, 267.
Espurgier (*s'*), se rasséréner, II, 85.
Espurir. Voy. *Espoerir*.
Esquele, cloche, VI, 14.
Esproher, asperger, I, 81.
Esquachier, écraser, II, 240.
Esquater, briser, V, 107.
Esrachier, *esraichier*, arracher, I, 150, etc.; s'arracher, I, 223.
Esragier, enrager, II, 56.
Esrant, *esraument*. Voy. *Errant*, *erraument*.
Essanplaire. Voy. *Examplere*.
Essart, endroit défriché, IV, 197.
Essarter, couper du bois, IV, 177.
Essau, pot-au-feu, III, 233.
Essaucier, augmenter, II, 96; glorifier, I, 292.
ESSEM, Essen, en Hollande (?), II, 207.
Essil, *essill*, *escil*, ruine, tourment, malheur, I, 256; II, 172, etc.
Essillier, *escillier*, maltraiter, ruiner, I, 86, etc.; exiler, VI, 107.
Essodre, absoudre, II, 118.
Essoine, *essoingne*, *essoigne*, *esoigne*, excuse, empêchement, obstacle, retard, I, 128, etc.; danger, III, 108, etc.
Essonre, troupeau, I, 159.
Essor, action de prendre l'air, V, 60.
Essorer, mettre à l'air, III, 223.
Essuer, *essuier*, sécher, faire sécher, I, 282, etc.
Esta, *imp. d'« ester »*, arrête, V, 107.
Estable, *estauble*, persévérant, solide d'amitié, II, 264; III, 215; confirmé, II, 5, etc.

Estable, écurie, I, 93, etc.
Establer, mettre à l'écurie, II, 237.
Estachier, attacher, III, 423; obtenir, III, 107.
Estage. Voy. *Ostage*.
Estaiche, souche, III, 255.
Estaige. Voy. *Ostage*.
Estainfort, *estanfort*, drap très recherché, fabriqué d'abord en Angleterre, à Stamford, puis dans le nord de la France, II, 137; V, 4.
Estal, *estel*, *hestal*, marche, gradin, tréteau, I, 226, 307; plancher, IV, 100; *livrer estal*, livrer bataille, I, 272; *rendre estal*, résister, V, 259; *à estal*, dans la même place, fixement, I, 238; IV, 54, etc.
Estanc, *estant*, épuisé, I, 159; fatigué, I, 159, etc.
Estanchier, arrêter, III, 222.
Estanfort. Voy. *Estainfort*.
ESTANPES, Étampes, II, 235; IV, 164.
ESTANPOIS, sou d'Étampes, V, 181.
Estant. Voy. *Estanc*.
Estant (*en*), debout, I, 122, etc.
Estat (*livrer*), tenir tête, III, 191. « Estat » *semble ici avoir été mis à la rime au lieu d'*« *estal* ». Voy. ce mot.
« Estats (Des) du siecle », *dit publié*, II, 264; (*notes*) II, 357.
Estauble. Voy. *Estable*.
Estauceüre, coupe de cheveux, III, 265, 428; VI, 273.
Estaucier, tailler (*en parlant des cheveux*), III, 267, 428; VI, 273.
Estavoir. Voy. *Estovoir*.
Estel. Voy. *Estal*.
Estele, bâton, III, 166.
Estelé, étoilé, II, 94.
Estepons (*à*). Voy. *Estupons* (*à*).
Ester, se tenir, I, 78, 189, etc.; rester, VI, 27; s'arrêter, VI, 3.
Esterlin, sorte de monnaie d'origine anglaise, II, 14, 16, etc.
Estes vous. Voy. *Ez*.
Esteule, éteule (*paille restant dans le champ quand la moisson est faite*), I, 239, etc.
ESTIENE (S.), S. Étienne, III, 212.
Estint, mort, I, 17.
Estival, botte, II, 153, etc.
Estivet, brodequin de femme, II, 201.
Estoc, souche d'arbre, V, 168.
Estoier, *estuier*, serrer, ranger, V, 10, 61, etc.
Estole, étole, IV, 89, 90.
Estoner, étourdir, V, 226, etc.
Estor. Voy. *Estour*.
Estorbeillon, tourbillon de vent, II, 130.
Estordir, étourdir de coups, III, 160.
Estordre, échapper, III, 66; IV, 164, etc.
Estoremant, ménage, II, 156, 324, etc.
Estorer, créer, fournir, munir, I, 3; II, 148; III, 175, etc.
Estormi, étourdi, effrayé, III, 62, etc.
ESTORMI, *nom d'homme*, I, 206, 208, 209, 210, 211, 212, 213, 214, 215, 216, 217, 218, 219.
« Estormi », *fabliau publié*, I, 198; *cité*, IV, 232; VI, 242; (*notes*), II, 299.

Estormie, tumulte, lutte, I, 55; III, 64, etc.
Estormir, troubler, V, 89.
Estorte, échappatoire, IV, 104.
Estot. Voy. *Estout*.
Estouper. Voy. *Estuper*.
Estour, estor, estur, combat, I, 287, etc.; tournoi, II, 190, 216, etc.; lutte amoureuse, I, 300; *tout à estor*, à la première attaque, I, 204.
« Estourmi. » Voy. « Estormi ».
Estout, estoust, estot, hardi, entêté, impétueux, vigoureux, fou, vantard, III, 85, 236; V, 174, etc.
Estoutement, impudemment, III, 242.
Estoutie, témérité, II, 151; vantardise, II, 152; IV, 16.
Estoutoier, malmener, réduire, V, 210.
Estovoir, falloir, I, 90, etc.; *par estovoir*, de force, I, 136, etc.
Estraier, errant, abandonné, I, 36, etc.
Estraigne, estrange, étranger, II, 79, etc.; indifférent, VI, 57; privé, I, 234.
Estrain, paille de blé, I, 90, 99; II, 21, etc.; *enpaillier estrain*, répandre de la paille pour faire la litière, III, 254.
Estrain, étai, VI, 112.
Estraindre, serrer, I, 277, etc.; attacher, I, 228.
Estraine, commencement, augure, I, 268, etc.; cadeau, V, 117.
Estrait, tiré, allongé, V, 206; fatigué, IV, 27.
Estramer, répandre à terre comme de la paille, VI, 38.
Estrange. Voy. *Estraigne*.
Estrangier, éloigner, VI, 23, etc.
Estrangleïs, étranguillon (*sorte de poire*), IV, 114.
Estranler, étrangler, IV, 4.
Estre, lieu d'habitation, maison, I, 29, 33, etc.
Estre, état, II, 235, etc.
Estrece, étroitesse, I, 57.
ESTRÉES, HESTRÉES, dans le Nord, II, 31, 32, 40.
Estrés, vous serez, VI, 103.
Estrif, dispute, VI, 34.
Estrille, étrille, II, 153.
Estriquier, secouer, III, 63.
Estrivaine (*faire l'*), être difficile (*en parlant d'un cheval*), III, 67; VI, 273.
Estriver à, discuter, se disputer avec, I, 236; II, 52, etc.; faire des efforts, II, 227; III, 119; *s'estriver*, s'attaquer, II, 261.
Estroer, estroier, trouer, III, 424, etc.
Estroit (*mult*); fortement, II, 220.
Estrous (*à*), tout de suite, vivement, parfaitement, complètement, I, 38; II, 36, etc.
Estuber. Voy. *Estuper*.
Estudie. Voy. *Estuide*.
Estui, cachette, VI, 131.
Estuide, estudie, étude, soin, I, 8, 297, etc.
Estuier. Voy. *Estoier*.
ESTUIRE, Estaires, en Flandre, III, 44.
Estuire, bûcher, IV, 108.
ESTULA, *nom de chien*, IV, 88, 89.
« Estula », *fabliau publié*, IV,

87; (*notes et variantes*), IV, 241.
« Estula (D') et de l'anel, de la paelle ». Voy. « Gombert (De) et des deus Clers ».
Estuper, estouper, estuber, boucher, enfermer, I, 266, etc.; s'accroupir, III, 260, etc.; jouir d'une femme, IV, 319.
Estupons (*à*), *à estepons*, dans la position accroupie, II, 135; V, 180.
Estur. Voy. *Estour*.
Esvuidier, vider, II, 136.
Eulg, œil, VI, 151.
Eür, chance, I, 134, etc.; *à mal eür*, très mal, I, 270, etc.
Eur, bord, lisière, IV, 176.
Eure, ore, heure, IV, 53, 56, etc.
EUSTACHE D'AMIENS, *auteur de fabliaux*, III, 227, 246.
Eutropike, hydropique, III, 106.
Evage, d'eau, IV, 95.
Eve, eau, ruisseau, I, 16, etc.
« Evesque (De l') qui beneï lo con », *fabliau publié*, III, 178; *cité*, VI, 274; (*notes*), III, 381.
« Evesque (De l') qui bénit sa maistresse », *le même que* « De l'Evesque qui beneï lo con ».
Example, récit destiné à donner un enseignement, I, 194, etc.
Examplere, exemplaire, essanplaire, exemple, I, 151, etc.
Eyndegré (*angl.-norm.*), propre mouvement, II, 244, 254.
Ez, ez vos, estes vous, voici, I, 50, 201, etc.

F

Faarie, faerie, féerie, enchantement, I, 279, etc.
Fabelet, petit fabliau, V, 171.
Fable, récit imaginé, I, 304, etc.; plaisanterie, I, 94.
Fablel, flabel, fabliau, I, 13, etc.
Fableor, faiseur de fabliaux, V, 197.
Fabloier, raconter, bavarder, II, 237; IV, 57, etc.; composer des fabliaux, I, 220, etc.
Faerie. Voy. *Faarie*.
Faillance, faute, I, 37, etc.
Faille, faute, I, 233, etc.; *estre faille*, manquer, V, 313.
Faille, fichu servant à couvrir la tête, II, 9.
Failler (*angl.-norm.*), faillir, II, 195.
Failli, lâche, I, 297, etc.
Faillie, manque, II, 84.
Faillir, être privé de, III, 103.
Fain, fainc, foin, II, 126, etc.
Faindre (*se*), hésiter, manquer de courage, I, 158, 192, etc.
Faintif, trompeur, II, 258.
Faintis, lâche, II, 138.
Faintise, fai[n]tise, lâcheté, feinte, tromperie, II, 55, 138.
Fais, fès, botte, monceau, V, 228; *de fès*, en bloc, III, 86.
Faissel, fardeau, charge, VI, 60, 61, etc.
Faitis. Voy. *Fetiz*.
Faitissement, gracieusement, IV, 327.

Faiture. Voy. *Feture*.
Faloise, lieu sablonneux, VI, 60.
Falorder, tromper, I, 71.
Falose, tromperie, I, 233.
Fameilleus, affamé, IV, 212.
Famie, faim, V, 60.
Fanfelue, *fafelue*, niaiserie, III, 192, 385.
FARBU, Farbus, en Artois, IV, 82, 86.
Farci. Voy. *Farsi*.
Fardel, fardeau, I, 207, etc.; mise (*au jeu*), V, 70.
Farder, IV, 78.
Fars, ayant le ventre plein, IV, 116.
Farsi, *farci*, plein, IV, 185, etc.; où le français est mélangé de latin, II, 145.
Farsir, remplir, mélanger, II, 179; III, 202.
Fart, tromperie, IV, 180.
Fastrouillier, baragouiner, II, 179.
FATUÉ (S.), VI, 247.
Fau, hêtre, IV, 34.
Faucillon, faucille, II, 153.
« Faucon (Le) », *conte de La Fontaine*, II, 320.
« Faucon (Du) lanier », *dit publié*, III, 86 ; (*notes*), III, 343.
Fauder, plisser au fer, III, 238.
Fautre, arrêt placé sur la selle et recevant la lance, IV, 140.
Fautrer, battre, I, 244, etc.
Favele, fourberie, habileté, IV, 180.
Faviere, champ de fèves, III, 73.
Fax, faux, I, 6, etc.
Fel, mauvais, méchant, II, 49, etc.
FELISE, *nom d'une bourgeoise*, III, 90.
Felon, méchant, I, 303, etc.
Felonesse, méchante, traîtresse, V, 143, etc.
Felonessement, traîtreusement, I, 204, 205.
« Femme (De la) qui se fit saigner. » Voy. « Saineresse (La) ».
Fereïs, combat, I, 296.
Ferin, bête sauvage, IV, 247.
Ferm, habile, V, 211.
Fermail, broche, agrafe, III, 2, etc.
Fermaille, accord, pari, III, 47; VI, 85, etc.
Fermer, établir, II, 14.
« Féronde ou le Purgatoire », *conte de La Fontaine*, IV, 336.
« Ferragu », (*Allusion au géant Ferragus*), I, 12.
Ferrant, couleur de fer, III, 5.
FERRANT, *nom de cheval*, I, 159, 160.
Ferré (*chemin*), route pavée, VI, 129, etc.
Ferré, vin en cercle, en tonneau, IV, 140, etc.
Fertre, châsse, II, 245.
Fès. Voy. *Fais*.
Fesche, bretelle pour porter une civière, II, 153.
Fessu, qui a de grosses fesses, I, 215.
Feste, poutre du toit formant le faîte, II, 149 ; IV, 28.
Fester, faire la fête, V, 67.
Festu, brin de paille indiquant la page, signet, V, 80 ; *au sens de* peu de chose, III, 263, etc.; *rompre le festu*, briser

l'engagement, se quitter, III, 243.
Fet (*com*), quel, I, 76, etc.; *si fet*, pareil, tel, I, 73, 222, etc.
Fetement (*si*), ainsi, I, 71, etc.; *aussi fetement*, de même, I, 110, etc.
Fetiz, *faitis*, gracieux, III, 248, etc.; dressé, III, 36; (*en parlant du pain*) de ménage, fait à la maison, III, 242.
Feture, *faiture*, façon, I, 14, etc.
Feutrer, garnir de feutre, II, 252.
Fevre, *feuvre*, forgeron, I, 149, etc.
« Fevre (Du) de Creeil », *fabliau publié*, I, 231; (*notes*), II, 301.
Fi (*de*), certainement, I, 52, 250, etc.
Fiance, foi, certitude, promesse, I, 260, etc.
Fiancier, promettre, I, 18, etc.
Fichier, ficher, I, 301.
Fie, *foïe*, *fiée*, *foiée*, fois, II, 200, etc.
Fié, fief, VI, 109.
Fieble, faible, II, 219, 221.
Fiée. Voy. *Fie*.
Fiel. Voy. *Fuel*.
Fien, fumier, V, 40.
FIERABRAS, *nom d'un ménestrel*, I, 10.
Fieste, fête, amusement, IV, 19.
Figue, *au sens de* peu de chose, I, 5.
Filace, action de filer, III, 195.
Filé, filet, II, 126, etc.
FILLES-DIEU (Les), III, 274.
Fin, bien élevé, III, 76.
Finer, finir, VI, 89, etc.
Fisicien, *fusicien*, médecin, I, 257, etc.
Fisique, médecine, III, 163.
Flabel. Voy. *Fablel*.
Flaeler, *fraieler*, s'agiter, battre (*en parlant du cœur*), I, 239; VI, 262.
Flaiel, masse de fer attachée à un bâton et formant fléau, II, 135.
Flairor, odeur, V, 41.
Flambe, flamme, IV, 107, etc.
Flammiche, galette commune cuite au four, V, 275.
FLANDRES, III, 118; IV, 155.
Flaon, *flon*, flan (*pâtisserie*), III, 112, 253; IV, 115.
Flat, *flaut*, coup à plat, II, 134, 254.
Flatir, jeter, laisser tomber, I, 123, etc.; tomber, III, 65.
Flaut. Voy. *Flat*.
Flemmanc, flamand, II, 238.
Fliche, tranche de lard, V, 8.
Flohaut (*trouver*), tromper (?), V, 294.
« Floire et Blanchefleur » (Le Roman de), I, 4; II, 272.
FLOIRE (S.), II, 85.
Flon. Voy. *Flaon*.
Flor, fleur de farine, V, 196.
« Florance de Rome » (*Allusion au roman de*), I, 12.
Florette, petite fleur, II, 94.
Flou, troupeau, V, 197.
FOCUIN, *nom d'homme*, II, 211.
Foïe, *foiée*. Voy. *Fie*.
Foille, flèche, VI, 140.
Foillir, se couvrir de feuilles, I, 22.
Foillu, feuillu, IV, 58.
Foire, II, 238.
Foirié, jour férié, III, 157.
Foisne, fourche, II, 151.

Foisselle, corbeille, VI, 57; écuelle, II, 127, 155.
Folage, folie, II, 66, 70, etc.
« Fole (De) larguece », *fabliau publié*, VI, 53; (*notes*), VI, 161.
Foleisun (*angl.-norm.*), folie, II, 219.
Foler, devenir fou, IV, 79.
Folie, mauvaise conduite, VI, 16; *faire la folie à*, avoir des rapports avec, I, 240.
Folier, *foloier*, faire folie, II, 62; se donner (*en parlant d'une femme*), V, 257.
Foliete, petite folie, I, 145.
Folleur. Voy. *Folor*.
Foloier. Voy. *Folier*.
Folor, *folleur*, folie, I, 291, etc.
Fonde, bourse, sac servant aux tours d'escamotage, I, 11; fronde, IV, 54.
Fontenele, petite fontaine, III, 84, etc.
Fontenil, fontaine, IV, 204.
Forain, écarté, III, 231.
Forcel, ventre, VI, 111.
Forces, ciseaux, II, 153.
Forche, gibet, I, 303, etc.
Forchon, *furgon*, petite fourche, fourgon, II, 154, 326.
Forciler (*angl.-norm.*), tondre avec des forces, V, 366.
Forclose, barrière, I, 26, etc.
Forel. Voy. *Forrel*.
Forestier, préposé à la garde des forêts, IV, 169.
Forestiere, femme du *forestier*, IV, 193.
Forfaire, mériter en punition, I, 44.
Forgier, faire l'amour, IV, 331.
Forment, fortement, beaucoup, I, 17, etc.
Forment, froment, I, 2; champ planté de blé, IV, 103.
Formete, escabeau, V, 179.
Fornel, fourneau, III, 65, etc.
Fornier, boulanger, II, 141.
Forquidier, devenir arrogant, II, 157.
Forrel, *forel*, étui, I, 292; IV, 121, etc.; cuir faisant fourreau et empêchant le trait de toucher le cheval, II, 150.
Fors, *fuer*, hors, dehors, I, 31, etc.
Forsener, perdre la raison, I, 227, etc.
Forsenerie, folie, rage, III, 181; VI, 3.
Forsi (S.), S. Fursy, I, 106.
Fortrere, soustraire, I, 270.
Fortreture, vol, II, 261.
Forvoier, se tromper de chemin, II, 190.
Fossier, fossoyeur, II, 175, 176.
« Foteor (Du) », *fabliau publié*, I, 304; *cité*, I, 11; (*notes*), II, 307.
Fouchier de la Brouce, *nom pris par* Boivin, V, 56, 57, 61.
« Foucon », (*Allusion au roman de* « Foulques de Candie »), I, 12.
Fouet, feu, II, 150.
Fouet, fou (?), I, 6.
Fouier, foyer, V, 68.
Fouir, creuser, II, 167.
Fouler, *fouller*, estropier, maltraiter, I, 135, etc.
Fouquelin, *nom d'homme*, II, 351.
Foustés, *jeu de mots dans la bou-*

che d'un Anglais sur fustes *et* foutés, II, 178.
« Fouteor à loier ». Voy. « Fouteor (Du) ».
Foutere, *fouteor*, celui qui fout, I, 308, etc.
Frai, *pour* « *ferai* », II, 13.
Fraieler. Voy. *Flaeler*.
Fraile, délicat de santé, I, 38.
Fraindre, briser, I, 282; II, 163, etc.
Fraisne, *fresne*, frêne, IV, 293.
France, I, 46, 211; II, 137, 143, 239; III, 27, 101; V, 247; VI, 120.
Franchise, *franchize*, noblesse d'âme, III, 39; VI, 99, etc.; *par franchise*, gratuitement, II, 86, etc.
FRANSOIS (S.), S. François, III, 264, 272.
Frap, coup, I, 214.
Frapaille, racaille, III, 60.
Frape, situation périlleuse, II, 236; IV, 179.
Frarin, lâche, misérable, I, 68, etc.
Frait (*angl.-norm.*) *pour* « *feroit* », II, 220, 226; VI, 199.
Frelin, *monnaie valant le* 1/4 *d'un denier*, II, 179.
Fremiant, clair, brillant, III, 146.
Frenesie, rage, III, 195.
Freor, *freour*, frayeur, I, 183, etc.
Freperie, vieux habits, III, 91.
« Frere (De) Denise », *fabliau de* RUTEBEUF, *publié*, III, 263; (*notes et variantes*), III, 427.
Fresel, galon, II, 125.
FRESENT, *nom de femme*, *sans doute la même que* TIFAIGNE, III, 146, 148, 154.
Fresté, losangé, III, 83.
Frestel, caquet, V, 141.
Frestele, *sorte de* flûte, I, 8.
Fret. Voy. *Frait*.
Frete, attache, frette, II, 327.
Freteler, faire du bruit, jouer de la flûte, I, 61.
Frez (*angl.-norm.*) *pour* « *ferez* », II, 186.
Friçon, crainte, peine, I, 53, etc.
Friente, bruit, I, 58.
Frire, bouillir, brûler, III, 162, 206, etc.
FRISE, I, 43; IV, 196.
FRISON, habitant de la Frise, I, 2.
Froer, *froier*, frotter, II, 209; briser, II, 28.
Froidir, glacer, II, 112.
Froier. Voy. *Froer*.
Fromache, fromage, III, 171, 172.
Fronchier, *frouchier*, ronfler, V, 208; *se frouchier*, être revêche, V, 282.
Froncié, *frouncié*, ridé, I, 46; II, 185.
Froncir, froncer, I, 182.
FRONTEL, *nom d'homme*, V, 97.
Frouchier. Voy. *Fronchier*.
Froussier, briser, II, 71.
Frume, mine, moue, III, 31; IV, 264; V, 393.
Fu, feu, I, 19, etc.
Fuel, *fiel*, feuillet; V, 80; *au fig.*, V, 285.
Fuer. Voy. *Fors*.
Fuer, prix, taux, I, 26, 156, etc.; *à fuer de*, comme, I, 163; *à nul fuer*, d'aucune façon, I, 54, etc.
Fuerre, fourreau, VI, 30.
Fuerre, grosse paille, I, 156, etc.

Fuiron, furet, *au fig.* II, 239, 240.
Fuisil, fusil à aiguiser, II, 153.
Fuison, foison, V, 118, etc.
Fumiere, fumée, V, 185.
Furgon. Voy. *Forchon*.
Fusas, sorte d'étoffe, futaine (?), VI, 245.
Fusée, contenance d'un fuseau, V, 203.
Fusicien. Voy. *Fisicien*.
Fusmaille, fumier, IV, 250.
Fust, bois, bâton, I, 195, etc.

G

Gaaignier, labourer, I, 26, etc.
Gaaille, acte amoureux (?), IV, 140, 276.
Gab, (*au plur.*) *gas*, moquerie, plaisanterie, I, 190, 324, etc.
Gaber, se moquer de, plaisanter, I, 18, 80, etc.
Gaberie, plaisanterie, III, 204.
Gabois, moquerie, I, 187.
Gaer, *gheer*, laver, V, 255.
« Gageure (Le dit de la) », *publié*, II, 193 ; (*notes*), II, 336.
« Gageure (La) des trois commères », *conte de La Fontaine*, II, 297 ; III, 335.
Gagier, prendre pour caution, II, 121.
Gagnon. Voy. *Gaignon*.
GAHARIET, *personnage de la Table ronde*, III, 18.
Gaignon, *gagnon*, *gaingnon*, *vaingnon*, chien de garde, II, 152 ; IV, 35, 196, etc.
Gaïne, gaine, I, 5, 160.
Gaingnon. Voy. *Gaignon*.
Gaite, *guete*, guetteur, sentinelle, I, 54 ; III, 84, etc.
Gaitier, *geiter* (*angl.-norm.*), guetter, II, 184 ; *se gaitier*, prendre garde, I, 261, etc.
Gajaille, gageure, VI, 185, 278.
GALARDON, Gallardon, en Beauce, I, 40 ; II, 277.
Gale, callosité, III, 204 ; (*maladie du cheval*), II, 246.
GALES, GALON DE DINANT, *chevalier*, I, 225, 226, 227, 229, 230.
GALES, le pays de Galles, III, 204, 321, 322.
GALESTROT, WALESTROT, *nom d'une servante*, IV, 180, 181, 183, 184, 186, 187, 190, 193.
GALETA, *nom d'une jeune fille*, III, 27.
GALICE, III, 93.
GALOFFART, *nom de chien*, IV, 320.
Galoie, (*mesure pour les liquides, de capacité variable*), I, 122.
Galop. Voy. *Trot*.
Galoppe, galoche, VI, 154.
Ganbler. Voy. *Jengler*.
Ganchir. Voy. *Guenchir*.
Gandir, éviter, I, 151.
Gangle. Voy. *Jangle*.
GANT, Gand, III, 346.
Gante, oie sauvage, VI, 36.
Garat, fagot, IV, 98.
Garce, jeune fille, servante, I, 312, etc. ; (*terme injurieux*), VI, 143.
Garçon, (*cas suj.*) *garz*, valet, I, 122, 182, etc.
Garçonier, coureur de femmes, IV, 170.

Garder, warder, garder, IV, 20, etc.; regarder, I, 284, etc.
Garderobe, chambre à garder les vêtements, cabinet de toilette, I, 247.
Gargate, gorge, gosier, I, 214, etc.
GARIN. Voy. GUERIN.
« Garin » *pour* Garnier d'Avignon, (*Allusion volontairement fausse à* « Garnier de Nanteuil »), I, 3; II, 271.
GARINET, *nom d'homme,* VI, 244.
Garingal, galanga (*racine aromatique*), II, 124.
Garir, guérir, III, 163, etc.; *se garir,* suffire à ses besoins, IV, 97.
Garison, fortune, I, 43, 47; provision, IV, 98.
Garnache, vin de Grenache, III, 147, 148, 149.
Garnement, vêtement, robe, équipement, I, 63; III, 29; VI, 70, etc.; provision en argent, II, 17; ustensile, objet, III, 282.
Garni, riche, I, 83.
Garnison, provision, réserve, I, 2.
Garz. Voy. *Garçon.*
Gas. Voy. *Gab.*
Gaste, waste, ruiné, dépourvu, désert, I, 50; III, 162, etc.
Gastelet, wastelet, gâteau, II, 212; V, 286.
Gaster, perdre, consommer, III, 171, etc.
GASTINOIS, Gâtinais, III, 193.
Gate, jatte, II, 127, 155.
GAUCHIER DE CHASTILLON (*Le connétable*), III, 140.
Gaude, sorte de réséda *servant à la teinture,* II, 126.
GAUMER, GOMER, *nom d'homme,* II, 207, 347.
Gausnir, jaunir, passer au jaune, II, 342.
GAUTERON, *nom d'un vilain,* III, 49, 50.
« Gauteron (De) et de Marion », *fabliau publié,* III, 49; *cité,* VI, 273; (*notes*), III, 334.
GAUTIER : 1° *nom d'un valet,* I, 231, 233, 234, 235, 236, 237; — 2° *nom d'un charretier,* III, 99; — 3° *nom d'homme,* III, 218; — 4° *nom d'un prêtre,* III, 228; — 5° *nom d'homme,* V, 54; — 6° *auteur de fabliaux* (*sans doute le même que* GAUTIER LE LOUP), V, 160; VI, 8, 157; — 7° *nom d'homme,* VI, 3.
GAUTIER LE LONG, *auteur du fabliau de la* « Veuve », II, 197, 213.
GAUTIER LE LOUP, *auteur du* « Dit des C. », II, 137, 138. Voy. aussi GAUTIER 6°.
GAUTIER TRENCHEFONDE, *nom d'un sergent,* I, 6.
GAVAIN, GAUVAIN, *personnage de la Table ronde, écuyer du roi Arthur,* I, 4; II, 271; III, 4, 5, 7, 9, 16, 17, 20, 24, 26, 28, 75.
Gavion, gosier, III, 161.
Gehir, avouer, I, 163, 183, etc.
Geindre, IV, 167.
Geiter. Voy. *Gaitier.*
Geline, poule, II, 14, 55, etc.
Gelinois, cri de poule, IV, 301.
GENES, I, 165.
Genetaire, testicule, I, 282.
« Gengle (La) au ribaut. » Voy. « Deus (Des) bordeors ribauz ».

Genglerie. Voy. *Jenglerie.*

Genoillons (*à*), à genoux, III, 271, etc.

Gent, beau, I, 318, etc.; courtois, I, 32, etc.

Gentil, noble, I, 238, etc.

GERART D'ESTRÉES, *nom d'homme,* II, 31.

GERBAUT, *nom d'un prêtre,* VI, 13, 17, 18.

GERBERT, GIRBERT, *auteur du dit de* « Grongnet et de Petit », III, 30, 34, 324.

Germain (*frere*), frère de père et de mère, IV, 93.

GERMAIN (S.), I, 78, 102; III, 165, 203, 225, 236; IV, 123, 204; V, 75, 97, 234, 313; VI, 76.

Gesir, se gesir, I, 19, etc.; accoucher, II, 86.

Geste, race, I, 7, etc.

Geün, à jeun, III, 284.

Gheer. Voy. *Gaer.*

Gibelet, gibier, IV, 121.

Gibet, bâton noueux servant à enfoncer et à assommer, II, 151, etc.

GIBET, *nom de chien,* IV, 195.

GIBOUT (Mgr.) CABOT, (*Allusion grotesque à*), I, 9.

Gié, je (*après le verbe*), I, 102, etc.

GIEFROI (Mgr.) DU MAINE, (*Allusion grotesque à*), I, 9.

GIEN, V, 57.

GIETRUS (Ste), Ste Gertrude de Nivelle, II, 70.

Gieu, gyuu, gyw (*angl.-norm.*), jeu, plaisanterie, II, 248; IV, 129; *gaaigner le gieu,* prendre de l'avance, VI, 78.

Gigue, sorte de violon à trois cordes, I, 5, 8.

Gile. Voy. *Guile.*

GILE (S.), S. GILHE, S. GILLE, S. Gilles, I, 78, 310; II, 70, 118, 124; III, 69, 109, 280.

GILET (*houce*), *sorte de* veste : *au fig.*, II, 143.

GILHE, *nom d'un Jacobin,* III, 111.

GILLE, GUILLE, GILLAIN, GUILLAIN : 1° *nom de la femme d'un vilain,* I, 238, 239, 242, 243; — 2° *nom d'une jeune fille,* II, 48, 54, 55, 56, 60, 61, 64, 65, 66, 67, 68, 77, 81, 86.

GILLEBERT, *nom d'homme,* II, 211.

Gingembras, gyngembras, gingembre, II, 57, 58, 127.

Giole, prison, V, 127.

GIRART, *nom d'un vavasseur,* IV, 113.

« Girart » (*Allusion au roman de*), I, 12.

« Girart d'Aspremont », (*Allusion volontairement fausse au roman de* « Girart de Viane »), I, 4; II, 272.

« Girart de Roxillon » (*Allusion au roman de*); I, 12.

GIRAUT, *nom d'homme,* V, 53.

GIRFLET, *personnage de la Table ronde,* III, 19, 21, 22, 26.

Girofle (*clous de*), III, 93.

Giron, devant de la robe, I, 328.

Gironées (*à*), abondamment, I, 146.

GISOR, Gisors, II, 11.

Giue, joue, V, 202

Glacier, glisser, I, 214, 260, etc.

Glaiolai, lieu planté de glaïeuls, V, 253.
Glaive, longue lance, IV, 178.
Glier, glisser, I, 260.
Glot, glout, (cas. rég.) glouton, gourmand, insatiable, III, 149, etc.; débauché, souteneur, (*terme d'injure*), I, 309; V, 64, etc.
Gloutir (se), être glouton, I, 227.
Glouton. Voy. *Glot*.
Gober (se), se vanter, III, 23.
GOBERT, *nom d'homme*, II, 206.
« Gobert. » Voy. « Gombert (De) et des deus clers ».
GODEFROI : 1° *nom d'un champion*, I, 10; — 2° *nom d'un bourgeois*, II, 207, 211.
Gogue, plaisanterie, III, 142.
Goitron, gorge, I, 213.
Golet, partie supérieure, VI, 124.
GOLYAS, GEULIAS. Voy. GOULIAS.
GOMBAUT, *nom d'un vilain*, I, 191, 193.
GOMBERT, *nom d'un vilain*, I, 239, 241, 242, 243, 244.
« Gombert (De) et des deus clers », *fabliau de* JEAN DE BOVES, *publié*, I, 238; (*autre version du* « Meunier et des deus clers », V, 83); *cité*, I, 11, 153; V, 325; VI, 272; (*notes et variantes*), II, 301.
GOMER. Voy. GAUMER.
Gonne, gone, robe de dessous en étamine, I, 181, etc.
Gonnele, gonele, robe, II, 68, etc.
Gorgueter, avaler, I, 232.
Gorle, bourse, II, 17, etc.
Gorlé, rusé, IV, 180.
Gosillier, parler, I, 148.
Goule, gueule, II, 139.
Gouesche (maçue), (?), IV, 321.
Goulée, ce qu'on peut avaler en une fois, V, 85.
GOULIAS, personnification des parties sexuelles de la femme, II, 209, 348, 350.
Goulouser, désirer ardemment, convoiter, III, 231, etc.; *se goulouser*, bien manger, V, 307.
GOURNAI, en Normandie, VI, 3, 153.
Gous, sorte de chien, III, 102.
Goust (avoir), plaire au goût, III, 146.
Goute, douleur, mal, maladie, I, 71, 290, etc.
Gouté, tacheté, V, 252.
Goutous, souffrant, I, 290.
Graer, accorder, I, 37, 42, 68, etc.
Graïl, greïl, gril, II, 150; IV, 176.
Graillet, mince, II, 48.
Grain, de mauvaise humeur, VI, 100.
Graindre, greignor, greinur (angl.-norm.), grignor, grinor, plus grand, I, 53, etc.
Graine, greine, couleur écarlate, I, 165, etc.; III, 91, etc.
Grame (pour « game ») : recorder la game à, faire l'amour avec, IV, 144.
Gramier (se), gramoier, se désoler, s'irriter, III, 110, 361.
Granche, grange, IV, 202, etc.
Grande (en), en grand désir, II, 180, 332; IV, 37, etc. Voy. *Engrant*.
Grandisme, très grand, IV, 103.
Granment, grandement, IV, 175.
Grant, grandeur, III, 11.

Grant (*en*). Voy. *Engrant* et *Grande* (*en*).
Granter. Voy. *Creanter*.
Grassot. Voy. *Craisset*.
Grate, ride, II, 203. Cf. *Crete*.
Grateeur, homme qui gratte, III, 164.
Graterye, action de se gratter, II, 190.
Gravele, gravier, V, 256.
GRECE, V, 245, 246.
Greff(*r*)*e*, stylet pour écrire, *au fig*. III, 125.
Greignor. Voy. *Graindre*.
Greïl. Voy. *Graïl*.
Greine. Voy. *Graine*.
Greinur. Voy. *Graindre*.
Grenons, moustaches, poils, I, 68, 150, etc.; II, 136, etc.
Grenote, graine, *par ext*. testicule, VI, 114.
Grevain, fatigant, I, 156.
GREVAIS, *nom d'un prévôt*, I, 112, 114.
Grevance, blessure, III, 129; ennui, III, 114.
Grever, causer du désagrément à, I, 301.
Griesche, grecque, IV, 321.
Grieté, peine, VI, 64.
Grifaigne, revêche, VI, 104.
Grignor. Voy. *Graindre*.
GRIGOIRE (S.), S. GRIGORE, S. Grégoire, I, 108, 207.
Grime, irrité, II, 211.
Grimelé, bigarré de noir et de blanc, IV, 301.
GRIMOART, *nom d'un musicien*, I, 10.
Grimouart, moue, III, 70.
Grinor. Voy. *Graindre*.
Gris, fourrure du petit-gris, II, 124, 126.
Grocier. Voy. *Groucier*.
GROIGNET, *nom d'un valet peu accueillant*, III, 31, 32, 33.
Grondir, grondre, grogner, gronder, IV, 65, etc.
« Grongnet (De) et de Petit », *dit de* GIRBERT, *publié*, III, 30 ; (*notes et variantes*), III, 324.
Gronsonner, grogner, III, 225.
Groucier, grocier, gronder, gourmander, grogner, II, 150, etc.; se plaindre, IV, 189.
« Grue (De la) », *fabliau de* GARIN, *publié*, V, 151 ; (*notes et variantes*), V, 342.
Grymoire, manières et paroles trompeuses, II, 242.
GUARIN. Voy. GUERIN.
GUARNOT, GARNOT, *nom d'un voleur*, V, 236, 237.
Guenche, finesse, III, 275.
Guenchir, gwenchir, ganchir, tourner, se détourner, se retourner, s'esquiver, I, 150 ; II, 196, etc.
GUENELON (*Allusion à*), *le traître de la chanson de Roland*, V, 244.
GUERIN, GARIN, GUARIN, *auteur de fabliaux*, III, 54, 252, 427; IV, 53; V, 132, 151; VI, 68, 198.
Guerpir, abandonner, laisser, quitter, lâcher, I, 323 ; II, 38, etc.
Guerredon, récompense, I, 33, 34, etc.
Guerrier, ennemi, III, 179.
Guete. Voy. *Gaite*.
Guetier. Voy. *Gaitier*.
GUIBORT, *nom de femme*, II, 207.

Guichet, petite ouverture de la porte, petite porte, III, 22, 151, etc.
Guichier, glisser vivement, se défendre, III, 49.
« Guielin » (*Allusion à*), I, 12.
Guier (en), emmener, VI, 104.
GUILE, GUILAIN. Voy. GILLE, GILLAIN.
GUILAIN (S.), III, 396.
Guile, gile, ruse, tromperie, I, 119, 202, etc.
Guiler, tromper, I, 168; II, 12, etc.
Guilerre, trompeur, tricheur, V, 73.
GUILHIAME. Voy. GUILLAUME 4°.
GUILLART, *nom d'un marchand de poisson*, I, 98.
GUILLAUME : 1° *nom d'un chevalier*, I, 27; — 2° *nom d'un bourgeois*, I, 40, 49, 51, 54, 59, 63, 64, 65, 67, 68; — 3° *nom d'un damoiseau*, II, 92, 93, 96, 97, 98, 99, 100, 101, 102, 103, 104, 105, 106, 107, 108, 109, 110, 111, 112, 113; — 4° *nom d'un Jacobin*, III, 112, 113; — 5° *grand panetier du comte de Poitiers*, III, 222, 223, 224, 225; — 6° *nom d'un changeur*, V, 215, 216, 217, 219, 220, 221, 222, 224, 225, 226, 227, 228, 231, 232, 233, 242.
« Guillaume au faucon », *fabliau publié*, II, 92; (*notes*), II, 319.
« GUILLAUME AU TINEL », (*Allusion volontairement fautive à* GUILLAUME AU CORT NEZ), I, 3; II, 270.
GUILLAUME GROSGROING, *nom d'un sergent*, I, 6.
GUILLAUME LE NORMAND, *auteur de fabliaux*, II, 8, 14, 22; IV, 41, 46.
GUILLEMET. Voy. GUILLAUME 3°.
Guimple, coiffe en linge ou en soie, I, 289; II, 125, etc.; V, 223.
GUINEMENT, *nom d'un sergent*, I, 6.
Guinimart, moue, III, 337.
GUION, *nom d'homme*, I, 305.
« Guion d'Aleschans, » (*Allusion volontairement fautive à* « Gui de Bourgogne »), I, 3; II, 271.
GUIONNET, *personnage de la Table ronde*, III, 308.
GUIOT DE VAUCRESSON, *auteur du dit des* « Vins d'ouan », II, 140, 144.
« Guiteclin de Brabant », (*Allusion volontairement fautive à* « Guiteclin de Sassoigne »), I, 4; II, 271.
GUY (le comte), *héros d'une chanson*, V, 256.
GUY, GUINART, *nom d'un pêcheur*, VI, 245, 246, 247, 249, 250.
Gyngembras. Voy. *Gingembras*.
Gyuu, gyw. Voy. *Gieu*.

H

Hace, hache, II, 127.
Hahors. Voy. *Ahors*.
HAIE (LA), en Touraine, I, 9; VI, 70, 166, 270.

Haier. Voy. *Aïr*.
HAIMET, *nom d'un voleur*, IV, 93, 94, 95, 96, 98, 102, 103, 104, 106, 107, 109.
HAIN, *nom d'un tailleur*, I, 97, 98, etc.
Haingre, décharné, III, 65.
Haise, clôture de branchages, IV, 3, 213.
HAISEL, HAISIAU, *auteur de fabliaux*, II, 296; III, 51; VI, 1, 7, 42, 50, 243.
Hait (*à*), promptement, V, 170.
Haitié, joyeux, heureux, I, 113, etc.
Haitier, réjouir, contenter, plaire à, I, 236, etc.
Haligot, pièce rapportée, III, 100.
Haligoté, en haillons, III, 96.
Hamie, croc, I, 287.
Hamoingnier, commencer une affaire, I, 200.
Hanap, *henap*, coupe à boire, I, 190, etc.
Hanepel, hanap de bois, I, 70.
Hanepier, crâne, VI, 250.
HANRI. Voy. HENRI.
Hanster. Voy. *Haster*.
HANWIEL, *nom de chien*, IV, 320.
Harace, grand bouclier, IV, 250, 251.
Hardeillon, petite corde, VI, 100.
Hardel, corde, IV, 106, etc.
Hardement, force de caractère, hardiesse, II, 99, etc.
Hardiere, grosse corde, IV, 108.
Harnois, *harnas*, *hernois*, ménage, ustensiles, bagage, équipement, I, 124, etc.; *au fig.* VI, 91; *estre à biaus harnas*, avoir la bourse bien garnie, I, 76.
Harou, *arou*, cri d'appel, de crainte et de détresse, I, 173, etc.
Harpe, I, 5, 8.
Harper, jouer de la harpe, IV, 176.
Hart, corde d'osier, I, 283; II, 153.
Hasart, le coup de six aux dés, III, 62, 63, etc.
Haschée, *haschie*, *achiée*, supplice, tourment, douleur, III, 191; IV, 54, etc.
Haschiere, douleur, III, 131.
Haseter, jouer aux dés sans partie réglée, V, 69.
Haste, broche à rôtir, I, 188; rôti, I, 226; II, 58, 271, etc.
Hastéement, vivement, IV, 50.
Haster, presser, II, 166, etc.
Haterel, nuque, I, 20, etc.
Hatieument, rapidement, IV, 11.
Hatiplat, *hatiplel*, coup du plat de la main, I, 106, 115.
Hauberc (*roler le*) *à*, battre, IV, 140.
Haucier, lever, relever, I, 215, etc.
HAUVIS, *nom d'un trouvère*, III, 145.
Havel, pioche, I, 209, 215, etc
Haveüre, fente, III, 84.
HAYE (LA). Voy. HAIE (LA).
HAYNAU, Hainaut, IV, 47.
Hé, haine, III, 239.
HEBERT TUEBUEF, *nom d'un champion*, I, 9.
HECTOR, *personnage de la Table ronde*, III, 301.
HELAINE : 1° la belle Hélène, III, 134; — 2° *nom d'une nonne*, IV, 131; V, 35.
HELAINE (Ste), sainte Hélène, III, 83.

Heldiier, entrer l'épée jusqu'à la poignée (?), *au fig.* faire l'amour, II, 349.
Helemot, parole, dicton, I, 98.
Henap. Voy. *Hanap*.
Henapée, contenu d'un hanap, III, 147.
HENRI, *nom d'un comte*, III, 206, 393 (*sans doute le même qu'*HENRI DE CHAMPAIGNE).
HENRI [D'ANDELI], *trouvère*, V, 261, 392.
HENRI DE CHAMPAIGNE (*le comte*), III, 173, 174, 380.
Herbergement, logement, III, 124, 210.
Herbergerie, logement, III, 103.
Herbergiere (*bon*), hospitalier, III, 124.
HERBERT (S.), III, 229.
HERBERT, *nom d'homme*, II, 206.
HERCELOT, *nom d'une servante*, II, 15, 16, 17, 18, 19, 21.
Herche. Voy. *Erce*.
Herçoiier, frapper, II, 352.
Here, figure, mine, II, 154.
Hericier (*se*), dresser ses poils, IV, 196.
Heriçon, défenses faites avec des épines, II, 154.
Heritage, domaine, IV, 113.
HERMESENT, ERMESENT, *nom d'une saunière*, VI, 58, 60, 63.
Hernechier, harnacher, II, 179.
Hernois. Voy. *Harnois*.
HEROART, *nom d'un sergent*, I, 10.
HERSENT, HERSAN, ERSAN : 1° *nom d'une vieille servante*, I, 266, 267, 268, 269, 271, 287; — 2° *nom d'un trouvère*, III, 145; — 3° *nom d'une femme*, V, 157, 158; — 4° *nom d'une entremetteuse*, VI, 11, 13, 14; — 5° *nom d'une femme*, VI, 57.
Hersoir. Voy. *Ersoir*.
Hestal. Voy. *Estal*.
HESTRÉES. Voy. ESTRÉES.
Hez, hue (*exclamation pour faire avancer un cheval*), IV, 54; V, 38, 48.
Hiaume, heaume, II, 130, etc.
Hiaumet, petit heaume, II, 151.
Hide, frayeur, I, 315, etc.
Hïer (?), s'époumoner, VI, 266.
HINDEVERT (S.), S. Hildevert, VI, 3, 153.
Hine, aîne, III, 244.
Hiraudie, souquenille, cotte, I, 2; III, 96.
Ho ne jo (*ne povoir ne*), être à bout de forces, I, 159; III, 186.
Hochier, secouer, remuer, III, 63, etc.
HODIERNE, *nom d'une cabaretière*, I, 207.
Hoe, houe, II, 127.
Hoel, hoyau, IV, 177, 178.
Hoer, bêcher, IV, 202.
Hoignier, *hoingnier*, gronder, grogner, IV, 328; VI, 133.
Hoilier. Voy. *Houlier*.
Hoingnier. Voy. *Hoignier*.
Holer. Voy. *Houlier*.
HOMER (S.). Voy. OMER (S.).
HONGERIE, Hongrie, III, 291; VI, 93, 210.
Honir, souiller, I, 98.
HONORÉ (S.), III, 235.
Hontage, *hontaige*, honte, déshonneur, I, 268, etc.
HONTE, *nom d'homme*, IV, 41, 42, 43, 44, 45, 46; V, 95, 96, 97, 98, 99, 100.

Hordoillier, hordelyr (*angl.-norm.*), courir, II, 191; IV, 299.
Hordre, ordre, V, 83.
HORRI (Maistre), III, 226, 403.
Hort, échafaudage, II, 38; *au fig.* ruse, III, 279.
Houce, manteau, II, 4, etc.
« Houce (La) partie », *fabliau : 1re rédaction, publiée*, I, 82; (*notes*), II, 289; — *2e rédaction, publiée*, II, 1; (*notes et variantes*), II, 309.
Houle, maison de débauche, V, 66.
Houlier, hoilier, holer (*angl.-norm.*), amant de bas étage, souteneur, (*terme d'injure*), II, 252, 257, etc.
Houre, (*exclamation destinée à exciter un chien*), IV, 195.
Hu, bruit, cri, II, 97; IV, 156.
Huche, huge, grand coffre, I, 250, etc.
Huchier, appeler, crier, I, 67, 101, etc.; appeler à la porte, I, 205.
HUE, *nom d'un marchand*, VI, 120, 122, 124, 125, 128, 129, 130.
HUE ARCHEVESQUE, *auteur de fabliaux*, I, 147, 151; VI, 270, 272.
Huée, IV, 269. (*Ce mot, qui semble parfois désigner la distance à laquelle s'entend la voix, doit se corriger à cette place en « liuée », à cause de la qualification « de* CORSIN*».*)
Hueil, œil, VI, 101, etc.
Huer, huier, écarter par des cris, crier après, I, 237, etc.
Hues. Voy. *Ues*.
HUET, *nom d'un écuyer*, VI, 70, 71, 72, 73, 74, 76, 77, 78, 79, 80, 83, 87, 177, 179, 186, 187, 198, 200, 201.
Huezé, botté, III, 224.
Huge. Voy. *Huche*.
HUGUES DE CAMBRAI, *auteur de fabliaux*, V, 95.
HUGUES PIAUCELE, *auteur de fabliaux*, I, 97, 198, 219.
Hui, aujourd'hui, I, 20, 144, etc.
Huier. Voy. *Huer*.
Huihot. Voy. *Vuihot*.
Huimès, aujourd'hui, en ce moment, I, 20, 83, etc.
Huis. Voy. *Uis*.
Huiseus, oisif, oiseux, I, 154; IV, 8.
HUISTACE D'AMIENS. Voy. EUSTACHE D'AMIENS.
HUISTASSE, *nom d'homme*, I, 176.
HUITACE (S.), S. Eustache, II, 8.
Humerre, celui qui hume, I, 6.
HUNAULT (Mgr.), I, 9.
HUNBAUT TRANCHECOSTE, *nom d'un trouvère*, I, 10.
HUON LE ROI, *auteur de fabliaux*, I, 24, 25.
Hure, cheveux, IV, 212.
HURTAUT, *nom d'un champion*, I, 10.
Hurter, frapper, I, 273.
Hustiner, quereller, I, 265.
Huvé, coiffé, *au fig.* plein jusqu'au bord, IV, 85.
Huvet, coiffure en toile pour homme, II, 165; III, 65.

I

Iauz, yeux, VI, 144.
Ice, cela, I, 185, 196, etc.
Icel, *icele*, ce, cet, cette, celui, celle, celui-ci, celle-ci, I, 30, etc.
Icest, ce, cet, I, 20, etc.
Ier, hier, I, 170, etc.
Igaument, également, III, 24.
Ihan, *ihan*, *nom de l'âne*, *par onomatopée*, II, 181.
Illier, flanc, I, 243; V, 73.
Iluec, *ilueques*, là, I, 2, 88, etc.
Impostiz, petite porte, V, 379.
« Indigestion (L') au vilain », *le même que le* « Pet au vilain ».
Inel. Voy. *Isnel*.
Inelepas. Voy. *Enelepas*.
Inellement. Voy. *Isnellement*.
Ingal, égal, II, 59.
INGUELANDE. Voy. ANGLETERRE.
INNOCENS (*Moustier des*), à Paris, III, 152, 153.
Iqui, ici, IV, 204.
Irais, irrité, I, 164.
Irascu, *irassu* (*angl.-norm.*), irrité, I, 260, etc.
Ire, colère, I, 8, 20, etc.
Iréement, d'une façon irritée, I, 20.
Irier, mettre en colère, I, 31, etc.
Irois, colère, fureur, II, 39.
Iror, colère, fureur, III, 196.
Iros, *irous*, irrité, IV, 218, etc.
ANE. Voy. YSANE.
Isnel, *inel*, rapide, prompt, I, 63, 157, etc.
Isnelement, *inellement*, vite, rapidement, I, 90, etc.
Isnel le pas. Voy. *Enelepas*.
ISSABEL. Voy. YSABIAU.
Issir, *oissir*, sortir, I, 109, 307, etc.
Itant, aussi, alors, II, 99, etc.; *por itant*, parce que, VI, 105.
Itel, tel, pareil, I, 10, 49, etc.
IVE, *nom d'un chapelain*, VI, 46.

J

Jacobins, *Jacopins*, III, 107, 116; V, 302. — A Rouen, VI, 4, 153.
JACQUE ou JAKET. Voy. JAKEMART.
JACQUES DE BAISIEUX, *auteur de fabliaux*, III, 106, 117, 123, 135.
Jahenyn (*poirier*), poirier de messire-Jean, II, 195.
Jaiant, géant, I, 233.
JAKE (S.). Voy. JAQUE (S.).
JAKEMART, JACQUES, JAKET, JAKEMON, JAKEME, *nom d'un meunier*, II, 31, 32, 37, 38, 39, 40, 41, 42, 43, 44.
JAKEMON. Voy. JAKEMART.
Jalir, faire voler, III, 79.
Jambon, I, 283.
Jame, jambe, V, 154.
JAME (S.). Voy. JAQUE (S.).
Jangle, *jengle*, *gangle*, bavardage, criaillerie, I, 1; III, 241, etc.; mensonge, IV, 214, etc. Cf. *Jengler*.
Jangler, bavard, II, 249.

Janglerresse, bavarde, VI, 79.
JAQUE (S.), S. JAKE, S. JAME, S. JASQUE, S. Jacques de Compostelle ou de Galice, I, 112, 113, 312; II, 88, 124; III, 44, 59, 197; IV, 140.
Jarbe, gerbe, I, 154.
Jarce, lancette, II, 153, 326.
Jarle, cuvier à anses, I, 196.
Jarz, jars, III, 180.
Jaspe, II, 127.
JASQUE (S.). Voy. JAQUE (S.).
JEHAN (S.), S. Jean, II, 181; III, 252; IV, 157, 210; V, 84; VI, 134, 271.
JEHAN : 1° *nom d'un vilain*, I, 174; — 2° *nom d'homme*, I, 198, 199, 200, 202, 203, 204, 205, 206, 207, 208, 209, 210, 212, 216, 217, 218, 219; — 3° *nom d'homme*, II, 211; — 4° *auteur du fabliau d'* « Auberée, la vieille maquerelle », *sans doute* JEHAN DE BOVES, V, 303.
JEHAN BEDEL, *auteur de fabliaux*, II, 295; V, 184, 191, 359.
JEHAN BODEL, *trouvère*, V, 359.
JEHAN DE BOVES, *auteur de fabliaux*, I, 153; II, 295, 305; IV, 82, 93, 241; IV, 212; V, 211, 303, 325, 359.
JEHAN DE CONDÉ, *auteur de fabliaux*, III, 247; IV, 47; VI, 257, 275.
JEHAN LE CHAPELAIN, *auteur d'un fabliau*, VI, 117.
JEHAN LE GALOIS, *d'Aubepierre, auteur de* « Pleine bourse de sens », III, 88, 102.
Jehir. Voy. *Gehir*.
Jehui, aujourd'hui, III, 23, etc.
Jemble, sans doute le primitif de « *jemblet* », *qui dans Littre signifie* partie du moule du fondeur de fer, I, 152.
Jengler, ganbler, bavarder, plaisanter, II, 142; V, 127. Cf. *Jangle*.
Jenglerie, genglerie, bavardage, plaisanterie, ruse, II, 242; III, 204; IV, 15.
Jenglois, plaisanterie, III, 12.
Jenice, genisse, V, 135.
JETRUT, *nom d'un trouvère*, III, 145.
JOBERT, *nom d'un bouvier*, IV, 293.
JOCELIN TORNEMORTIER, *nom d'un champion*, I, 10.
Joesdi, jeudi, V, 132.
JOFROI, *nom de valet*, III, 92, 96, 99, 100.
Jogler, jouglour. Voy. *Jouglere*.
JOHAN. Voy. JEHAN.
Joiant, joyaunt (*angl.-norm.*), joyeux, IV, 128, etc.
Joïe, soufflet, I, 243.
Joiel, joyau, chose précieuse, II, 125; III, 38.
Joios, joyeux, V, 195.
Joint, élégant, II, 94.
Jois, joyeux, I, 202.
Joliet, gai, I, 146, etc.
Jolietement, gaiement, I, 145.
JORGE (S.), S. Georges, I, 248; III, 147.
JOSSE (S.), III, 154.
Jouchier, rester dans l'attente, I, 121.
Jouglere, (*cas rég.*) *jougleor, jogler, jouglour* (*angl.-norm.*), jongleur, I, 8, etc.
Jouglerie, métier de jongleur, V, 78.
JOUGLET, *nom d'un ménestrel*,

IV, 114, 115, 116, 118, 119, 120, 121, 122, 123, 124, 125, 126, 127.
« Jouglet », *fabliau de* Colin Malet, *publié*, IV, 112; (*notes et variantes*), IV, 262.
Joumatin, ce matin, VI, 253.
Jouste, près de, VI, 12, etc.
Jovencel, jeune homme, III, 20, etc.
Jovent, jeunesse, V, 259.
Jovente, jeunesse, V, 32, etc.; jeune fille, V, 101.
Jovincel, *nom d'homme*, III, 76.
Joyaunt. Voy. *Joiant*.
Joyner (*se*) (*angl.-norm.*), se joindre, II, 216.
« Jugement (Le) des cons », *fabliau publié*, V, 109; (*notes*), V, 335.
Jugeour, *jugor*, juge, III, 130, etc.
Julien (S.), V, 76; S. Julien de Bievre, II, 66; *l'Ostel* S. Julien, bon accueil, V, 57.
Jumel, testicule, II, 134.
« Jument (La) du compère Pierre », *conte de* La Fontaine, IV, 331.
Jumente, jument, VI, 200, etc.
Jumentiele, jument, IV, 17.
June, jeûne, II, 221.
Juner, jeûner, I, 154.
« Jungleor (D'un) qui ala en enfer et perdi les ames as dez ». Voy. « Saint (De) Pierre et du Jongleur ».
Jus, bas, en bas, par terre, I, 22, 188, etc.
Justice, juridiction, direction, II, 94; VI, 98.
Justicier, imposer sa volonté à, être maître de, II, 68, etc.

K

Kaniele. Voy. *Canele*.
Karitet (La), La Charité, en Nivernais, II, 84.
Karole. Voy. *Carole*.
Karoler, danser, VI, 177.
Keiere. Voy. *Chaiere*.
Kerkier, charger, prendre, V, 125.
Kernel. Voy. *Quarnel*.
Keu. Voy. *Queu*.
Keudre, coudre, II, 164.
Keus, queux à aiguiser, I, 195; II, 153.
Keville. Voy. *Queville*.
Kex, Koi, Queu, Quai, *sénéchal du roi Arthur, héros de la Table ronde*, I, 4; II, 271; III, 4, 6, 11, 12, 14, 15, 16, 17, 19, 20, 22, 23, 24, 28.
Kief. Voy. *Chief*.
Kius (*estre à*), avoir le choix, II, 349; VI, 273.
Koi. Voy. Kex.
Konchierie, tromperie, V, 269. Cf. *Conchier*.
Kozer. Voy. *Choser*.

L

Labour, travail, I, 294; travail des champs, VI, 42, etc.
Lacier, attacher avec un fil, I, 149; enlacer, I, 31.

LADRE (S.), S. Lazare, I, 190; S. LADRE *d'Avalon*, II, 47.
LAENOIS, pays de Laon, II, 347.
« Lai (Le) d'Aristote », *de* HENRI D'ANDELI, *publié*, V, 243; (*notes et variantes*), V, 392.
Lai, laïque, III, 229, etc.
Lai. Voy. *Lé*.
Laidengier. Voy. *Ledengier*.
Laidir. Voy. *Ledir*.
Laidure. Voy. *Ledure*.
Laiens. Voy. *Leenz*.
Laingne, leigne, bois, III, 166, etc.
LAINGNI, Lagny, II, 124.
Laisor, loisir, I, 307.
Laisse. Voy. *Lesse*.
LAMBERT (S.), II, 47; III, 406.
Lambre, lambris, I, 222, etc.
Langne, lange, de laine, II, 206, 346; IV, 125; chemise de laine : *laissier au lange*, laisser nu, abandonner, IV, 331.
Langueter, caresser avec la langue, III, 74.
Lanier, faucon paresseux et lâche, III, 86, 87; lâche, II, 138, etc.
Laniere, lasniere, attache en cuir, VI, 267, etc.; haillon, V, 65.
Lanu, couvert de laine, III, 236.
Laper, lamper, III, 148.
LARANIE. Voy. LOHERAINE.
Lardé, viande piquée de lard, I, 226.
Larder, frotter de lard, V, 158; brûler, V, 266.
LARDI, Lardy, près d'Étampes, II, 235.
Lardier, huche à conserver le lard, II, 26, 27, etc.
Laris, terrain inculte sur la pente d'une montagne, II, 47.
Laroncel, voleur, VI, 34.
Larroner, voler, II, 261.
Larronnesse, voleuse, III, 242.
Las, malheureux, I, 189, etc.
Lasniere. Voy. *Laniere*.
Lasque, méchant, V, 330.
Lasser, être las, VI, 62.
Lasset, malheureux, VI, 264.
Lassus. Voy. *Lasus*.
Laste, fatigue, I, 66.
Lasté, perte, III, 171.
Lasus, lassus, lausus, là-haut, IV, 139, 208, etc.
Latin, langage, I, 306, etc.
Laton, latin, II, 28.
Laudes, (*chant d'église*), I, 190.
LAURENE. Voy. LOHERAINE.
Lausus. Voy. *Lasus*.
Laver, se laver les mains, VI, 101.
Laz, lacs, I, 149, 151, etc.
Lé, elle (*cas rég.*), VI, 33.
Lé, lai, large, I, 14, 292, etc.
Lé. Voy. *Lés*.
Leaice. Voy. *Leece*.
Lecherie, vie de plaisir, I, 292, etc.; obscénité, V, 24, etc.; drôlerie, amusement, III, 174.
Lecherresce, fourbe (*en parlant de la femme*), III, 102.
Lecheüre, gourmandise, I, 188.
Lechiere, lecheor (*cas sujet*), débauché, galant, amant, IV, 76, etc.; (*terme d'injure*), I, 2, 309, etc.; jongleur, III, 175, 176.
Ledengement, injure, I, 76,
Ledengier, laidengier, lesdengier, injurier, insulter, I, 109, 225, etc.; maltraiter, battre, III, 64, 165, etc.
Ledir, laidir, injurier, IV, 73, etc.; battre, maltraiter, I, 167; III, 205, etc.

Ledure, laidure, affront, outrage, infamie, I, 329, etc.
Lée. Voy. *Loée.*
Leece, leaice, joie, I, 41, etc.
Leenz, laians, loianz, là dedans, I, 17, etc.; chez soi, I, 118.
Legier, agile, I, 231; habile, I, 301; *de legier,* facilement, I, 281, etc.
Legistre, légiste, III, 211.
Leigne. Voy. *Laingne.*
Lembel, sorte de frange, ornement de femme (*le même que « musel »*), II, 200.
Lenz, flancs, I, 277.
Lent (*estre*), tarder, II, 12.
LEON, Lyon, II, 246.
LEONART (S.), S. LINART, S. LIENART, S. Léonard, II, 208, 244, 348; V, 236.
Leonime (*rime*), rime léonine, V, 32.
Lequerel, gourmand, IV, 84. Cf. *Lecheor.*
Lere, lerre, lierre, laron (*cas rég.*), voleur, I, 219, etc.
Lerme, larme, IV, 214.
LERME (SAINTE), la Sainte Larme de Vendôme, IV, 81, 237.
Lés, lé, legs, promesse, III, 108; VI, 267.
Lés, lez, près de, I, 17, etc.; *de lés,* sur, VI, 13.
Lesdengier. Voy. *Ledengier.*
Leson, lesson, lit de repos, escabeau, I, 18; II, 161, etc.
Lesse, laisse, chant d'office, office, IV, 215; strophe monorime, I, 4.
Lesson. Voy. *Leson.*
Letiere, litière, VI, 115.
Letue, laitue, II, 127.
Leu, loup, III, 190, etc.
LEU (S.), I, 102; III, 44.
« Leu (Du) et de l'Oue », *fable citée,* I, 153.
Leus. Voy. *Lues.*
Lever, élever, VI, 95, etc.; tenir sur les fonts baptismaux, II, 243; se lever, III, 254.
Levet, levé, qui a de la levure, V, 299.
Levrete, petite lèvre, II, 48.
Lez. Voy. *Lés.*
Liche, palissade, mur d'enceinte, I, 27, etc.
Lié, (*fém.*) *lie,* joyeux, I, 16, 44, etc.
LIENART (S.). Voy. LEONART (S.).
Liepart, léopard, II, 98.
Lierre. Voy. *Lere.*
Lieu (*metre*), donner rendez-vous, I, 260.
LIGIER (S.), S. Léger, V, 117.
Ligner (*angl.-norm.*), bûcher, II, 187, 188.
Lime, chagrin, ennui, II, 211, etc.; dispute, III, 400.
Limeçon, limaçon, I, 147, 152.
Limon, brancard, II, 197; *se metre es limons, au fig.* faire l'amour, III, 269.
Limonier (*bon*), *au fig.* qui se comporte vaillamment en amour, III, 269.
LINART (S.). Voy. LEONART (S.).
Linbart, bandeau (?), ornement de coiffure (?), II, 212.
Linceul. Voy. *Linçuel.*
Linçuel, linceul, drap de lit, I, 241, etc.
Ling, lignée, II, 8.
Lingnal, bâton, I, 76.
Lingne, de lin, II, 206.
Lingnie, lignée, famille, V, 110, etc.

Lintel, linteau, V, 131.
Lioncel, lionceau, II, 98.
Lipe (*faire la*), faire la moue, IV, 162.
Lisse, chienne, I, 262, etc.
Lité, bordé, VI, 124.
Litier. Voy. *Luitier*.
Liue, heure (*espace de temps nécessaire à faire une lieue*), I, 54; V, 202. Cf. *Loée*.
Liuée (*mieux que « huée »*), lieue, IV, 269. Voy. *Loée*.
Livrée de terre, étendue de terre rapportant une livre par an, I, 35.
Livreison, *livroison*, rossée, V, 96; *de livreison*, abondamment, IV, 157.
Lobe, mensonge, tromperie, III, 88, 273, etc.
Lobemant, tromperie, III, 329.
Lober, enjôler, tromper, III, 38, etc.
Loche, (*poisson*), V, 103; *au fig.* membre viril, II, 209.
Lochier, *locier*, se remuer, IV, 215; branler, pendiller, III, 70; boiter, II, 203.
Locu, ébouriffé, III, 202; ayant la laine frisée (*en parlant du mouton*), IV, 263.
Loée, *lée*, lieue, IV, 159; heure (*espace de temps mis à faire une lieue*), IV, 157.
LOEIS, (*Allusion poétique au roi* Louis, *sans doute* Louis le Pieux), I, 12.
Loer, approuver, conseiller, I, 33, etc.
Loer. Voy. *Loier*.
Loge, chambre, I, 73, etc.
LOHERAINE, LAURENE, LORANIE, Lorraine, I, 35; V, 188; VI, 155.
« Loherans », (*Allusion à la* « Geste des Lorrains »), I, 11.
Loianz. Voy. *Leenz*.
Loien, lien, II, 40, etc.
Loier, lier, I, 154, etc.
Loier, *loer*, salaire, récompense, I, 18, 235, etc.; *à loier*, à gage, I, 310.
LOIRE, III, 89, 95, 97, 276.
Loisir, *loyser* (*angl.-norm.*), loisir, facilité, I, 115, etc.
LOMBARDIE, LUMBARDYE, I, 165; II, 186; III, 3, 252; IV, 57.
Lonc, longueur, III, 45; selon, I, 148.
LONC EVE, Longueau, en Amiénois, I, 154.
LONDRE, LOUNDRES, Londres, I, 58; II, 243, 251; IV, 42; V, 96, 97.
Longaigne, fosse d'aisances, latrine, I, 75, 308, etc.
« Longe (De la) nuit ». Voy. « Prestre (Du) qu'on porte ».
Longhece, longueur, VI, 268.
Longues, *lunges*, longtemps, II, 224, etc.
Loquet, III, 411.
Lorain, courroie de la selle, III, 64.
LORANT (S.), S. Laurent, II, 19.
Lordel. Voy. *Putain*.
LOREANI, de Lorraine, V, 188.
LORENT, *nom d'un prêtre*, II, 25, 30.
LORER (DU), (*mauvaise leçon pour* BEDOER), *connétable du roi* ARTHUR, *personnage de la Table ronde*, III, 16.
Lores, alors, V, 380, etc.

Lorgne (*faire le*) *à*, montrer de l'œil en se moquant, V, 59.
Lormerie, ensemble de menus objets de sellerie, II, 127.
Los, *lous*, réputation, I, 182, etc.; conseil, IV, 72; consentement, I, 34.
Losengier, *losangier*, flatter, supplier, tromper, I, 33, 253, etc.
Losengier, de nature basse, V, 220.
LOT (S.), S. Lô, V, 233.
Louce, louche, cuiller à pot, II, 150, etc.
Louceor, avaleur, III, 202.
LOUNDRES. Voy. LONDRE.
Lous. Voy. *Los*.
Lousque, louche, I, 278.
LOUUIS, LOUUIZ, *nom d'un Jacobin*, III, 108, 112, 113, 114.
Lover (*angl.-norm.*), lucarne, II, 187, 190.
Loyser. Voy. *Loisir*.
Luc, (*plur.*) *luz*, *sorte de* brochet, VI, 245, etc.; *luc refait*, gros brochet, IV, 26.
Lucier (*prononcez* « luquier »), regarder, V, 269.
LUCIFER, V, 67.
Lues, *leus*, maintenant, aussitôt, I, 54, etc.; *lues que*, dès que, I, 40, etc.
Lui, lieu, II, 83, etc.
Luisel, pelote, V, 30.
Luite, lutte, V, 247; opposition, V, 247, etc.
Luitier, *litier*, lutter, s'attaquer, IV, 100, etc.
LUMBARDYE. Voy. LOMBARDIE.
Luminaire, VI, 109.
Lunges. Voy. *Longues*.
Luwer (*se*), se louer, II, 164.
Luz. Voy. *Luc*.

M

Maaille. Voy. *Maille*.
MABILE, *nom de deux femmes de mauvaise vie* : 1° III, 100, 101; — 2° V, 52, 55, 56, 57, 58, 59, 60, 62, 63.
Mace, *mache*, massue, V, 120, etc.
MACHEBUIGNET, *nom d'un sergent*, I, 6.
Macheclier, boucher, I, 283.
Machelote, *masserote*, boulette, II, 47, 333.
Machue, massue, IV, 34, etc.
MACON, Mâcon, VI, 133.
Maçuele, houlette, II, 151.
MADOT, *personnage d'un épisode de roman*, V, 166.
Madre, bois veiné, I, 190, etc.
Mahaingnier. Voy. *Mehaingnier*.
MAHAUT, MAHALT, MEHAUT, MEHEUT : 1° *nom de la femme d'un chevalier*, I, 227; — 2° *nom d'une bourgeoise*, II, 8, 11, 12, 13, 15, 16, 17; — 3° *nom de la fille d'un vavasseur*, IV, 113, 123; — 4° *nom de la femme d'un forgeron*, V, 161; — 5° *nom d'une commère*, VI, 57.
Mai, temps de plaisir, agrément, II, 213.
Maiestire, *maistire*, *mestire*, science, II, 20, etc.; *à son mestire*, de son mieux, I, 82.
Maignien, *maingnien*, chaudronnier, V, 179, etc.
« Maignien (Du) qui foti la

dame », *fabliau publié*, V, 179; (*notes et variantes*), V, 357.
Mail, maillet, marteau, IV, 191; *au fig.* testicule, II, 213.
Maille, *maaille*, *melle*, (*petite monnaie valant la moitié du denier*), II, 146, etc.; (*au sens de* peu de chose), III, 33.
Maillel, maillet, *au fig.* testicule, I, 232.
MAILLEZ (la taverne des), à Paris, III, 146.
Mailluel, maillot, I, 241.
Main, matin, I, 168, etc.
Mainé. Voy. *Mesnie*.
MAINIER, *nom d'homme*, II, 180.
Mains, *meins*, moins, I, 36, etc.
Maintenir, conduire, III, 156.
Mairier, maîtriser, dominer, I, 52; V, 251, 256.
Mais, *mès*, plus, I, 29, etc.
Mais, mauvais, III, 394, etc.
Maishui. Voy. *Meshui*.
Maisiele. Voy. *Maisselle*.
Maisiere. Voy. *Mesiere*.
Maisné, dernier enfant né, V, 110, etc.
Maisniée, *maisnie*. Voy. *Mesnie*.
Maisselle, *maisiele*, joue, II, 67, etc.
Maistire. Voy. *Maiestire*.
Maistre. Voy. *Mestre*.
Maistrier. Voy. *Mestroier*.
Mait. Voy. *Met*.
Major, maire, I, 302.
Mal, mauvais, I, 98, etc.
MAL QUARREL, *nom d'un ménestrel*, I, 10.
Malage, mal, maladie, souffrance, I, 42, etc.
Malart, *marlart*, canard sauvage, I, 226; II, 10.
Malart, malade (*quiproquo dans la bouche d'un Anglais*, *par confusion avec* « *malart* », canard), II, 180.
Malbaillir. Voy. *Maubaillir*.
MALE BRANCHE, *nom d'un ménestrel*, I, 10.
« Male (De la) Dame ». Voy. « Dame (De la) escolliée ».
« Male (De la) Honte », *fabliau* : 1re *rédaction*, *de* GUILLAUME LE NORMAND, *publiée*, IV, 41; *citée*, VI, 275; (*notes et variantes*), IV, 233; — 2e *rédaction publiée*, V, 95; *citée*, VI, 275; (*notes et variantes*), V, 325.
Malement, mal, I, 124, etc.
Maleoit, maudit, II, 93, etc.
MALET (ROBERT), *fils de Robert Malet*, *seigneur de Fraville*, I, 148, 150.
Maleüré, *maloré*, malheureux, V, 226, etc.; malintentionné, II, 254, 255.
Maleürous, malheureux, V, 154.
Maleürté, malheur, I, 199, etc.
Malfé. Voy. *Maufé*.
Malhier, frapper comme d'un maillet, III, 130.
Malichon, malédiction, V, 297.
Malisce, tricherie, III, 59.
Malliere. Voy. *Marliere*.
Malmetre, mettre en mauvais état, III, 255.
Maloré. Voy. *Maleüré*.
Malostru, difforme, laid, I, 14, etc.; malavisé, II, 163.
Malot, frelon, I, 275.
MAMMONE, Mammon (*terme biblique*), II, 171, 331.
Manace, menace, I, 103.
Manachier, menacer, II, 167.

Manaie, menaie, menoie, pouvoir, dépendance, I, 147, etc.; *en manaie*, gratuitement, I, 291.
Manant, riche propriétaire foncier, I, 27, etc.
Manbrer. Voy. *Membrer*.
Manc, manche, manchot, I, 106.
Manée, poignée, IV, 107.
Manefle, instrument de fer qui, chauffé à blanc, sert à percer des trous, I, 229.
Manel, de la main, I, 240, etc.
Mangon, (*monnaie d'or valant le double du besant*), II, 112.
Manier, habile, II, 9; III, 35.
Manoier, manier, III, 254.
Manois, sur-le-champ, I, 180.
Manoir, habiter, demeurer, I, 13, etc.
Manouvrier, VI, 164.
Mansois, denier du Mans, V, 181.
MANSSEL, *nom de chien*, IV, 195.
« Mantel (Du) mautaillié », *roman d'aventure publié*, III, 1; *cité*, VI, 273; (*notes et variantes*), III, 289.
Mar, à tort, mal à propos, par malheur, I, 36, etc.
Maraudise, acte de paysan, II, 138.
MARCEL (S.), IV, 145; V, 73.
Marchandise, commerce, II, 265.
Marche, pays, III, 124.
Marcheander, faire le commerce, I, 164, etc.
Marcheandie, commerce, voyage de commerce, I, 119, etc.
« Marcheans (Des) », *dit publié*, II, 123; (*notes*), II, 322.
Marchie, valeur d'un marc, III, 111.
Marenier, marinier, V, 385.
MARESCHAL (le), Richard le Maréchal, *deuxième fils de Guillaume le Maréchal, comte de Pembroke*, I, 148.
Mareschaucíée, écurie, IV, 70.
MARET. Voy. MARIE 2°.
MARGE, *nom de femme*, I, 305.
MARGUE CLOUVE. Voy. MAROCLIPPE.
« Mari (Le) confesseur », *conte de La Fontaine*, II, 298.
MARIE, MAROIE, MARION, MARET: 1° *nom d'une servante*, I, 308, 309, 314; — 2° *nom d'une jeune fille*, II, 8, 9, 11, 15, 18, 20, 22; — 3° *nom de la femme d'un vilain*, III, 49; 4° *nom de la femme de* TRAVERS, IV, 97, 99, 101, 106.
MARIE L'EGYPTIENNE, III, 218.
Mariement, mariage, V, 266.
MARIEN D'ESTRÉE. Voy. MAROIE D'ESTRÉE.
Marien. Voy. *Merrien*.
Marigaut, amant (*terme injurieux*), V, 134.
Mariment, déplaisir, I, 268.
MARION. Voy. MARIE 1°, 2° et 3°, et MAROIE CLIPPE.
Marir, égarer, I, 241.
Marlart. Voy. *Malart*.
Marliere, malliere, carrière de marne, I, 216; VI, 43, etc.
MAROCLIPPE, *femme d'*ADAM DE GONNESSE, *appelée aussi* MARGUE CLOUVE, III, 145, 146, 147, 148, 149, 150, 155.
MAROCLIPPE. Voy. MAROIE CLIPPE.
MAROIE. Voy. MARIE 1°.
MAROIE CLIPPE, *nièce de* MAROCLIPPE, *appelée aussi* MARION, III, 145, 149.

MAROIE D'ESTRÉE, *nom de femme*, II, 31, 32.
Marregliere, marrugliere, sacristaine, femme chargée des soins matériels d'une église, VI, 11, 15, etc.
Marteler, jouer du marteau, *au fig.* I, 236.
MARTIN (S.), I, 95, 191, 249; II, 74, 88; III, 40, 47, 179, 242; IV, 159; V, 85, 87, 198, 201, 202, 203, 212, 213, 214, 221, 223, 297; VI, 265.
MARTIN : 1° *nom d'un voisin*, II, 204; — 2° *nom d'un mercier*, V, 237, 238, 239, 240; — 3° *nom d'un chapelain*, VI, 209; — 4° *nom d'un prêtre*, VI, 243, 244, 247, 253.
Martin (chanter d'autre), baisser le ton, I, 104.
MARTIN HAPART, *nom d'un avare*, II, 172, 174, 176.
« Martin (De) Hapart », *dit publié*, II, 171; (*notes*), II, 331.
MARTINET. Voy. MARTIN 2°.
Martire, martyre, ravage, III, 258; IV, 59.
Martirier, martyriser, I, 291.
Marvoier, égarer, V, 174; perdre la raison, I, 78, etc.
Maserin, mazerin, coupe en *madre*, II, 75; III, 173. Cf. *Madre*.
Masse (grant), beaucoup, IV, 334.
Masserote. Voy. *Machelote*.
Massis, important, III, 58.
Master. Voy. *Mater*.
Mastyn, mâtin (*chien*), II, 254.
Mat, affligé, abattu, triste, I, 63, etc.
Mater, master, dompter, vaincre, I, 174, etc.
Matinal, repas du matin, VI, 133.
Matinet, matin, I, 113.
Matire, matière, III, 275.
Matle, mâle, II, 255.
Maton, (*grumeau de lait caillé et d'œufs*), I, 239; IV, 213.
« Matrone (La) d'Éphèse », *conte de La Fontaine*, III, 364.
Maubaillir, malbaillir, maltraiter, mettre en mauvais point, III, 180, etc.
MAUBEUGE, III, 137.
Maufé, malfé, adj. soumis à des enchantements nuisibles, I, 19; — *subst.* diable, I, 20, 312, etc.
Maunier. Voy. *Munier*.
Maupens, mauvaise pensée, V, 315.
Maurre, moudre, I, 156.
Mausoutil, malavisé, II, 169.
Mautalent, colère, irritation, I, 105, etc.
Mautalentif, irrité, mal disposé, III, 105.
Mauvaitié. Voy. *Mauvestié*.
Mauve, (*plante*), *au sens de* peu de chose, II, 49.
Mauvestié, mauvaitié, méchanceté, lâcheté, III, 73; IV, 63, etc.
Mazerin. Voy. *Maserin*.
Meche (servir de la), *au fig.* tenir la chandelle (?), I, 174.
Mecine, mechine, remède, III, 161, etc.
Medecinal, remède, II, 107.
Medecine, remède, I, 257.
MEDET, *nom de localité* (?), I, 39.

Medisant, bavard, VI, 147.
Mehaing, meshaing, blessure, I, 125, etc.; tort, dommage, IV, 38.
Mehaingnier, muhaingnier, meshaingnier, blesser, I, 209, etc.; faire tort, III, 61, etc.
MEHAUT. Voy. MAHAUT.
MEINAUT, *la même que* MAHAUT 2°.
Melant. Voy. *Mellenc.*
Melequin. Voy. *Molekin.*
Melle. Voy. *Maille.*
Mellenc, melant, mellent, merlan, IV, 154; (*au sens de* peu de chose), I, 104, etc.
Membré, avisé, III, 5.
Membrer, manbrer, remémorer, I, 152, etc.; se souvenir, se rappeler, I, 186, etc.
Memelete, petite mamelle, V, 28.
Menaie. Voy. *Manaie.*
Mencolie, manigance, I, 320.
Mençongier, mentir, I, 289.
Mendre, moindre, IV, 148, etc.
Meneoire, limon de voiture, II, 150.
Menestrel, ménestrel, I, 2, etc.
Meneur. Voy. *Menor.*
Menoie. Voy. *Manaie.*
Menor, moindre, IV, 85, etc.
Menor, meneur, menu (frere), cordelier, III, 264, 283, etc.
Menteresse, menteuse, III, 242.
Mentoivre, rapporter, dire, V, 345.
Menu. Voy. *Menor.*
Mercerot, mercier, V, 237.
Mercier, remercier, I, 259, etc.
« Merde (Li fabliaus de la) ». Voy. « Crote (De la) ».
« Mere (De la) qui deffendoit sa fille vit à nomer », *le même que* « Escuiruel (De l') ».
Merielle, jeton (*terme de jeu*), II, 39.
Merir, reconnaître, récompenser, payer, II, 92, etc.
Merite (*fém.*), salaire, récompense, payement, II, 87, etc.; moyen de sortir d'une mauvaise affaire, III, 72.
Merquedi, mercredi, IV, 290.
Merrien, marien, poutre de chêne, IV, 39; *au fig. avec le sens indécis du mot* chose, affaire, I, 149; II, 259.
Merveille, merveilleusement, I, 267, etc.
Merveillier (se), se mervoillier, s'étonner, I, 282, etc.
Mès, mez, maison rurale, ferme, I, 262; II, 50; III, 407, etc.
Mès, service d'un repas, II, 31, 53, etc.
Mès, messager, IV, 175.
Mesaasmer, mesaesmer, dédaigner, traiter avec mépris, III, 400, etc.
Mesaise, mesese, fatigue, malaise, douleur, I, 126, etc.; pauvreté, VI, 54.
Mesaisier, faire du tort à, I, 326.
Mesceant, méchant, IV, 50.
Mescheance, malheur, II, 116.
Mescheoir, mal arriver, I, 214, etc.
Meschief, malheur, dommage, I, 80, etc.
Meschine, jeune fille, I, 22, etc.; servante, I, 128, etc.
Meschinete, jeune femme, III, 68; servante, V, 180, etc.; *meschinete de vie,* femme de mauvaise vie, II, 13.

Mesconter, compter de travers, I, 277; II, 263; omettre, oublier, I, 70, etc.
Mescreandise, faute, III, 251.
Mescreant, mécréant, I, 295, etc.
Mescroire, ne pas croire, ne pas avoir confiance, soupçonner, I, 269; II, 256; III, 71, etc.
Mesdire, manquer de respect à, IV, 42.
Mesdit, mensonge, médisance, I, 34, etc.
Mesel, lépreux, II, 172, etc.; (*terme de mépris*), II, 250.
Meserrer, mal agir, II, 233, etc.
Mesese. Voy. *Mesaise.*
Mesestance, mauvaise situation, V, 83, etc.
Mesfere, faire du tort à, I, 208; *se mesfere,* avoir tort, I, 128.
Meshaing. Voy. *Mehaing.*
Meshaingnier. Voy. *Mehaingnier.*
Meshui, maishui, aujourd'hui, I, 20, etc.
Mesiere, maisiere, muraille, I, 115, etc.
Mesler, brouiller, V, 257.
Mesnie, mesnée, maisniée, maisnie, mainé (*angl.-norm.*), famille, suite, domesticité, I, 121, etc.
Mesoïr, ne pas écouter, I, 255.
Mesoner, bâtir, II, 124.
Mespoint, adj. pipé (*en parlant d'un dé*), III, 59, 63; *subst.* dé pipé, V, 72; *au fig.* tromperie, II, 261.
Mesprendre, mal faire, II, 6, etc.
Mespresure, mesproiseüre, méprise, faute, tort, III, 193, etc.
Mesprison, action blâmable, I, 303.
Mesproiseüre. Voy. *Mespresure.*
Mesquater, abandonner, III, 330.
Messaaisié, mal à l'aise, V, 37.
Messeoir, mal aller, III, 15, 23.
Mestier, usage, besoin, I, 50, 190, etc.
Mestire. Voy. *Maiestire.*
Mestre, habile, I, 258, 273, etc.; aîné, I, 72; VI, 72, etc.
Mestrie, autorité, obligation, I, 247, 258.
Mestroier, maistrier, diriger, tourmenter, II, 80; IV, 69.
Met, mait, huche, pétrin, II, 154, etc.
Metable, convenable, IV, 69.
Metoier, moitoier, métayer, V, 232, 235.
MEUN, Meung-sur-Loire, III, 276, 277, 278, 284.
« Meunier (Le) d'Arleux », *fabliau d'*ENGUERRANT D'OISY, *publié,* II, 31; *cité,* VI, 273; (*notes et variantes*), II, 312.
« Meunier (Le) et les .II. Clers », *fabliau publié,* V, 83 (*autre rédaction de* « Gombert et des deus Clers », I, 238); *cité,* II, 304; VI, 277; (*notes*), V, 325.
Meure, mûre, I, 11; *tierce meüre,* (*allusion à un proverbe connu*), V, 211, 371.
Meute, départ, VI, 258.
Meuture, mouture, II, 33.
Mez. Voy. *Mès* 1°.
Mi, moi, II, 178; III, 62, etc.
MIAUS LE CHASTAL, Meaux, en Brie, II, 260.
Miche, petit pain blanc, V, 104.
MICHIEL (S.), S. MICHEL, II, 173, 174, 176, 177, 255; III, 209; V, 320.

MICLEART, *nom d'homme*, I, 114.
Mie. Voy. *Mire*.
Mie, (*au sens de* peu de chose), I, 27, 231, etc.
MIELANZ, Méaulens (*localité située autrefois aux portes d'Arras*), II, 14; VI, 273.
Mienuit, minuit, I, 262, etc.
Mieudre, *mieusdre*, meilleur, III, 245, etc.
Mignot, *mingnot*, gracieux, élégant, joli, gentil, I, 238, etc.
MILE, *nom d'homme*, III, 228.
MILE, MILON D'AMIENS, *auteur d'un fabliau*, II, 46.
Mindoke, béquille, V, 172.
Mine, (*mesure de capacité, valant un demi-setier*), III, 252; VI, 245.
Miner, mener, III, 113, etc.
Minete, cuvette, II, 155; (*emplacement pour jouer aux dés*); III, 61.
Mingnot. Voy. *Mignot*.
Mire, *mie*, médecin, III, 161, etc.; VI, 264.
« Mire (Do) de Brai ». Voy. « Vilain (Du) Mire) ».
Mire, plus grand, III, 364.
Mireor, miroir, V, 47; *au fig.* IV, 194.
Mirer, (*dans la bouche d'un Anglais*), *pour « merir »*, récompenser, II, 179.
Misire, mon mari, VI, 4.
Moblé, riche en biens meubles, III, 106.
Moe, moue, IV, 162, etc.
Moie, mienne, I, 182, etc.
Moie, meule, I, 295.
Moiel d'uef, jaune d'œuf, IV, 314.
Moiere, milieu, I, 267.
Moillier, épouse, I, 32, 110, etc.
Moine blanc, dominicain, I, 87.
Moine noir, bénédictin, I, 87.
Moitie, moitié, II, 5.
Moitoier. Voy. *Metoier*.
Mol, tendre, I, 298, etc.
Mole, moelle, I, 326.
Molekin, *melequin*, *sorte de* mousseline, II, 125; voile fait en ce tissu, II, 201, 342.
Moleste, embarras, I, 204.
Molinel, petit moulin, II, 150.
Molle, moule, *par ext.* occasion, III, 118.
Moller (*se*), s'appliquer, I, 123.
Moloier, devenir mou, V, 335.
Molt. Voy. *Mout*.
Mon, *particule affirmative qui entre dans plusieurs locutions : c'est mon*, III, 84, 138; *ce n'a mon*, I, 101; *s'avoir mon*, I, 52 (*et non « savoir »*); V, 198; VI, 277; *ce faire mon*, IV, 213.
Moncel, monceau, part, IV, 110.
MONGEU, Monjeux, en Franche-Comté, II, 131.
Monial, monastique, I, 169.
MONPELLIER, MONPERLIER, Montpellier, II, 48; III, 98; V, 40; VI, 27.
MONS, en Hainaut, III, 137.
Mont, monde, I, 1, 3, 4, 24, etc.
Monté, riche, III, 217.
Monteplier, multiplier, VI, 66.
Monter, importer, I, 235, etc.; remonter à, être de la famille de, II, 204.
MONTFERRANT, (*ville réunie à* Clermont-Ferrand *au XVIIIe siècle*), IV, 263.

Moquier, moquer, III, 247.
Moquois, plaisanterie, V, 307.
Mor, Maure, domestique noir, VI, 111.
MORANT (S.), S. Moran, I, 21.
MORANT, *nom de chien*, IV, 320.
Moré, vin de mûres, VI, 101, etc.
Morel, noir, I, 93, etc.
MOREL, *nom de cheval noir*, I, 320, 321, etc.
Morer, demeurer, III, 128, etc.
Morir, mourir, tuer, III, 257, etc.
« Mort (La) et le Mourant », *fable de La Fontaine*, VI, 160.
Morteruel, (*soupe très épaisse au lait et au pain*), IV, 84, etc., 115.
« Morteruel (Le) », *le même que le* « Vilain de Farbu ».
Mortier, veilleuse, I, 182.
Mortoise, mortaise, II, 150.
Mostier, moustier, église, I, 48, etc.
Moton, mouton, II, 181.
Moufle, gant, II, 154.
Moult. Voy. *Mout*.
Mourir. Voy. *Morir*.
Mousel. Voy. *Musel*.
MOUSET, *nom d'un garçon meunier*, II, 31, 32, 33, 36, 37, 38, 39, 40, 41, 42, 43, 44.
Moustier. Voy. *Mostier*.
MOUSTIER SEUR SAMBRE, en Hainaut, III, 137.
Moustre, montre, parade, III, 263.
Mout, molt, moult, mut, beaucoup, I, 2, 30, etc.
Mouvoir, movoir, quitter, sortir, partir, I, 113, etc.
Mu, muet, II, 32, etc.
Muçaille, cachette, IV, 250.
Mucier, muchier, cacher, I, 54, 114, etc.
Mué, qui a passé le temps de la mue, III, 36.
Mueble, biens mobiliers, I, 86.
Muele, meule de moulin, II, 127.
Muele, mule, IV, 100.
Mufit, moisi, V, 348.
Muiel, muet, IV, 5.
Muier, qui a passé la mue, II, 201.
Muire, mourir, I, 229.
Muire, mugir, I, 263; IV, 213.
Muisit, moisi, V, 157.
Mul, mulet, IV, 25.
« Muletier (Le) », *conte de* LA FONTAINE, IV, 238.
Munier, maunier, meunier, II, 31, 32, etc.
Mure, mouvoir, II, 211.
Mure, mule, IV, 71.
Musard, sot, niais, I, 21, etc.; débauché, III, 89.
Muse, musette, I, 8.
Muse, museau, figure, II, 237; IV, 117.
Musel, mousel, museau, V, 73; bout, IV, 128.
Musel, (*coiffure de femme*) (?), II, 342.
Muser, réfléchir à, chercher, II, 237; IV, 136; perdre son temps, I, 175.
Mut. Voy. *Mout*.

N

NABUGOR, *Nabuchodonosor*, V, 377.
Nache, nace, nage, naige, fesse, I, 7, 282, etc.

Nage (*à*), en bateau, II, 140.
Naie, non je, I, 44, 272, etc.
Naïf, natif, IV, 67.
Naige. Voy. *Nache*.
Nanporkant, néanmoins, IV, 6.
Narracion, I, 299.
Nate, natte, III, 46.
Nateresse, amabilité, II, 253.
Navel, navet, II, 127.
Navrer, blesser, III, 132, etc.
Naym, nain, II, 255.
NEELE, Nesles, en Picardie, I, 5.
Neïs. Voy. *Nès*.
Nenil, nenni, I, 48, etc.
Neoir, refuser, IV, 147.
Nequedant, néanmoins, I, 316, etc.
Nerçoier, noircir, V, 233.
Neri, noirci, VI, 246.
Neroier, noircir, V, 385.
Nès, *neïs*, *nis*, *nois*, même, I, 70, 279, etc.
Nesun, aucun, II, 85.
NEVERS, II, 84; IV, 96. — COMTÉ DE NEVERS, III, 88.
Nevou, *neveu*, (*cas suj.*) *niés*, *niez*, neveu, I, 123, 206, etc.; petit-fils, II, 5, etc.
Nice, *niche*, stupide, niais, I, 68, etc.
NICHOLAI (S.), S. NICHOLAY, S. NICHOLAS. Voy. NICOLAS (S.).
NICHOLAS, *nom d'un prêtre*, I, 139.
NICHOLE, Lincoln, en Angleterre, V, 97.
NICHOLE : 1° *nom d'un bourgeois*, I, 79; — 2° *nom d'un Jacobin*, III, 111, 113.
Nicier, se trouver, I, 45.
NICOLAS (S.), I, 1; II, 91; IV, 267; V, 26, 62, 87, 88, 194, 295, 315.
Niecete, jeune nièce, I, 203.
Nient. Voy. *Noient*.
Niés, *niez*. Voy. *Nevou*.
NIQUAISE (S.), S. Nicaise, III, 140.
Nis. Voy. *Nès*.
NIVELE, Nivelles, en Brabant, III, 137.
Noblement, en grande cérémonie, VI, 109.
NOEFBORC. Voy. NUEFBORC.
Noel, bouton, IV, 204.
NOGENT, Nogent-sur-Seine, VI, 243, 244, 245, 246, 249.
Noient, *nient*, néant, rien, I, 56, etc.; homme de rien, I, 6, etc.
Noier, nier, I, 236, etc.
Noif, neige, I, 163, etc.
Nois, *noiz*, noix (*au sens de* peu de chose), II, 55, etc.
Nois. Voy. *Nès*.
Noise, bruit, dispute, I, 267, etc.
Noiseus, querelleur, I, 98.
Noisier, bruit, I, 262.
Noiz. Voy. *Nois* 1°.
NOJENTEL, Nogentel, en Brie, III, 229.
Nombrer, compter, I, 313, etc.
Nonchaloir, *noncaloir*, négligence, II, 3, etc.
Noncier, bavard, V, 101.
None, *nonne*, trois heures de l'après-midi, II, 115, etc.
« Nonnete (Le dit de la) », *fabliau de* JEAN DE CONDÉ, *publié*, VI, 263.
NORMANDIE, NORMENDIE, I, 148, 149, 151; II, 260; III, 167, 170, 186; IV, 60, 133, 139; V, 201; VI, 1, 117, 138.
NORMANT, Normand, III, 170, 171, 172, 173, 174.

Norreçon, nourrechon, nourriture, I, 163 ; bête qu'on élève, II, 168.
Norrir, se développer, III, 108.
Note, chanson, I, 8 ; musique d'accompagnement, V, 51.
Noter, jouer de la musique, III, 204.
Nourechon. Voy. *Norreçon.*
Nouveliere, cancanière, II, 204.
NUEFBORC, NOEFBORC : 1° Le Neubourg, en Normandie, I, 152 ; — 2° Neuchâtel, en Suisse (?), II, 207.
Nuiere, rêve (?), II, 202, 344.
Nuisance, nuissanche, ennui, II, 78, etc.
Nuisir, nuire, VI, 106.
Nuitie, nuitiée, nuit, II, 40, etc.
Nuiton, lutin, II, 203.
Nuller, anéantir, faire disparaître, I, 150.
Nului, aucune personne, I, 46, etc.

O

O, avec, I, 164, 184, etc.
Oan. Voy. *Ouan.*
OBERT (S.), S. Aubert, III, 116.
Obscurté, obscurité, I, 284.
Occision, meurtre, I, 299.
Ocoisonner, tourmenter, I, 297.
Odorer, sentir, III, 153.
Oe. Voy. *Oue.*
Oef, œuf, I, 149 ; (*au sens de* peu de chose), I, 124, etc. ; oef pelé, (*au sens de* peu de chose), II, 262 ; (*plur.*) *oes,* I, 268, etc.; (*au sens de* peu de chose), I, 213, etc.
Oeille, brebis, III, 230.
Oeillier, regarder, V, 312.
Oes. Voy. *Ues.*
Oes. Voy. *Oef.*
« Ogier (*Allusion au roman d'*) le Danois », I, 11.
« Ogier de Montauban », (*Allusion volontairement fautive au roman d'* « Ogier le Danois »), I, 4; II, 271.
Oie, oui, III, 406, etc.
Oie, oreille, I, 243.
Oïl, oui, I, 306, etc.
Oingnement, ongement, onguent, pommade, I, 292, etc.
Oint, graisse de porc, I, 5, etc.
Oir, enfant, héritier, I, 38, etc.
Oirre, oire, erre, chemin, voyage, II, 14, 340; III, 36 ; *en oirre,* sur-le-champ, I, 133 ; *grant erre, grant oirre,* au plus vite, I, 128, etc.
OISE, II, 8.
OISEMONT, près d'Amiens, III, 227, 231.
Oiseus, oisif, I, 242, etc.
OISI, Oisy, en Artois, II, 42, 44.
Oissir. Voy. *Issir.*
Oissnion, oignon, II, 58.
Oissor, ossor, épouse, I, 46, etc.
OLIVIER (*Allusion au preux*), I, 11.
Ombrage, ombragé, I, 58.
Ome (*faire l'*), faire l'amour, IV, 158.
OMER (S.), S. HOMER, II, 103 ; III, 406; IV, 60, 121, 157 ; V, 231.
OMONT (S.), V, 371.
« On ne s'avise jamais de tout », *conte de La Fontaine,* V, 303.
Onc, onques, jamais, I, 154, etc.

Ongement. Voy. *Oingnement.*
ONOIS, Aunis, II, 208.
ONORÉ (S.). Voy. HONORÉ (S.).
Onques. Voy. *Onc.*
Orains, orainz, oreinz, tout à l'heure, I, 265, etc.
Orbe, terne, IV, 194; *orbe cop,* coup qui ne fait pas saigner, meurtrissure, I, 123; IV, 139, etc.
Orce (à), à la dérive, de travers, III, 214, 402; V, 206; VI, 273, 277.
Orce, femelle de l'ours, VI, 92.
Orde, qualité, nature, II, 140.
Ordené, prêtre, II, 18.
Order, salir, IV, 272.
Ore. Voy. *Eure.*
Ore, maintenant, I, 149, etc.
Oré, vent, brise, I, 223, etc.
Oreille (prendre son cul par mi l'), prendre ses jambes à son cou, II, 72.
Oreillete, petite oreille, II, 48.
Oreillier, orillier, oroillier, prêter l'oreille, II, 187; IV, 70, etc.
Oreinz. Voy. *Orains.*
Orendroit, à présent, I, 101, etc.
Orer. Voy. *Ourer.*
Orfenin, orphelin, III, 109.
Orfenté, pauvreté, VI, 35.
Orfroi, riche galon, II, 174.
Orgiere, champ d'orge, IV, 103.
Orgueil, vantardise, II, 69.
Orgueillier (s'), se révolter de honte, V, 13.
Orille, oreille, VI, 103, etc.
Orillier. Voy. *Oreillier.*
Orine, origine, V, 105.
Orine, urine, III, 77, etc.
Orlage, bordure, ornement faisant saillie, *au fig.* V, 165.
ORLIENS, Orléans, I, 117; II, 173, 211; III, 275; IV, 133; V, 252; VI, 8, 9, 13.
Ormel, ormeau, VI, 98.
Orne (à). Voy. *Ourne (à).*
Oroillier. Voy. *Oreillier.*
ORRI (S.), III, 44.
« Orson de Beauvez » (*Allusion au roman d'*), I, 12.
Ort, sale, IV, 168, etc.
Ortel, ortoile, ortoille, orteil, I, 226, etc.
Os, osé, II, 258, etc.
Os cors, os courts, jambes de devant du porc, I, 282.
OSANE, *nom de femme,* VI, 246.
Ose, osé, I, 28, etc.
OSOART, *nom d'un sergent,* I, 10.
Ossor. Voy. *Oissor.*
Ossu, plein d'os, IV, 21.
Ost bennie, expédition, I, 296.
Ostage, estaige, logement à l'écurie, II, 115, etc.
Ostage, estage, otage, I, 279, etc.
Ostel, ostal, oté, hôtel, maison, I, 182, etc.
Osteler, héberger, II, 32, 33, etc.; prendre gîte, III, 94, etc.
Ostil, outil, I, 352; *au fig.* I, 228; III, 71.
Ostoier, faire la guerre, II, 197, etc.
Ostoir, ostor, autour (*oiseau*), I, 238; II, 111, etc.
OTANE, Authe, dans les Ardennes (?), I, 220; II, 300.
Oté. Voy. *Ostel.*
OTEVIEN, d'Octave, V, 221.
Otrage, violence, III, 171.
Otragos, violent, III, 170.
OTRISE (S.), S. Audry (?), II, 85.

Otroi, permission, VI, 75, etc.
Ouan, ouen, oan, auan, awan, awant, cette année, I, 1, etc.
Oublée, oublie (*pâtisserie*), III, 148, etc.
Oubliance, oubli, I, 57.
Oue, oe, oie, I, 232, etc.
« Oue (De l') au Chapelain », *fabliau publié*, VI, 46; (*notes*), VI, 160.
Oueille, oie, VI, 48.
Ouen. Voy. *Ouan*.
Oule, marmite, V, 345.
Our, bord, IV, 85.
Ourer, orer, prier, I, 132, etc.
Ourne (à), à orne, à la file, complètement, IV, 74; VI, 57.
Oustillement, ensemble des objets composant le ménage, II, 148, 156.
« Oustillement (De l') au Villain », *dit publié*, II, 148; (*notes et variantes*), II, 323.
Ouvreoir, atelier, I, 196.
Ouvrer, overer (*angl.-norm.*), travailler, I, 177, etc.

P

Pacon. Voy. *Bacon*.
Paele, paiele, paile, poèle de cuisine, I, 5, 239; II, 205, etc.
Paelete, poêle de cuisine, I, 239, etc.; *faire la paelete*, se montrer joyeux, III, 202.
Pagnau (de), par morceau (?), petit à petit, VI, 267.
Paiage, payement, V, 205.
Paiele. Voy. *Paele*.
Paignil. Voy. *Panil*.
Paignon, petit pain, III, 59.
Paile, pâle, II, 67.
Paile, soie rayée, II, 125, etc.
Paile. Voy. *Paele*.
Pailletous, misérable, II, 259.
Pailleul, pailluel, mur en torchis, I, 241; III, 60; IV, 25.
Pailleus, plein de paille, III, 60.
Pailluel. Voy. *Pailleul*.
Pain, (*au sens de* peu de chose), III, 158.
Pais, accord, I, 101; baiser, III, 260.
Paistre, donner à manger à, rassasier, I, 239, etc.; contenter, satisfaire, III, 57.
Paistre, pâtre, III, 230, 231, etc.
Pajor. Voy. *Pior*.
Palée, pelletée, V, 41.
Palent, anguille, (*au sens de* peu de chose), V, 290.
Paleron, partie ronde de la poêle, V, 188.
Paliz, haie, palissade, V, 235.
Paller, parler, II, 92, etc.
Palmoier. Voy. *Paumoier*.
Paluer, salir, IV, 124.
PALUIEL, PALLUIEL, Palluel, près d'Arras, II, 31, 32, 33, 34.
Pame. Voy. *Paume*.
Pane, penne, fourrure, II, 94, 252; *pane (traire la) devant l'uoeil*, faire miroiter devant les yeux, tromper, II, 163; V, 295.
Panet, petit pain, III, 170.
Panil, paignil, poinil, pénil, III, 71, 83; IV, 204; V, 30.
Pansieument, d'une façon pensive, II, 47.

Pantoisier, haleter, III, 74.
Papegaut, perroquet, II, 94.
Papelart, cagot, II, 253, etc.
Papeoire, (*figure hideuse et grotesque promenée dans les villes de Picardie et de Flandre à l'occasion de certaines fêtes*), IV, 84.
Par, (*renforce l'adjectif*), I, 201, etc.
Parage, famille, I, 269.
Paraler, aller, VI, 265.
Parant (*mal*), de triste apparence, III, 59.
« Parceval ». Voy. « Perceval ».
Parcevoir. Voy. *Perçoivre.*
Parclose (*à la*), à la fin, I, 110, etc.
Parçonge, parçonier, participant, III, 25; V, 189, etc.
Parcreü, arrivé à croissance, V, 152.
Parement, vêtement, III, 133, etc.
Parentel, parent, III, 109.
Paresis, denier de Paris, I, 86, etc.
Parestrousse, fin, III, 15.
Parfin (*à la*), à la fin, I, 116, etc.
Parfont, profond, I, 115, etc.
Parfornir, accomplir, V, 247.
Parigal, semblable, IV, 177, 188.
Parillier, égaler, VI, 245.
Parin. Voy. *Perrin.*
Paris, *fils de Priam*, III, 134.
Paris, I, 71, 83, 84, 86; II, 173, 228; III, 27, 145, 263; V, 192, 209; VI, 92.
Parlement, discours, conversation, I, 299, etc.
Parleoir, parlour (*angl.-norm.*), parloir d'un couvent, IV, 130, etc.
Parleor, parleur, V, 27.
Parlier, bavard, IV, 67, etc.; *mal parlier,* médisant, I, 7.
Parlour. Voy. *Parleoir.*
Parmain, permaine (*sorte de pomme*), II, 75, 76.
Paroir, paraître, I, 12, etc.
Paroit, mur, I, 216, etc.
Paroser, oser, V, 26.
Parpillier (*se*), éjaculer, IV, 161.
Parrochien, paroissien, IV, 147.
Parsome (*à la*), à la fin, I, 175.
Parsovance, découverte, III, 270.
Part (*cele*), en cet endroit, VI, 72, etc.
Partenaus, (*mauvaise leçon pour* Perceval), *personnage de la Table ronde,* III, 310.
Parteüre, partage, I, 46.
Particle. Voy. *Paticle.*
Partir, partager, I, 270, etc.; offrir une convention, IV, 63; débattre, I, 243.
Partuer, tuer, III, 151.
Pasnaise, panais, *au fig.* membre viril, I, 221.
Passemerveille, II, 96.
Passerose, rose trémière, II, 95.
Pastorel, pastural, berger, III, 230, 245.
Pastorele, pastourelle (*chanson*), I, 11.
Pastural. Voy. *Pastorel.*
Paticle, particle, grand bruit, I, 74; II, 282.
Patrenostre, patenostre, patenôtre, II, 116, etc.
« Patre (La) Nostre farsie », *pièce publiée,* II, 145; (*notes*), II, 323.
Paume, pame, paume de la main, II, 197; (*mesure de dimension*), IV, 97.
Paumée, coup dans la main (*pour parfaire un marché*), I, 313; V, 188.

Paumer (se), se pâmer, IV, 55.
Paumoier, palmoier, manier, brandir, III, 74 ; IV, 189, etc. ; parfaire (un marché) en frappant dans la main, V, 190.
Paus, pouce, III, 64.
Pautonier, pautonnier, valet, I, 122 ; vagabond, débauché, souteneur, (*terme d'injure*), I, 2, 112, etc.
Pautoniere, femme de mauvaise vie, (*terme d'injure*), I, 173, etc.
Pechable, qui commet un péché, V, 18.
Pecherriz, pécheresse, II, 13.
Pechierre. Voy. *Pescheor*.
Peçoier, mettre en pièces, V, 241 ; se briser, V, 180.
Pecol, pied, support, V, 357.
Peçon, lancette, *au fig*. I, 291.
Peesche, pesque, lambeau, morceau qui pend, I, 287 ; V, 102.
Pel, peau, I, 157.
Pel, bâton, piquet, I, 236, etc.
Pelain, apparence physique, état, condition, III, 188, 202, etc.
Peler, dépouiller, ruiner, II, 128 ; V, 65.
Peleüre, peau, I, 188.
Pelice, fourrure, I, 257, etc.
Pelicier, écorcher, IV, 196.
Pelori, pilori, II, 261.
Pempelune, Pampelune, III, 187.
Penance, pénitence, II, 246.
Pendant, rideau de terrain, I, 61 ; II, 47 ; testicule, I, 197.
Pendeillier, pendiller, V, 102.
Pendeloche, chose qui pend, membre viril, III, 70 ; V, 103.
Penel, coussin pour la selle, II, 150.
Pener, fatiguer, I, 154, etc. ; *se pener*, s'efforcer, IV, 39.
Penier, panier, IV, 160.
Pennallye, penon, II, 266.
Penne. Voy. *Pane*.
Penne, plume, III, 284, etc.
Pensé, penssé, pensée, I, 28, etc.
Pensement, pensée, I, 31, etc.
Peor, peur, V, 196, etc.
Peoros, peureux, V, 134.
Pepin, *nom d'un chapelain*, VI, 93.
Pepin de S. Denise (*Allusion au roi*), *qui paraît dans la chanson de* « Berte aus grans piés », I, 11.
Per, égal, I, 41, etc. ; conjoint, I, 319.
Perce, perche (*où se pendaient les habits*), I, 127 ; III, 98.
« Perceval » (*Allusion au roman de*), I, 11.
Perceval le Galois, *personnage de la Table ronde*, III, 19 ; *sous le nom fautif* de Perceval de Blois, I, 4 ; II, 271.
Perchant, perche, bâton, IV, 110.
Percheval le Galois. Voy. Perceval.
Perçoivre, parcevoir, apercevoir, I, 30, etc.
« Perdriz (Le dit des) », *fabliau publié*, I, 188 ; (*notes*), II, 298.
Pere (S.). Voy. Pierre (S.).
Perece, paresse, III, 87.
Perer. Voy. *Perier*.
Peresin, persil, II, 127.
Perier, perer (*angl.-norm.*), poirier, II, 195, 230 ; IV, 58, 114.
Peron. Voy. *Perron*.
Perrin, parin, chambre haute, terrasse en pierre, I, 122, 272, 290.

PERRIN DU TERNE, *nom d'un tavernier de Paris*, III, 146.
Perron, peron, pierre, II, 38, etc.
PERRONNE, PIERONNE, Péronne, II, 84; III, 247.
PERROT, *nom d'homme*, III, 69.
Pers, piers, bleu, I, 103, etc.; *vin pers*, vin rouge à reflets bleuâtres, IV, 141; étoffe de drap bleu, III, 91.
PERSANS, I, 296; II, 306.
« Pertenoble le Galois », (*Allusion volontairement fautive à* « Partenopeus de Blois) », I, 4; II, 271.
Perteus. Voy. *Pertuis*.
Pertris, perdrix, I, 188, 191.
Pertuis, pertruis, perteus, pertus, trou, I, 174, etc.; lunette de lieux d'aisances, V, 122, etc.
Pertuisié, troué, V, 65.
Pertus. Voy. *Pertuis*.
Pesait. Voy. *Pesas*.
Pesance, pesanche, douleur, ennui, I, 53, 54, etc.
Pesanchier, ennuyer, II, 76.
Pesas, pesaz, pesait, paille de pois, II, 21; IV, 12, etc.
Pescheor, peschiere (*cas suj.*), *pechiere*, pêcheur, I, 301, etc.
« Pescheor (Du) de Pont seur Saine », *fabliau publié*, III, 68; *cité*, VI, 274; (*notes et variantes*), III, 336.
Peschiere. Voy. *Pescheor*.
Peser à, ennuyer, I. 297, etc.
Pesme, très mauvais, III, 279.
Pesque. Voy. *Peesche*.
Pestel, pilon, I, 21, 123; II, 150.
Pestrir, faire le pain, II, 162.
Pesture, pâture, II, 117.
« Pet (Le) au Vilain », *fabliau de* RUTEBEUF, *publié*, III, 103; (*notes et variantes*), III, 356.
PETIT, *nom d'un valet avare*, III, 31, 32, 33.
Petit, peu, I, 31, etc.
Petitelet, *diminutif de* « *petit* », I, 100.
Petitet, très peu, I, 13, etc.
Peü, nourri, II, 81; IV, 53.
Peule, pule, peuple, IV, 322; V, 130.
Peuture, nourriture, I, 91.
PHELIPPOT, *auteur d'un dit*, II, 123, 128.
PHILIPPE DE BEAUMANOIR, *auteur d'un fabliau*, VI, 53, 54, 161.
Phisicienne, femme médecin, II, 225. Cf. *Fisicien*.
Piaucele, petite peau, I, 228.
Piautre, paillasse, V, 61.
Pic, pioche, I, 210, etc.
Pichaise, pichal, rapiéceuse (?), couturière (?), V, 293, 302.
Pichal. Voy. *Pichaise*.
Pichier, pot à vin, II, 76, etc.
Picier, piquer, II, 204.
Picois, pioche, II, 155.
PICON, *nom d'homme*, VI, 14, 15, 16, 18, 19, 20, 21, 23.
Pieça, il y a quelque temps, I, 50, etc.
Piece (*une*), un moment, I, 87, etc.; *grant* ou *grande piece*, longtemps, I, 171, etc.
Pielé, blanc et noir, IV, 182.
Piere, pierre, (*au sens de* peu de chose), II, 249.
PIERE (S.). Voy. PIERRE (S.).
PIERONNE. Voy. PERRONNE.
PIERRE (S.), II, 2, 15, 88, 247, 260; III, 43, 90, 111, 162, 176, 209, 212, 230, 246;

IV, 86; V, 10, 57, 68, 69, 70, 71, 72, 73, 74, 75, 76, 77, 79, 144, 147, 153, 177, 292; VI, 148, 247, 265.

PIERRE D'ALPHONSE, *auteur d'un fabliau*, VI, 138, 146.

PIERRE D'ANFOL. Voy. PIERRE D'ALPHONSE.

PIERRES LI HONGRES, *chevalier*, I, 225, 226, 227, 230.

Piers. Voy. *Pers*.

Pignon, VI, 133.

Pile, pilule : *male pile*, mauvaise aventure, I, 242.

Pile, pierre à piler, mortier, II, 154.

Piler, frapper comme avec un pilon, I, 244.

Piler, pilier, VI, 118, 120.

Pilete, petit pilon, II, 150.

Pinier, peigner, II, 165.

Pintelete, petite pinte, V, 272.

Pior, *pajor*, pire, I, 244, etc.; V, 168.

Piot, petit de la pie, I, 145.

Piper, piailler, IV, 162.

Piperesse, *piprenesse*, *pinprenesse*, trompeuse, III, 246, 355, 420.

Pire, pierre, IV, 147.

Pirier, devenir pire, I, 310.

Piron, gros cuir, II, 199.

Pis, *piz*, poitrine, I, 278, etc.

Pissat, III, 77.

Pissier, pisser, VI, 128, etc.

Piz. Voy. *Pis*.

Place, spectacle forain, III, 76, 77.

Plaier, *plaiier*, blesser, III, 134, 257, etc.

Plaigne, plaine, III, 51.

Plain, plaine, I, 113.

Plain (*à*), tout à fait, I, 234.

Plaint, plainte, II, 100.

Plaintif (*estre*), se plaindre, I, 302.

Plaisseïs, *plaiseeïz*, palissade, clôture, V, 227; verger, IV, 114.

Plaissier, *plessier*, plier, I, 296; *au fig*. I, 24.

Plait. Voy. *Plet*.

Planchier, chambre haute, II, 90.

Plante [*des pieds*], IV, 106.

Planté, *plenté*, grande quantité, VI, 35, etc.; *à plenté*, à foison, I, 113, etc.

Planter, pendre la tête en bas, II, 260.

« Plantez (La) », *fabliau publié*, III, 170; (*notes*), III, 379.

Platel, plateau, I, 99.

Platelée, mesure d'un plat, VI, 59.

Platine, plaque de métal, II, 131.

PLATOR, *personnage de la Table ronde*, III, 25.

Pleder (*angl.-norm.*), quereller, II, 248.

Plege, caution, II, 148.

« Pleine (De) Bourse de sens », *fabliau de* JEAN LE GALOIS, *publié*, III, 38; *cité*, III, 336; VI, 274; (*notes et variantes*), III, 343.

Pleinteïf, *plentif*, rempli, abondant, I, 72; VI, 46.

Plener. Voy. *Plenier*.

Plenier, *plener* (*angl.-norm.*), gros, fort, IV, 128; *cour pleniere*, réunion de tous les vassaux, III, 1.

Plenitre, lieu planté d'arbres, VI, 35.

Plenté. Voy. *Planté*.

Plentif. Voy. *Pleinteïf*.

Plessier. Voy. *Plaissier*.

Plet, plait, convention, I, 102, 118, etc.; parole, langage, I, 18, etc.; procès, I, 161; *faus plet,* faux témoignage, II, 260.
Plevir, mettre en gage, engager, promettre, I, 17, etc.; cautionner, III, 98, etc.
Plice, pelisse de fourrure, VI, 267.
« Pliçon (Le dit dou) », *fabliau de* Jean de Condé, *publié,* VI, 260.
Plisson, vêtement fourré, VI, 262, etc.
Ploiis, plie (*poisson*), IV, 154.
Plomé, pot en plomb pour le vin, VI, 49.
Plon (*faire le*), laisser couler, II, 199.
Plonjon, plunjun, plongeon (*oiseau d'eau*), II, 16; V, 103.
Plourous, pleureur, V, 116.
Plouvier, pluvier, II, 58.
Plunjun. Voy. *Plonjon.*
Pochon, pot à boire, II, 75; V, 172, etc.
Pochonnet, pot, III, 148.
Pocin. Voy. *Poucin.*
Poesté, pouvoir, VI, 84.
Poi. Voy. *Pou.*
Poïe, balcon, I, 163.
Poignie, poignée, VI, 28.
Poille, vermine, poux, II, 258.
Poindre, piquer son cheval des éperons, I, 67, etc.; *parfornir son poindre,* fournir sa course, I, 25; *au fig.* V, 88, etc.
Poinil. Voy. *Panil.*
Poinille, pénil, III, 249.
Point, piqué, V, 8.
Poire, (*au sens de* peu de chose), III, 42.
« Poirier (Le) enchanté », *conte de La Fontaine,* III, 335.
Poirre, péter, V, 63.
Pois, (*au sens de* peu de chose), I, 6.
Pois (*seur le*), malgré, III, 202, etc.
Poison, poisson, VI, 2, etc.
Poissant, capable d'inspirer l'amour, V, 173.
Poistron, cul, I, 213; VI, 93.
Poitevinée, (*mesure valant un denier de Poitou, qui est le quart du denier Parisis*), VI, 65.
Poitiers, II, 1; III, 38.
Poitou, II, 173.
Poitrail, pièce de poitrail en fer, II, 127; VI, 140.
Poitrinée, douleur de poitrine, IV, 311.
Pol (S.), S. Paul, I, 209, 213; II, 28, 88; III, 90, 181, 195, 211, 212; IV, 72, 102, 161; V, 82, 226, 323, 391.
Pommete, petite pomme, II, 95.
Ponois, haute position, I, 117.
Pont seur Saine, Pont-le-Roi, en Champagne, III, 68.
Pontoize, Pontoise, III, 270.
Pooilleus, pouilleux, III, 239.
Porbatre, battre complètement, IV, 139, 140.
Porcachier. Voy. *Pourchacier.*
Porce, porche, I, 205.
Porcelet, pourcelet, petit porc, II, 167; IV, 144, 145.
« Porcelet (De) », *fabliau publié,* IV, 144; *cité,* III, 342; (*notes*), IV, 277.
Porchacier. Voy. *Pourchacier.*
Porchaz, soin, II, 178.
Porçuite, manière d'agir, I, 98.

Porée, purée, mélange de légumes, I, 97; II, 150; III, 202.
Porel, poireau, II, 127.
Poret, poireau, (*au sens de* peu de chose), V, 240.
Porfil, bordure, V, 4.
Porion, poireau, II, 149.
Porlingnier, suivre des yeux, I, 205.
Porparler, comploter, concerter, I, 49, etc.
Porpens. Voy. *Pourpens.*
Porpenser. Voy. *Pourpenser.*
Porpre, fourrure commune, II, 94.
Porquere, désirer, rechercher, poursuivre, I, 202, etc.
Porreture, chose pourrie, V, 125.
Porseignier, bénir d'un signe de croix, V, 18.
Portaster, tâter partout, I, 264.
PORTÉ HOTTE, *nom d'un ménestrel,* I, 10.
Portendre, étendre, I, 121.
Portere, porteur, I, 18, 19.
Porterne. Voy. *Posterne.*
Portiz. Voy. *Postis.*
Portrere, dessiner, V, 101.
Portret, description, III, 8.
Portretier, retracer, raconter, IV, 186.
Poruec, proec, pour cela, IV, 99; *proec que,* si, V, 172.
Porveance, prévoyance, I, 164.
Porveoir. Voy. *Pourveoir.*
Pose (*à chief de*), en fin de compte, I, 310, etc.; *de pose,* d'ici à un moment, IV, 147.
Posnée, arrogance, vanité, I, 289, etc.
Postel, poteau, patère, IV, 121; V, 128.
Posterne, porterne, poterre, petite porte, poterne, porte de derrière, I, 209, etc.
Postis, postiz, portiz, petite porte sur la rue, III, 73; V, 225, etc.
Postroillaz, baragouin, II, 238.
Potée, contenance d'un pot, V, 8.
Potencier, qui marche avec des béquilles, infirme, II, 172.
Poterre. Voy. *Posterne.*
Potier, potter (*angl.-norm.*), marchand de pots, II, 127.
Pou, poi, peu, I, 154, etc.
POU (S.). Voy. POL (S.).
Pouchier, pouce, VI, 39.
Poucin, pocin, petit poulet, III, 170, 185, etc.
Poulage, oiseaux de basse-cour, II, 126.
Poume. Voy. *Pume.*
Pourcelet. Voy. *Porcelet.*
Pourchacier, porchacier, porcachier, pourquachier, pourcacier, chercher à obtenir, se procurer, faire naître, II, 13, 66, 76, etc.; *se pourchacier,* se réfugier, I, 90; II, 4, etc.
Pourpens, porpens, pensée, II, 30, etc.
Pourpenser (*se*), *se porpenser,* penser, réfléchir, se résoudre, I, 32, etc.
Pourquachier. Voy. *Pourchacier.*
Pourveoir (*se*), s'aviser, I, 71; *pourveü,* prudent, VI, 125.
Poverte, pauvreté, I, 198, 218, etc.
« Povre (Le) Clerc », *fabliau publié,* V, 192; (*notes*), V, 359.
« Povre (Du) Mercier », *fabliau publié,* II, 114; (*notes*), II, 321.
Prael, praiel, pré, I, 190, etc.

Prangiere, dîner de midi, repos de la journée, IV, 212.
« Pré (Do) tondu », *fabliau publié,* IV, 154; (*notes*), IV, 278.
Preceus, paresseux, VI, 66.
Prée, pré, II, 115, etc.
Preel, préau, *au fig.* ouverture, V, 345.
Preeschier, prêcher, I, 247, etc.
Prelation, prélature, II, 264, 265.
Premerain, premier, I, 75, etc.
Premiers (*à*), tout d'abord, I, 324.
Prendre (*se*) *à,* égaler, I, 138.
Prestre, (*cas rég.*) *provoire, prevoire, proverre,* prêtre, I, 133, etc.; VI, 148, etc.
« Prestre (Du) crucifié », *fabliau publié,* I, 194; *cité,* VI, 157, 272; (*notes*), II, 298.
« Prestre (Du) et d'Alison », *fabliau de* GUILLAUME LE NORMAND, *publié,* II, 8; (*notes et variantes*), II, 310.
« Prestre (Du) et de la Dame », *fabliau publié,* II, 235; (*notes*), II, 356.
« Prestre (Du) et des deus Ribaus », *fabliau publié,* III, 58; (*notes*), III, 336.
« Prestre (Du) et du Chevalier », *fabliau de* MILON D'AMIENS, *publié,* II, 46; (*notes et variantes*), II, 314.
« Prestre (Du) et du Leu », *fabliau publié,* VI, 51; *cité,* VI, 278; (*notes*), VI, 161.
« Prestre (Du) et du Mouton », *fabliau publié,* VI, 50; *cité,* VI, 243; (*notes*), VI, 161.
« Prestre (Du) ki abevete », *fabliau de* GARIN, *publié,* III, 54; *cité,* VI, 274; (*notes*), III, 335.
« Prestre (Du) qui dist la Passion », *fabliau publié,* V, 80; (*notes*), V, 324.
« Prestre (Du) qui fouti la fame au vilain ». Voy. « Prestre (Du) ki abevete ».
« Prestre (Du) qui fu mis ou lardier », *fabliau en strophes, publié,* II, 24; (*notes et variantes*), II, 311.
« Prestre (Du) qui manja mores », *fabliau publié,* V, 37 (*autre version du* « Provoire qui menga les meures », IV, 53); *cité,* I, 11; VI, 275; (*notes*), V, 304.
« Prestre (Du) qui ot mere à force », *fabliau publié,* V, 143; *cité,* VI, 277; (*notes et variantes*), V, 337.
« Prestre (Du) qui ot mere malgré sien ». Voy. « Prestre (Du) qui ot mere à force ».
« Prestre (Du) qu'on porte, ou de la Longue nuit », *fabliau publié,* IV, 1; *cité,* VI, 242; (*notes et variantes*), IV, 217.
« Prestre teint » (Du), *fabliau publié,* VI, 8; *cité,* I, 11; V, 160; VI, 272, 277; (*notes*), VI, 156.
Presure, présure, V, 282, 283.
Preu, (*fém.*) *preude,* bon, honnête, sage, courageux, I, 29, 109, 119, 196, etc.
Preu, intérêt, profit, I, 85, 179, 251, etc.
Preudom, brave homme, *par extension* homme, bourgeois, I, 97, 162, etc.

« Preudome (D'un) qui rescost son compere de noier », *fabliau publié*, I, 301; (*notes et variantes*), II, 307.
Prevoire. Voy. *Prestre*.
Prieus. Voy. *Prior*.
Prime (*heure de*), six heures du matin, I, 41, 51; II, 235; III, 38; VI, 122, 123.
Primes, d'abord, I, 102, etc.
Prinsaut, prompt, III, 397.
Prinsoir, tombée du jour, I, 202.
Prinsome, premier sommeil, IV, 69.
Prior, *prieor*, *prieus*, prieur, I, 180, etc.
Prioré, (*fém.*), prieuré, I, 155.
Prison, prisonnier, II, 104.
Privauté, intimité, I, 320.
Privé, vivant dans l'intimité, I, 300.
Privée (*cambre*), latrine, V, 122, 230, etc.
Priveément, à part, en particulier, I, 39, etc.; en privauté, IV, 48.
Priveté, secret, V, 220, etc.
Proec. Voy. *Poruec*.
Proisier, priser, estimer, I, 9, etc.
Proisne, chaire, I, 132.
Prolier, disputeur, II, 137; VI, 271.
Prone, grand parleur, II, 258, 261.
Prouvence, Provence, IV, 79.
Prouvins. Voy. Provins.
Provance, *provence*, preuve, IV, 79, etc.
Provande, provende, I, 321, etc.
Provenoisien, denier de Provins, V, 216.
Provins, I, 127; II, 14, 124; V, 52, 64, 216; VI, 70.
Provoire. Voy. *Prestre*.
« Provoire (Du) qui menga les meures », *fabliau de* Guerin, *publié*, IV, 53 (*autre version du* « Prestre qui manja mores », V, 37); *cité*, I, 11; VI, 275; (*notes*), IV, 235.
« Provoire (Du) taint ». Voy. « Prestre (Du) teint ».
Provost, prévôt, (*lieutenant d'un seigneur, officier de justice*), I, 112, etc.
« Provost (Du) à l'aumuche », *fabliau publié*, I, 112; (*notes*), II, 291.
Provoste, femme d'un prévôt, IV, 192.
« Prud'homme (Du) qui retira de l'eau son compère ». Voy. « Preudome (D'un) qui rescost son compere de noier ».
« Psautier (Le) », *conte de La Fontaine*, VI, 257.
Pucele, jeune fille, servante, I, 14, 310, etc.
« Pucele (De la) qui abevra le polain », *fabliau publié*, IV, 199; *cité*, III, 342; IV, 277; (*notes*), IV, 324.
« Pucele (De la) qui vouloit voler », *fabliau publié*, IV, 208; (*notes et variantes*), IV, 325.
Pucelete, jeune fille, I, 146.
Puer, au dehors, I, 99, etc.
Puerri, sali, III, 226.
Puier, *puiier*, appuyer sur, I, 273; dominer, IV, 156.
Puille, Pouille, II, 60; V, 22.
Puissedi, depuis ce jour, V, 302.
Pule. Voy. *Peule*.
Pulent, *pullent*, puant, III, 160, etc.; (*terme d'injure*), I, 105.

Pume, pomme, II, 75; *pume porrie, poume purrie*, pomme pourrie, (*au sens de* peu de chose), II, 77, 249.
Punais, pusnais, puant, III, 226, etc.
Punt, pondu, II, 132, etc.
Pur : s'irons em pures les cors, (*c'est une femme qui parle*), nous irons purement avec nos corps, *c.-à-d.* nues, III, 150.
Purée. Voy. *Porée*.
Pusnais. Voy. *Punais*.
Put, pute : 1° *adj.* infâme, III, 196; méprisable, I, 100, etc.; — 2° *pute, subst.* putain, I, 173, etc.
Putage, vie déréglée, V, 170.
Putain lordel, (*expression appliquée à un homme*), III, 280.
« Putains (Des) et des Lecheors », *dit publié*, III, 175; (*notes*), III, 380.
Putel, mare, IV, 194.
Puterie, vie débauchée, I, 171, etc.

Q

Quaile, ardent, amoureux, I, 242.
Quaille (*oef de*), œuf de caille, (*au sens de* peu de chose), IV, 174.
Quaistre, (*cas rég.*) *quastron*, bâtard, II, 160; IV, 86.
Quanques, tout ce que, I, 128, etc.
Quaresmel, de carême, IV, 171.
Quarnel, kernel, créneau, I, 299; II, 188.
Quarole. Voy. *Carole*.
Quarré, peu timide, prêt à tout entendre, III, 141.
Quarriere. Voy. *Charriere*.
Quarte. Voy. *Cart*.
Quas, brisé, crevé, I, 147, etc.; abattu, taciturne, II, 218, etc.
Quasser, briser, VI, 62.
Quastron. Voy. *Quaistre*.
Quatel. Voy. *Chetel*.
Quatir, cacher, I, 279, etc.
« Quatre (Des) Prestres », *fabliau publié*, VI, 42; *cité*, VI, 242; (*notes*), VI, 160.
« Quatre (Les) Souhais saint Martin », *fabliau publié*, V, 201; (*notes et variantes*), V, 360.
QUAUQUELIN ABATPAROI, *nom d'un champion*, I, 10.
Queilloite, redevance, impôt, I, 201.
Queloingne, quoloigne, quenouille, III, 239; VI, 11.
Quenele. Voy. *Canele*.
Quens, (*cas suj.*), comte, VI, 1, etc.
Quepol, quepou, support, pied, V, 179, etc.
Querer, (*dans la bouche d'un Anglais*), quérir, II, 179.
Queroner. Voy. *Coroner*.
Queste, coffre, II, 90.
Queton, coton, VI, 88.
QUEU. Voy. KEX.
Queu, keu, cuisinier, I, 116, etc.
Queville, keville, cheville (*pour fermer les portes*), II, 70; III, 56.
Quingnier, frapper, III, 63.
« Quiproquo (Le conte des) », *de La Fontaine*, II, 314.

Quiquenpoist (La rue), à Paris, II, 125.
Quisine, cuisine, VI, 101, etc.
Quisiner, brûler, VI, 113, 115.
Quisne, quine (*coup de cinq aux dés*), V, 72, 75.
Quite, acquitté, I, 303, etc.; sans charge, I, 40, etc.
Quivert. Voy. *Cuivert*.
Quoi. Voy. Kex.
Quoloigne. Voy. *Queloingne*.
Quor, cœur, II, 222.
Quoue, queue, IV, 80. Cf. *Couée*.

R

Raancler (et non « raaucler »), suppurer, IV, 86.
Rabehet, misérable (?), impuissant (?), II, 349.
Racier, cracher, IV, 83, 85, 86.
Raciné, enraciné, planté, I, 234.
Racointier, faire la connaissance de, III, 138.
Rade, vigoureux, VI, 260.
Rados, radoteur, V, 258.
Raembre, *reanbre*, racheter, I, 303, etc.
Raemplir, remplir, V, 7.
Rafetier, réparer, I, 97; *au fig.* arranger, faire l'amour avec, I, 260, etc.
Raherdre, ressaisir, I, 210.
Rai, rayon, I, 166.
Raiché, *nom d'un sergent*, I, 10.
Raient, mis à l'amende, IV, 173.
Raier, *roier*, rayonner, VI, 21, 22.
Raime, *raimme*, branchage, II, 79, etc.
Rain, rameau, IV, 107, etc.; *au fig.* II, 203.
Raïne, reine, V, 28.
Raine, pays, I, 35.
Rains, Reims, I, 318; IV, 139.
Rainssel, branche, V, 255.
Raison (*metre à*), adresser la parole à, VI, 138.
Raler, aller de nouveau, IV, 119, etc.
Ramentevoir, *ramentoivre*, *rementevoir*, rappeler, I, 89, etc.; se rappeler, I, 24, etc.
Ramordre, faire mordre de nouveau, I, 325.
Ramper, grimper, IV, 94, 95; se tenir raide, empesé, III, 237.
Ramposne, *ramprosne*, raillerie, III, 230, etc.
Ramposner, *ramprosner*, railler, I, 211, etc.
Ramposneus, disputeur, II, 136, etc.
Ramu, feuillu, IV, 58.
Randon, ardeur, I, 318; *de randon*, avec force, I, 226; *de grant randon*, au plus vite, I, 192; *en un randon*, en un instant, coup sur coup, I, 228; IV, 157.
Randonée (*de*), au galop, V, 131.
Raniquet, *confondu avec* Watriquet, III, 140, 366.
Ranpater, courir, aller et venir, IV, 252.
Raoul, *nom d'un bouvier*, III, 202.
Rapaier, rembourser, satisfaire, II, 122, etc.
Raparillier, réparer, raccommoder, V, 296.
Rapeler, révoquer, III, 110.

Rapesier, apaiser, V, 257.
Rasor, rasoir, V, 160.
Rasque, trou boueux, I, 217.
Rassaillir, attaquer, presser, IV, 167.
Rassaner (se), s'appliquer à, I, 149.
Rassouper, chopper de nouveau, VI, 224.
Rastel, râteau, II, 155.
Rasteler, ramasser avec le râteau, III, 87.
Rasti (gastel), crêpe, II, 16, etc. Cf. *Reston.*
Ratalenter, remettre en appétit, VI, 25.
Ratandre, attendre en échange, V, 185.
Ratapiner, cacher, III, 183.
Ratoire, souricière, II, 127.
Ratraire, recouvrer, III, 63.
Raverdir, reverdir, I, 141.
Raverquin, raviekin, doublure(?), revers (?), II, 201, 342.
Ravescot (fere le), faire l'amour, I, 263.
Ravestir, faire donation, II, 205.
Ravine, rapidité, impétuosité, IV, 54, etc.; *de grant ravine,* très vite, II, 197.
Raviser, regarder, IV, 107; reconnaître, I, 284; faire connaître, I, 8.
Ravoier, mettre dans le bon chemin, en bon état, I, 78; III, 107; remettre en mémoire, V, 249.
Realme, royaume, II, 92.
Reanbre. Voy. *Raembre.*
Reauté, royaume, I, 30.
Rebessier, abattre, coucher de nouveau, IV, 194.
Rebinée, reprise, I, 291.
Reblanchoier, nettoyer, II, 201.
Rebolé, gros, III, 339; V, 204, etc.
Reboler, frapper comme avec une boule, I, 204.
Reborbeter, gargouiller, IV, 120.
Rebors, disgracieux, revêche, I, 78; V, 13.
Reborser, rebrousser, retourner, V, 63.
Rebout, résistance, VI, 119.
Rebracier, retrousser, I, 232; II, 175.
Recelé (en), en cachette, VI, 111.
Recet, asile, maison, I, 27, etc.
Rechingnier, rechinner, resquinnier, faire la grimace à *ou* avec, I, 205, etc.; V, 168; rechigner, I, 326; gronder en montrant les dents (*en parlant d'un chien*), IV, 36.
Recincier, échanger, V, 245.
Reclaim, reclain, plainte, IV, 172; récit moral, proverbe, I, 97, etc.
Reclamer, plaindre, IV, 169, etc.
Reclunier, espionner, IV, 32.
Reclusage, état de moine, II, 267.
Recoi, requoi, lieu isolé, cachette, III, 84, etc.; *à recoi,* tranquillement, I, 121; *en recoi,* à part, VI, 103.
Recoillir. Voy. *Recueillir.*
Recoillons (à), à reculons, IV, 209.
Reçoivre, recevoir, IV, 171, etc.
Recolice, ricolisse, réglisse, II, 9, 57, 58; III, 93.
Recomparer, payer, souffrir de, I, 148.
Recorder, rappeler, I, 26, etc.; raconter, résumer, II, 133; III, 36, etc.

Recordere, conteur, IV, 40.
Recort, souvenir, VI, 145; jugement, avis, II, 177; III, 201.
Recourir, courir de nouveau, IV, 43.
Recouvrer, recovrer, requouvrer, remettre en bon état, I, 156; *recouvrer son cop,* reprendre l'arme en main pour frapper de nouveau, V, 226; *au fig.* I, 323.
Recouvrier, recovrier, ressource, salut, réparation, I, 5, 67, etc.
Recouvrir, retourner, IV, 9.
Recovrer. Voy. *Recouvrer.*
Recovrier. Voy. *Recouvrier.*
Recreandir, être harassé, VI, 61.
Recreant, fatigué, paresseux, lâche, I, 162, 254, etc.
Recreü, fatigué, paresseux, I, 262, etc.
Recroire, être fatigué, I, 159, 300; s'avouer vaincu, I, 105; *recroire, se recroire,* cesser, I, 125; III, 32, 123, etc.; rendre responsable, V, 69.
Recueillir, recoillir, recevoir, prendre, accueillir, II, 120; IV, 50, etc.
Recuit, rusé, fourbe, III, 200, etc.
Reddie, entêtement, II, 161.
Redout, crainte, doute, III, 14, etc.
Reduit, lieu de refuge, I, 265.
Reel, petit filet, IV, 125.
Reez. Voy. *Rés.*
Refaire, refere, changer, III, 197; restaurer, *au fig.*, III, 237.
Refait, refet, en bon état, III, 232, 233, etc.; honoré, II, 158.
Refretoir, réfectoire, V, 229.
Refroidier, se calmer, II, 198.
Refu, refus, I, 246, etc.
Refuite, subterfuge, I, 76.
Refuser, mettre de côté, III, 138.
Regarder (*se*), regarder, I, 60; s'appliquer, I, 149.
Regart (*se doner*) *de,* épier, V, 10.
Regehir, avouer, III, 283.
Regiber, ruer, V, 140.
Regnable. Voy. *Resnable.*
Regnablement, raisonnablement, I, 25.
Regne, rêne, VI, 140.
Regrater, regretter, II, 201.
Regroucier, gronder, II, 148.
Rehaingnet, coup, II, 28.
Rehaïr, haïr de nouveau, I, 46.
Rehaitier, réjouir, I, 29, etc.
Rehonde. Voy. *Reonde.*
Rehuchier, rehuschier, rappeler, crier de nouveau, I, 310; IV, 44.
Reire, raser, *au fig.* IV, 51.
Reiz. Voy. *Rés.*
Relait, don en sus, II, 72.
Relanquir, abandonner, V, 371.
Releggement (*angl.-norm.*), repos d'esprit, VI, 198.
Relegion, ordre monastique, I, 170, etc.
Relier, reloier, rattacher, recoudre, II, 327, etc.
Relierre d'ues, (*par plais.*) botteleur d'œufs, I, 5.
Reloier. Voy. *Relier.*
Relyke, relique, IV, 132.
Remanance, prolongation de séjour, II, 6.
Remanant, reste, I, 189, etc.
Remanoir, rester, demeurer, séjourner, I, 28, 45, etc.; survivre, I, 175.

Rembronchier, renverser de nouveau, V, 209.
Remembrer, rappeler, I, 24, etc.
Rementevoir. Voy. *Ramentevoir*.
Remetre, fondre, I, 166.
REMI (S.), I, 19, 145; III, 39, 216.
Remirer, regarder, examiner, I, 94, etc.
Remis, en mauvais état, III, 243.
« Rémois (Les) », *conte de La Fontaine*, IV, 323.
Remposnée, raillerie, I, 323. Cf. *Ramposne*.
Remuyers (*à*), de rechange, II, 201.
Renardie, ruse, II, 241, etc.
RENART (*Allusion à*), *personnage du roman connu*, I, 11; V, 118.
Renart, ruse, III, 283.
RENAUT BRISETESTE, *nom d'un champion*, I, 9.
RENAUT LE DANOIS, (*Allusion volontairement fautive à* RENAUT DE MONTAUBAN), I, 4; II, 271.
Rencarchier, recharger, V, 228.
Renclus, cloître, II, 3.
Rencontrer, railler, III, 250.
Rencoper, reprocher, III, 110.
Rendu, moine, I, 155, 156, etc.
RENIER : 1° *nom d'un ribaud*, III, 58, 59, 60, 61, 64; 65, 66; — 2° *nom d'un marchand*, III, 90, 91, 92, 95, 96, 97, 98, 99.
« Renoart (*Allusion au roman de*) au tinel », I, 12.
« Renoart au cort nés, (*Allusion volontairement fautive à* « Renoart au tinel »), I, 3; II, 271.
Renoef. Voy. *Renuef*.
Renoié, renégat, hypocrite, I, 182, etc.
Renois, renégat, I, 211.
Renomer, mettre en honneur, I, 27, 28.
Renuef (*an*), *an renoef*, nouvel an, II, 199; IV, 30; V, 172.
Renvoisier (*se*), être joyeux, VI, 60.
Reoignier. Voy. *Rooingnier*.
Reonde, *rehonde*, chape, II, 120; *à la rehonde*, à la ronde, II, 115, etc.
Repair, boutique, V, 186.
Repaire. Voy. *Repere*.
Reparler, parler à son tour, VI, 76.
Repartir, distribuer, III, 224.
Repasser, revenir, recommencer, VI, 112. Cf. *Respasser*.
Repast, repas, IV, 71.
Repere, *repaire*, retour, I, 135, etc.; séjour, maison, III, 124, etc.
Reperier (*se*), retourner, revenir, I, 126, etc.
Replenir, accomplir, VI, 38.
Reponal, cachette, IV, 32.
Repondre, *repunre*, cacher, II, 236, etc.; se cacher, II, 203.
Reporpensser (*se*), réfléchir, IV, 11.
Reposée, halte, VI, 63.
Reposer, laisser en repos, II, 103.
Repost, *repoz*, *repus*, *repuz*, caché, I, 17, 235; II, 237, etc.
Repostaille, cachette, IV, 98.
Repoz. Voy. *Repost*.
Repris, blâmé, IV, 38.
Reprouchier, engager fortement, III, 194.
Reprover, reprocher, II, 217; III, 241.
Reprovier, reproche, II, 209; proverbe, III, 24, 104.

Repu (en), en cachette, VI, 179. Voy. *Repost.*
Repunre. Voy. *Repondre.*
Repus, repuz. Voy. *Repost.*
Requoi. Voy. *Recoi.*
Requouvrer. Voy. *Recouvrer.*
Rés, reiz, reez, rez, tondu, rasé, I, 169; II, 244, etc.; plein au ras, VI, 60.
Resachier, tirer de son côté, I, 277, etc.
Resadié, rassasié, V, 39.
Resaillir, paraître à son tour, I, 202.
Resanler, ressembler, II, 48.
Rescorre, reskoure, resqueurre, recouvrer, reprendre, I, 192, etc.
Rescous, délivré, V, 260.
Rescousse, secours, III, 15.
Rescurer, rapproprier, II, 201.
Reseus, filets, VI, 110.
Resforcier (se), faire de nouveaux efforts, I, 277.
Reskoure. Voy. *Rescorre.*
Resnable, regnable, raisonnable, I, 153, etc.
Resoignier, resoingnier, resongnier, redouter, III, 127, etc.
Resomondre, inviter, II, 201.
Reson, discours, I, 32, etc.
Resongnier. Voy. *Resoignier.*
Resoufrir, III, 192.
Respas, guérison, I, 54.
Respasser, guérir, I, 164, etc.
Respitier, gracier, I, 300.
Respons, réponse, III, 140.
Resqueillir, se rebiffer, III, 64.
Resqueurre. Voy. *Rescorre.*
Resquinnier. Voy. *Rechingnier.*
Reston, crêpe (*gâteau*), II, 212.
Restorer, réparer, I, 268, etc.
Restraindre, saisir, étreindre, I, 206, etc.
Restre, être de nouveau, III, 3, etc.
Restuper, faire l'amour avec, IV, 194.
Resuer, suer de nouveau, II, 178.
Resuscitement, résurrection, II, 140.
Retaille, morceau coupé, I, 92.
Retaillier, couper en deux, diminuer, II, 6; III, 33.
Retenant, base, I, 231.
Retenir, garder, IV, 12; concevoir, II, 2.
Retester, donner de nouveau un coup de tête, VI, 105. Voy. *Tester.*
Retifetier, parer de nouveau, II, 342.
Retollir, retolhir, reprendre, III, 58, 116, 273.
Retor, retour, consolation, V, 66; réciprocité, I, 295.
Retornée, retour, IV, 255.
Retorner, faire l'amour avec, I, 313.
Retraçon, reproche, blâme, V, 249.
Retrere, retraire, retirer, I, 189; retracer, raconter, I, 24, etc.; ressembler, VI, 104.
Retret, retrait, empêché, III, 269; difforme, VI, 40.
Reube, robe, II, 201.
Reve, rave, II, 149.
Revechier. Voy. *Revercier.*
Revel, reviel, plaisir, joie, I, 49, etc.; plaisir amoureux, I, 319, etc.
Reveler, se révolter, VI, 114.
Reveleus, fringant, I, 156.
« Revenant (Le) ». Voy. « Chevalier (Du) qui recovra l'amor de sa dame ».

Revengier, se venger, III, 249.
Revercier, revechier, retourner, fouiller, V, 125; VI, 251.
Reverie, folie, gaieté, III, 137; mauvaise farce, III, 155.
Reverser, changer les idées à, I, 51; feuilleter, V, 80.
Revertir, retourner, I, 123, etc.
Revestir, investir, I, 88.
Revidaille, visite faite aux nouveaux mariés, III, 166.
Revider, rendre visite à, I, 29, 30; II, 167, etc.
Reviel. Voy. *Revel.*
Revoisier, réfléchir, V, 186.
Revouloir, revoloir, vouloir de son côté, III, 58; vouloir à nouveau, V, 36.
Rez. Voy. *Rés.*
Ribalt. Voy. *Ribaut.*
Ribauderie, gaminerie, I, 130.
Ribaudie, rybaudie, vie déréglée et malfaisante, II, 248, 257.
Ribaut, ribalt, homme de peine, valet, I, 122, etc.; homme de sac et de corde, débauché, I, 1, 41, etc.; coquin, (*terme d'injure et de mépris*), II, 258, etc.
Riber, faire l'amour, VI, 269.
Richalt. Voy. *Richaut* 1°.
RICHART, *nom d'un prêtre,* V, 161.
RICHART BONIER, *auteur de fabliaux,* VI, 34, 41.
RICHAUT : 1° *nom d'une entremetteuse, héroïne d'une pièce publiée par Méon (Nouv. Rec.,* I, 38-79), *à laquelle il est fait allusion* I, 11; *ce nom s'est généralisé et a servi à désigner toute entremetteuse,* IV, 68, 236; V, 273, 280, 293, 294, 301, 302; — 2° *nom d'une commère,* VI, 57.
RICHEUT (S^te^), (*sans doute par allusion à* RICHAUT 1°), III, 416.
RICHER (S.). Voy. RICHIER (S.).
RICHIAUT. Voy. RICHAUT 1°.
RICHIER (S.), S. Riquier, I, 15; II, 351; III, 278; VI, 284, 201.
Richoise, richesse, I, 36, etc.
RICIER (S.), Voy. RICHIER (S.).
Ricolisse. Voy. *Recolice.*
Ridolent, odoriférant, II, 259.
Rien, chose, I, 17, etc.; membre viril, IV, 145.
Rigoller, plaisanter, VI, 262.
Rigot, bourse attachée à la ceinture, IV, 238.
Rimoier, rimer, III, 199.
Rimoiere, rimeur, V, 191.
Riote, débat littéraire, III, 204; ébats amoureux, III, 188.
Rioter, discuter, disputer, I, 224; III, 274; faire l'amour, III, 188.
Riotous, outrageant, III, 410.
Risée, rire, III, 204; chose risible, II, 114; III, 207.
Riviere, état, condition, V, 65.
« Robe (La) d'escarlate », *même fabliau que* « Chevalier (Du) à la robe vermeille ».
Rober, roler, V, 86.
ROBERT : 1° *nom du* « Sot chevalier », I, 222; — 2° *nom d'un Jacobin,* III, 113, 114; — 3° *nom d'un convive,* III, 218; — 4° *nom d'un bouvier,* IV, 176, 293; — 5° *nom d'un jeune homme,* V, 104, 105, 106, 107.

Robert Barbeflorie, *nom d'un aveugle*, I, 75.
Robet. Voy. Robert 4°.
Robiert. Voy. Robert 2°.
Robin : 1° *nom d'un valet*, I, 276, 277; — 2° *nom d'un jeune garçon*, IV, 82, 83, 84, 85, 86; — 3° *nom d'un jeune paysan*, IV, 113, 114, 115, 116, 117, 118, 119, 120, 121, 122; — 4° Voy. Robert 5°; — 5° *nom d'un jeune homme*, V, 109, 113; — 6° *nom d'un garçon boulanger*, VI, 133, 134, 136.
Robinet. Voy. Robin 3° et 5°.
Roce. Voy. *Ros*.
Rocele (La), La Rochelle, II, 143.
Roe (*faire la*), faire la coquette, I, 297.
Roele, rouele, roue de la fortune, I, 296; tache ronde de sang, I, 21.
Roeler, rouler, IV, 195, etc.
Roem, Roen, Rouen, III, 77; V, 101; VI, 1.
Rogelet ou Rogier, *nom d'un bouvier*, I, 270, 273, 276, 281, 285.
Rogier. Voy. Rogelet.
Rogier (Mgr.), I, 194.
Rogier Ertaut (Mgr.), I, 9.
« Roi (Le) d'Angleterre et le jongleur d'Ely », *fabliau publié*, II, 242; (*notes*), II, 356.
Roi. Voy. *Roiz*.
Roiamant, rédempteur, III, 314.
Roiame, royaume, V, 248.
Roie, raie, VI, 93.
Roie, Roye, en Picardie, II, 48, 84.
Roige, rouge, IV, 161.
Roillier. Voy. *Rooillier*.
Roisne, rouanne (*sorte de tarière*), II, 151.
Roit, raide, tendu, I, 232, etc.; *ce roit fait que*, aussitôt, II, 166, 167, 330.
Roiz, roi, filet, I, 301, etc.
Romacle (S.), S. Remacle, III, 44, 235.
Romant, roumanz, langue vulgaire, I, 3; II, 115.
Rome, I, 145; II, 18, 60, 79, 88; III, 236; V, 72, 162, 177.
Romme. Voy. *Rome*.
Ronchier, ronkier, ronfler, II, 210; IV, 34.
Roncin, roncyn, rouchi, cheval de fatigue, I, 154, 155, etc.; cheval entier, II, 16.
Roncinet, petit *roncin*, I, 154.
Ronçoi, roschoi, buisson de ronces, IV, 54; V, 39.
Rondel, (*nom donné au* cul *personnifié*), II, 137.
Roné, Rhône, II, 246.
Ronkier. Voy. *Ronchier*.
Roognier. Voy. *Rooingnier*.
Rooillier, roillier, froncer les yeux, avoir le regard méprisant pour, menacer, IV, 175; maltraiter, battre, II, 134; V, 61; *se roillier*, s'abattre, IV, 329.
Rooingnier, roognier, reoignier, couper, tondre, tonsurer, I, 263; III, 267, etc.
Roont, rond, I, 232.
Ros, roux, jaune, IV, 314; roussi, V, 169.
Roschoi. Voy. *Ronçoi*.
Rosné, passé à la rouanne, *au fig.* élégant de formes, V, 332. Cf. *Roisne*.

Rost, rôti, III, 232, etc.
Rot. Voy. *Rout*.
Rote, (*sorte de* cithare *ou de* psaltérion), I, 8; V, 51.
Rotruenge, (*chanson à refrain*), I, 11.
Rouable, bâton à fourgonner, IV, 124.
Rouchi. Voy. *Roncin*.
Rouele. Voy. *Roele*.
ROUGE (La MER), IV, 32.
ROUGET, *nom d'homme*, V, 53.
ROULANT, (*Allusion au héros de la* « Chanson de Roland »), I, 11.
Roumanz. Voy. *Romant*.
Roussel, roux, III, 91.
Rout, rot, rompu, déchiré, brisé, I, 283, etc.
Route, bande, I, 58, etc.
Rouver, rover, demander, I, 33, 42, etc.; commander, II, 198.
« Roy (Le jeu du) qui ne ment », III, 248, 421.
Rubeste, revêche, grossier, violent, I, 97; III, 227, 244, etc.
Ruer, ruher, jeter, I, 19, 20, 173, etc.
Ruit, rut, II, 131.
Ruit (*au lieu de* « *rui* »), ruisseau, III, 172.
Runement, chuchotement, II, 200.
RUNGEFOIE, *nom de champion*, I, 6, 10.
Rusche (*angl.-norm.*), bâton d'épines, II, 188. Cf. *Ronçoi, roschoi*.
Russhele (*angl.-norm.*), ruisseau, VI, 199, 200.
Rute, crécelle, II, 202.
RUTEBEUF, *auteur de fabliaux*, III, 103, 105, 192, 198, 215, 220, 222, 226, 263, 403; IV, 331.
Rybaudie. Voy. *Ribaudie*.
Ryuue, rywe (*angl.-norm.*), rue, II, 245; IV, 129.

S

Saaz, sas, II, 154.
Sablon, sable, V, 38, etc.
Sachant, savant, V, 172.
Sachel, sachet, sac, III, 84; IV, 182, etc.
Sachier, tirer, I, 104, 107, etc.
« Sacristain (Du) ». Voy. « Sagretaig (Du) », « Segretain (Du) », et « Soucretain (Le dit dou) ».
Sadet, gracieux, I, 146.
Saerreüre, boucle de ceinture, III, 291.
Safrené, passé à la couleur jaune, I, 289.
« Sagretaig (Dou) », *fabliau* (*incomplet*) *publié*, VI, 243; *cité*, VI, 242.
Saiel, sceau, VI, 259, 260.
Saïete, flèche, V, 255.
Saïetele, flèche, II, 151; VI, 271.
Saignacle, signe de croix, VI, 47.
Saignier, saingnier, seignier, sainier, sainnier, se signer, faire le signe de la croix sur, I, 81, etc.; VI, 251; *se saignier*, se signer, I, 21; II, 65, etc.
Saimer, rendre de la graisse, I, 114; VI, 270.

Saïn, sain, graisse de porc, I, 115; II, 127.
Sain, cloche, VI, 120, etc.
Sain, soing, sein, II, 200; IV, 182, etc.
SAINE, SAINNE, Seine, III, 68, 71, 195; VI, 243, 244.
« Saineresse (La) », *fabliau publié,* I, 289; (*notes et variantes*), II, 306.
Sainie, saignée, I, 252.
Sainier, sainnier, saigner, I, 290, etc.
Sainier, sainnier. Voy. *Saignier.*
SAINNE. Voy. SAINE.
Saint, reliques des saints, VI, 249.
SAINT ACUEIL, St-Acheul, I, 155; II, 295.
SAINT CIRE, St-Cyr, II, 9.
SAINT CORNIL, S. CORNILLE, abbaye de St-Corneille, près de Compiègne, V, 15.
SAINT DENISE, St-Denis, I, 11.
SAINT EROU, St-Evroult, I, 224.
SAINT GILLE, St-Gilles : 1° en Champagne (?), I, 135; II, 293, 294; — 2° dans le Midi, III, 98.
SAINT LEU, St-Leu-d'Esserent, entre Creil et Chantilly, I, 234.
SAINT LIS. Voy. SENLIS.
Saint Martin (*faire la nuit de*), faire bombance, V, 301; *ostel Saint Martin,* bonne hospitalité, V, 87, 94.
Saint Martin le boillant, la Saint-Martin d'été, III, 35.
SAINT MELION, St-Émilion, III, 149.
SAINT MICHEL, SAINT MICHIEL, abbaye du Mont-St-Michel, II, 171, 173, 174, 177, 331; IV, 128; V, 32.
SAINT OMER, II, 10; III, 91.
« Saint (De) Piere et du Jougleur », *fabliau publié,* V, 65; *cité,* III, 336; (*notes et variantes*), V, 316.
SAINT PORCEIN, St-Pourçain, VI, 38, 159.
SAINT SAUVEOR, St-Sauveur-le-Vicomte (?), III, 44.
Saintuare, sanctuaire, II, 88.
Sairement. Voy. *Serement.*
Saisine (*faire la*), donner à tenir, IV, 71.
Sakelet, petit sac, V, 172, etc.
SALEMON, Salomon, II, 258; VI, 47, 160.
SALERNE, II, 60.
Salhir, sortir, II, 198.
Salme. Voy. *Saume.*
Salteire, psaltérion (*instrument à cordes*), I, 8.
Samblant. Voy. *Semblant.*
Samit, velours, *p.-ê.* drap de soie sergé, III, 9, etc.
SAMUR, Saumur, III, 164.
Sanc. Voy. *Sen.*
Saner, sener, guérir, III, 133, etc.
Sanguin, couleur de sang, II, 14.
Sanler, sembler, II, 55, etc.
Sans, raisonnement, VI, 118.
Saoul, rassasié, I, 156.
Saouler, rassasier, I, 190.
Sarcel, sarcloir, II, 153.
Sarge, serge, II, 127.
Sarmon, parole, II, 17.
Sarmoner. Voy. *Sermoner.*
Sarpe, serpe, I, 5, etc.
Sarpeilliere, couverture, I, 92.
Sarqueu, cercueil, II, 175, 176.

SARRAZINS, Sarrasins, I, 294, 295, 296, etc.; II, 306.
SATENAS, SATHANAS, Satan, I, 190; VI, 37.
Sauf, entier, I, 315.
Saume, salme, psaume, IV, 214; V, 188.
Saunier, sauniere, marchand et marchande de sel, VI, 57, 65.
Sauniere, saloir, II, 154.
Sauntz (*angl.-norm.*), sans, II, 243.
Saurre. Voy. *Soudre*.
Saus, saule, I, 214.
Saus, des sous, I, 74, etc.
Sautier, psautier, II, 73, etc.
Sauvagine, *char savegine*, bêtes sauvages, gibier, *plus particulièrement* oiseaux d'eau, II, 126; VI, 36.
Sauvemant, salut, II, 120.
Sauveté (*à*), tranquillement, en sûreté, IV, 14, etc.
Sauxe, sauce, VI, 106.
Savegine. Voy. *Sauvagine*.
Saver (*angl.-norm.*), savoir, II, 194.
Savetier, II, 24, etc.
« Savetier (Le) Baillet », *le même que* « Prestre (Du) qui fu mis ou lardier ».
Saveur. Voy. *Savor*.
SAVOIE, III, 92, 93.
Savoir, sagesse, VI, 94; (*pris adverbialement*), sagement, III, 213, etc.
Savor, saveur, savour, sauce, III, 233; VI, 106, etc.; *rendre savour*, plaire au goût, III, 147.
Scos, sans grain, II, 208.
Sebelin, martre zibeline, II, 94.
Secheron, broussailles sèches, IV, 258.
Sechon, broussailles sèches, IV, 107.
Secorre, récupérer, IV, 104.
« Secretain (Du) et de dame Ydoisne ». Voy. « Segretain (Du) moine ».
Secroi, segroi, secret, V, 84.
Seel, seau, IV, 121, 125.
Segretain, soucretain, sacristain, V, 116, etc.
« Segretain (Du) moine », ou « du Segretain ou du Moine », *fabliau : 1re rédaction publiée*, V, 115; *citée*, IV, 232; VI, 242, 243; (*notes*), V, 335; — 2° *rédaction publiée*, V, 215; *citée*, IV, 232; VI, 242, 243, 278; (*notes et variantes*), V, 372; — 3° *rédaction*. Voy. « Soucretain (Le dit dou) ».
Segroi. Voy. *Secroi*.
Seignerre, faisant métier de saigner, I, 5.
Seignier. Voy. *Saignier*.
Seignor, (*cas sujet*) *sire*, mari, I, 98, 117, etc.
Seignorie, domination, I, 185.
Seignorir, avoir la puissance, VI, 95.
Seille, seau, I, 265.
Sejor, sejour, action de séjourner, retard, I, 322; II, 96, etc.; *à sejour*, au gîte, III, 222.
Sejorner, attendre, V, 33.
Sel (*don de*), *au sens de* peu de chose, IV, 170.
Sel, si (*expl.*) le, VI, 69.
Sele, escabeau, I, 276, etc.
Sele charretiere, sellette pour cheval, II, 150.

Selete, petit banc, trépied, V, 357.
Selve, forêt, I, 257.
Semblant, samblant, air de visage, apparence, I, 112, 118, etc.
Semondre, semonre, semoigner (*angl.-norm.*), appeler, inviter, I, 45; II, 242, etc.; assigner en justice, VI, 92.
Semonsse, assignation, V, 145.
Sempres, toujours, I, 202, etc.
Sen, sanc, sens, I, 327; IV, 136, etc.
Sené, plein de sagesse, de sens, I, 29, 43, etc.
Senefiance, signification, I, 95.
Sener. Voy. *Saner*.
Senestre, gauche, I, 285.
Senestrier (*seoir*), monter à cheval à gauche (*en femme*), IV, 17.
Senglement, séparément, VI, 252.
Sengler, sanglier, II, 130.
SENLIS, SENLIZ, SAINT LIS, Senlis, I, 71; II, 14, 279; III, 36.
SENS, I, 46; II, 74, 260; III, 137; V, 65.
Sente, VI, 98.
Sentele, sentier, I, 59.
« Sentier (Le) batu », *fabliau de* JEAN DE CONDÉ, *publié*, III, 247; (*notes*), III, 420.
Sentier (*tenir mauvais*), être en mauvais point, II, 120.
Sentu, senti, II, 20, etc.
Seoir, siège, III, 15, 203.
Septime, septième, I, 41.
Seraine, sirène, II, 84.
Sercot. Voy. *Sorcot!*
Sercotel, sercotiel. Voy. *Sorcotel*.
Serement, sairement, soirement, serment, I, 253, etc.
Sergant, serjant, serviteur, I, 231, etc.
Seri, serein, pur, calme, I, 54, etc.; *en serit*, en repos, II, 36.
Serjant. Voy. *Sergant*.
Sermonement, discours, II, 156.
Sermoner, sarmoner, parler, prêcher, IV, 172; V, 8.
Serorge, beau-frère, III, 41.
Serre, garde, VI, 57; serrure, III, 98.
Serré, verrouillé, I, 118.
Serventois, sirventois, dit satirique, III, 30; chanson à la Vierge, I, 11.
SERVESTRE (S.). Voy. SILVESTRE (S.).
Setanbre, septembre, V, 37.
Seue, sienne, I, 118, etc.
Seurpris, encombré, I, 35.
Sevrer, séparer, II, 229.
Sestier, sistier, setier, I, 226; V, 54.
Sez, satisfaction, fantaisie, I, 206.
Si, (*cas suj. devant* s), son, VI, 109.
Siecle, foule, peuple, V, 118.
Siecler, faire le mondain, V, 173.
Sient, savant, VI, 267.
SIERSANT (*sans doute pour* FRESENT), *femme de* BOIVIN DE PROVINS, V, 56.
Sifait, tel, VI, 263, etc.
Sifailement, ainsi, VI, 261.
Signourie, direction, II, 7.
SILVESTRE (S.), S. SERVESTRE, S. Sylvestre, I, 77; V, 88.
SILVESTRE, *nom d'un prêtre*, II, 50, 52, 63, 69, 79, 89, 90.
Simaigne, semaine, II, 224.
SIMON (S.), I, 187; II, 17, 27, 37, 252; IV, 204; V, 380.

SIMON : 1° *nom d'un compère*, I, 101, 102, 103, 106, 107, 108, 109, 110 ; — 2° *nom d'un charretier*, III, 99 ; — 3° *nom d'un Jacobin*, III, 114 ; — 4° *nom d'un Franciscain*, III, 267, 268, 269, 270, 272.
Simple, humble, modeste, I, 322 ; d'apparence jeune, V, 173.
Sine. Voy. *Sisne*.
SIRE (S.). Voy. CIRE (S.).
Sire. Voy. *Seignor*.
« Sire Hain (De) et de dame Anieuse », *fabliau publié*, I, 97 ; *cité*, VI, 272 ; (*notes*), II, 290.
SIROUT, *nom d'homme*, V, 54.
Sirventois. Voy. *Serventois*.
Sisne, *sine*, le point de six aux dés, V, 76, 320.
Sistier. Voy. *Sestier*.
Siu, suif, II, 127, 322.
Soaidier, souhaiter, V, 165.
Soavet. Voy. *Souavet*.
Sodomite, II, 81.
Soe, sienne, I, 297.
Soef. Voy. *Souef*.
Soffrete. Voy. *Soufraite*.
Sofre, souffre, V, 162.
Sogitier, soumettre, V, 250.
« Sohaiz (Li) desvez », *fabliau de* JEHAN BEDEL, *publié*, V, 184 ; (*notes*), V, 358.
« Sohaiz (Des) que sainz Martins dona envieus et coveitos ». Voy. « Couvoiteus (Del) et de l'Envieus ».
Soi, soif, III, 219, etc.
Soieor, moissonneur, III, 41.
Soier, (*pour* « *sier* »), couper, I, 154, 218 ; II, 103.
Soignant, *soingnant*, maîtresse, I, 299 ; IV, 167.
Soing. Voy. *Sain*.
Soingne, rêve, II, 157.
Soirement. Voy. *Serement*.
SOISSONS, I, 72, 305 ; II, 185, 280 ; VI, 267 ; *vin de* SOISSONS, II, 16.
Soivre, sauce épicée, II, 55, 56.
Sol. Voy. *Soul*.
Solacier, amuser, réjouir, II, 41, etc. ; se divertir, I, 16 ; faire l'amour, I, 31, etc.
Solaz, *soulas*, plaisir, réjouissance, I, 74, 199, etc. ; acte amoureux, I, 139, 199, etc.
Sole. Voy. *Suele*.
Soler, *soller*, soulier, II, 153, etc. ; *monter sus ses soulers*, se mettre en chemin, VI, 34.
Solïer, chambre haute, I, 74, 120, 121, etc.
Solleret, soulier, V, 65 ; VI, 277.
Soloir. Voy. *Souloir*.
Soloit, souci, I, 264.
Somac (*en*), obliquement, I, 211.
Some, *somme*, achèvement, fin, I, 26, etc. ; résumé, I, 14.
Somellous, ensommeillé, IV, 9.
Somme. Voy. *Some*.
Sommeillier, dormir, IV, 101.
Sommer, additionner, V, 54.
Sommier, cheval portant les bagages, I, 71, etc.
Son, bout, extrémité, III, 83.
Son, sien, II, 7.
« Songe (Le) des Vis », *fabliau cité, le même que le* « Sohait desvé », *sujet qui semble avoir été traité à la fois par* JEAN DE BOVES *et* JEAN BEDEL, I, 153 ; V, 359.

SONGEFESTE, *nom d'un ménestrel*, I, 10.
Sons, sommes (nous), VI, 178.
Sor, saure, de couleur jaune feu, II, 95; V, 137, etc.
Sorboire, *sousboire*, sommelier, IV, 27, 227.
Sorcot, *sercot*, surcot, (*robe de dessus*), I, 208, 279; V, 8, etc.
Sorcotel, *sercotel*, *sercotiel*, surcot, II, 157, etc. Cf. *Sorcot*.
SORIN, *nom d'homme*, V, 53.
Sordire, accuser, IV, 17.
Sordois, pis, I, 187.
Sore, sus, VI, 243.
Sorent (*angl.-norm.*), suros, II, 246.
Sorfet, orgueilleux, III, 176.
« Sorisete (De la) des estopes », *fabliau publié*, IV, 158; (*notes*), IV, 279.
Sormonter, dépasser, VI, 84.
Soronder, abonder, III, 266.
Sort, prédiction, IV, 182.
Sort, sourd, V, 25.
Sot, bouffon, I, 302.
« Sot (Du) Chevalier », *fabliau publié*, I, 220; (*cité*), IV, 280; (*notes*), II, 299.
Sotelet, niais, II, 160.
Sotir, plaisanter (*en action*), II, 142.
Souavet, *soavet*, doucement, délicatement, I, 189, etc.
Souche, morceau de bois, II, 253.
Souchier, soupçonner, supposer, V, 299.
« Soucretain (Le dit dou) », *fabliau de* JEAN LE CHAPELAIN, *publié*, VI, 117; *cité*, VI, 242, 243; (*notes et variantes*), VI, 239.
Soucretain. Voy. *Segretain*.
Soudée, payement, gages, II, 186, etc.
Soudoier, *souder* (*angl.-norm.*), mercenaire, III, 65; VI, 198.
Soudre, *saurre*, payer, I, 156; IV, 109.
Souduiant, traître, I, 186, etc.
Souef, *soef*, doux, I, 30, etc.; (*pris adv.*), doucement, I, 51, etc.
Souentre, après, IV, 116.
Souer (*dans la bouche d'un Anglais*), suer, II, 178.
Soufachier, soulever, IV, 182, etc.
Souffrete. Voy. *Soufraite*.
Souflerie, vent, III, 79.
Soufraindre, manquer, II, 149; IV, 170.
Soufraite, *souffrete*, *soffrete*, manque, I, 31, 147, etc.
Soufraiteus, *soufretous*, privé, pauvre, III, 227, etc.
Sougit, soumis, V, 246.
« Souhaits (Les) ridicules », *conte de Perrault*, V, 369.
Soul, *sol*, seul, I, 309, etc.
Soulagier, distraire, II, 67.
Soulas. Voy. *Solaz*.
Souler. Voy. *Soler*.
Souloir, *soloir*, avoir l'habitude, être accoutumé, I, 82, 186, etc.
Soupape, coup à plat sous le menton, I, 105, 214.
Soupe, pain trempé, I, 128.
Soupeliz, *souplit*, surplis, IV, 29, 91.
Soupploier, supplier, I, 324.
Soupriour, sous-prieur, V, 241.
Sourdance, source, VI, 137.
Souscanie, cotte ou robe de

dessous ajustée à la taille, II, 169.
Sousclochier, boiter, I, 156.
Soushaucier, sozhaucier, soulever, surélever, IV, 101; V, 2.
Souspendre, suspendre (*au propre et au fig.*), V, 146.
Sousplanter, soustraire, IV, 106.
Souspris, épris, III, 54.
Soutain, solitaire, I, 30.
Soutif, avisé, I, 72.
Soutillier, s'ingénier, II, 172.
Soutilment, finement, VI, 59.
Soutraire, enlever, VI, 43.
Souvin, placé sur le dos, II, 68, 138, etc.
Soviner, étendre sur le dos, VI, 29.
Sozhaucier. Voy. *Soushaucier*.
Sozlever, soulever, IV, 151.
Sozpeser, soupeser, V, 9.
Sucié, amaigri, I, 326, 327.
Suele, sole, solive du plancher, I, 127; IV, 100.
SUERÉE, SUERETE, *nom de femme*, III, 76, 77, 80.
Suen, sien, IV, 144.
Sueur, cordonnier, ouvrier travaillant le cuir, VI, 92.
SUEVRE, Sèvre (*rivière*), VI, 46, 160.
Sur, aigre, II, 198.
SYMON, SYMOUN. Voy. SIMON.
Synople, rouge, II, 95.

T

Tabar, manteau rond, II, 260.
« Table (Romans de la) ronde », I, 4.
Tabour, tabor, tambour, I, 276, etc.; *au fig.* VI, 147.
Tabourer, taborer, jouer du tambour, II, 125; *au fig.* VI, 147, 149.
Tacon, pièce remise à la chaussure, II, 165; IV, 106.
Tagonner, harceler, I, 327.
Tahon, taon, IV, 181.
Tai, bourbier, I, 197; IV, 190; V, 176.
Taillant, décharné, I, 156; désireux, III, 62.
Taindre, teindre, changer de couleur, pâlir, I, 205, etc.
Taion, grand-père, I, 89, etc.
Taiseron, morceau de bois, I, 287.
Taisir. Voy. *Tesir*.
Taisson, blaireau, IV, 113.
Talent, talant, désir, pensée, I, 112, 156, etc.; *fere son talent*, arriver au but de ses désirs, I, 257; *mal talent*, voy. *Mautalent*.
Talvace, mégère, II, 184.
Tamer (se), avoir peur, V, 378.
TAMICE, Tamise, II, 13.
Tançon. Voy. *Tençon*.
Tançonier, querelleur, V, 373.
Taner, ennuyer, VI, 267.
Tanster, tâter, III, 108.
Tapir, cacher, I, 265; III, 182, etc.
Tapis, VI, 230.
Tarere, tarière, II, 150.
Targe, bouclier, II, 56; *faire sa targe*, se bourrer, IV, 34.
Targier, tarjier, tarder, I, 190, etc.
Tarier, persécuter, tourmenter, taquiner, I, 241, 245; VI, 26.
TARSE, V, 168.

Tart (*estre*), tarder, IV, 42.
Tarte, (*au sens de* peu de chose), I, 242.
Tasche (*en*), *en tasque*, à la tâche, I, 310; à son service, V, 330.
Tassel (*faire la compaignie*) *à*, tromper, V, 45.
Tastoner, *tastonner*, masser doucement, III, 40; V, 283, etc.
Taverneret, fréquentant les tavernes, V, 215.
Teche, qualité, I, 44, etc.
Tehir, pousser, grandir, I, 163.
Teindre. Voy. *Taindre*.
Teint, teinture, VI, 19, 20, 21.
Tele (*fém.*), tel coup, VI, 243.
Temple, tempe, I, 206.
Tempoire, temps, VI, 69.
Tempre, de bonne heure, II, 213; IV, 25, etc.
Tenailles, I, 149.
Tenant (*en un*), de suite, I, 221.
Tence, *tenche*, dispute, contestation, III, 115, etc.
Tencheus, querelleur, II, 202.
Tencier, *tenchier*, disputer, discuter, III, 211, etc.; se disputer avec, IV, 50, etc.
Tençon, *tançon*, dispute, querelle, I, 47, 75, etc.
Tendre, se raidir, III, 52.
Tendrour, tendresse, II, 196.
Tenement, fief, II, 2, 7.
Teneüre, champ, III, 351.
Tenser, *tensser*, protéger, I, 45; IV, 87, etc.; *se tenser*, se préoccuper, IV, 12.
Tentir, retentir, VI, 60.
Tenue, possession, VI, 117.
Terçuel, tiercelet (*petit oiseau de proie*), I, 238.
Terdre, essuyer, I, 85; III, 245, etc.
Termine, terme, I, 47, etc.; temps, VI, 69.
Terri, (*lisez « traï »*), II, 72.
Teruene, Thérouanne, en Artois, VI, 155.
Tesir, *taisir*, taire, I, 298, etc.
Tesniere, terrier, II, 240.
Tessoncel, petit tesson, VI, 34.
Test, pot, III, 77, 78, 79, 80.
« Testament (Le) de l'asne », *fabliau de Rutebeuf*, *publié*, III, 215; *cité*, VI, 275; (*notes*), III, 402.
Testée, coup à la tête, V, 64.
Tester, donner un coup de tête en choppant (*en parlant d'un cheval*), VI, 105.
Tetel, mamelle, VI, 184.
Teuse. Voy. *Touse*.
Theophile (S.), II, 143.
Thibaut, *nom d'un ribaud*, III, 58, 59, 61, 62, 64, 65, 66.
Thiebaut (S.), II, 282.
Thiebaut, *nom d'homme*, V, 161.
Thomas (S.), II, 179, 196; III, 63, 210, 211, 212; V, 96; VI, 259.
Thoumas, *nom d'un boulanger*, VI, 129, 133, 134, 135.
Thumas (S.). Voy. Thomas (S.).
Ti, toi, III, 61, etc.
Tibaut de Viane, (*Allusion volontairement fautive à* Thibaut d'Aspremont), I, 4; II, 272.
Tibout, *nom d'un métayer*, V, 232, 233, 235, 236, 239, 240, 242.
Tiebaut. Voy. Thiebaut.
Tiece, Tiesse, *nom de deux femmes*, I, 176; V, 55, 56.

TIECELIN, *nom d'un ménestrel*, I, 10.
Tierce, neuf heures du matin, IV, 128.
TIERRI D'ENFER, *nom d'un champion*, I, 10.
TIESSE. Voy. TIECE.
TIEUS. Voy. TIOIS.
TIFAIGNE, *nom d'une marchande de Paris, la même que* FRESENT, III, 146, 148, 154.
Tifete, (*arcelet soutenant les cheveux sur la tête des femmes*), II, 343.
Tigiel, tijuel, jambe des braies, I, 104; II, 290; IV, 96, 107.
Tille, écorce de tilleul, I, 154.
Timon, cuisse, I, 267.
Tinel, tiné, bâton, I, 3, 6, etc.
Tinel, baquet, I, 243.
TIOIS, TIEUS, TYOIS, bas-allemand, néerlandais, II, 180, 238; III, 117.
Tippe ne toppe, (*locution sans doute empruntée au jeu de dés*), VI, 154.
Tirant, tourmenteur, V, 78.
TIRANT, *nom d'un ménestrel*, I, 10.
Tire (*à*), d'affilée, I, 283; II, 235.
Tison, morceau de bois, V, 62, etc.
Tisonner, harceler, I, 327, etc.
Tiue, tienne, I, 101, etc.
Toaille. Voy. *Touaille*.
Toeillier. Voy. *Tooillier*.
Toie, tienne, III, 238, etc.
Toile (*chançon de*), (*chanson qui se chante en filant*), V, 256.
Toise (*à*), en visant, IV, 35; *aler mout à toise*, faire un long chemin, V, 193.
Toissu, tissu, III, 11, etc.
Toitel, appentis, I, 134, 265; IV, 261.
Tolu, toloit, pris, volé, V, 235; VI, 73.
TOMAS (S.). Voy. THOMAS (S.).
Tondre, couper avec des cisailles, IV, 157.
Tonel, tonneau, VI, 232.
TONGRES, en Limbourg, I, 225.
Tonoirre, tonnerre, II, 128.
Tooillier, toeillier, remuer, agiter, disperser (pour éteindre), I, 287; IV, 125.
Toppe. Voy. *Tippe*.
Tor, taureau, VI, 111, 112, etc.
TOR, *personnage de la Table ronde*, III, 11.
Toraill, verrou, V, 35.
Toraille, (*endroit où l'on sèche les grains pour la fabrication de la bière*), II, 154.
TORAINE, Touraine, VI, 70, 166.
Torbe, motte de tourbe, IV, 194.
Torbe, troupe, I, 285, etc.
Torbler, troubler, IV, 37.
Torchier, essuyer, III, 71; fabriquer avec du torchis, III, 60.
Torchon, torçon, poignée de foin, V, 122, 130, 228, etc.
Torciel, trousseau, ustensiles de ménage, II, 168. *Même mot que « troussel »*.
Torcoise (*à la*), à la turque, V, 209.
Torçon. Voy. *Torchon*.
Toret, torete, touret (*passe de linge fin cachant le front des femmes*), II, 342.
Tormente, tourment, I, 263.
TORNAI, TORNAY, Tournai, II, 208; VI, 187.
TORNE EN FUIE, *nom d'un ménestrel*, I, 10, 270.
Torner, tourner, changer de po-

sition, II, 164. 165; *se torner*, s'en aller, IV, 53.
Tornier, tornoier, tourneyer(angl.-norm.), manier, V, 278; prendre part à un tournoi, II, 96, 249, etc.
Tornoiement, tournoiement, tournoi, I, 26, 40, etc.
Torsier, (*lisez « Torner »*), IV, 1.
Tort, tordu, I, 278.
Tortel, tourte de pain, I, 5, 184; III, 245, etc.
Tos, tôt, V, 129, etc.
Touaille, toaille, tuelle, serviette, napperon, I, 124, etc.
Tourner. Voy. *Torner*.
Tourneyer. Voy. *Tornier*.
Tournoiement. Voy. *Tornoiement*.
Touse, teuse, jeune fille, I, 140; V, 7.
Touser, couper les cheveux à, V, 266.
Toutevoies. Voy. *Voie*.
Tozdis, toujours, I, 224, etc.
Trache, piste, IV, 21; action, VI, 249.
Tracier, poursuivre, I, 228, etc.
Trahitier, traître, I, 186.
TRAIANT, *nom d'un ménestrel*, I, 10.
Traime, trame, III, 194.
Traïner, traîner, VI, 150.
Traïtesse, traîtresse, V, 139.
Traitis, bien dessiné, IV, 169.
Trametre, transmettre, envoyer, I, 73, etc.
TRANCHEFUNDE, *nom d'un sergent*, I, 10.
Tranchier, couper, III, 255, etc.
Tranler, trembler, VI, 261.
Transgloutir, avaler, II, 138.
Trappe, cachette, *au fig.* III, 30.
Trau. Voy. *Treu*.
Traveillier, fatiguer, I, 212, 287, etc.; faire de la peine à, VI, 146; être tourmenté, I, 262.
Travers, passage, IV, 126.
TRAVERS, *nom d'un voleur*, IV, 93, 94, 95, 96, 97, 99, 100, 101, 102, 103, 104, 105, 106, 107, 108, 109, 110, 111.
Trebuchier, renverser, I, 276, 278; II, 173.
Trece, tresce, tresse de cheveux, I, 248, etc.
Trecherie, tromperie, IV, 1.
Trechié, tressé, V, 69.
Trechier (*fors*), enlever, V, 60.
Treculer, reculer, I, 115.
Tref, poutre, II, 190.
Trefuire (*juiel*), bijou travaillé à jour, II, 125.
Tregetour, enchanteur, II, 242.
Treillie, grillage en bois, I, 205.
Tremeler, jouer au *tremerel*, V, 77.
Tremelere, trumelere, joueur de *tremerel*, I, 219; II, 160; IV, 96.
Tremerel, *sorte de* jeu de dés, V, 71.
TRENCHEFER, *nom d'un sergent*, I, 6.
Trepeil, préoccupation, trouble, I, 200, 260.
Trés, tout à fait, I, 173, etc.; depuis, VI, 3; *trés que*, jusqu'à ce que, I, 306.
Tresbusier (*se*), se laisser tomber, II, 62.
« Tresces (Des) », *fabliau publié*, IV, 67 (*autre version de la* « Dame qui fist entendant son mari qu'il sonjoit », V, 132);

cité, VI, 275; (*notes*), IV, 236.
Treschier, danser, III, 150.
Trescorir, courir devant, V, 90.
Tresfremir, frémir tout entier, I, 230.
Tresgiter, jeter hors, V, 136.
Trespas, faute, I, 164.
Trespassement, transgression, III, 176.
Trespasser, passer devant, I, 215; oublier, IV, 78; finir, achever, III, 157.
Trespensé, pensif, II, 98, 108.
Trespensser (*se*), être préoccupé, VI, 107.
Tresque, danse, sauterie : *hors de tresque*, hors de jeu, hors de cause, IV, 39.
Tressaillir, fausser, I, 148.
Tressi, de sorte, IV, 9.
Tressuer, *tresuer*, suer de tout le corps, I, 20, etc.
Trestor, détour, I, 113.
Trestorner, tourner, changer, III, 32, etc.
Trestout, *trestot*, *trestuit*, tout, I, 120, 141, etc.
Trestranbler, trembler de tout le corps, II, 237.
Trestuit. Voy. *Trestout*.
Tresuer. Voy. *Tressuer*.
Tresvenir, arriver, I, 155.
Treu, *trau*, trou, I, 222, 231, etc.
Treuage, tribut, I, 296.
Trible, crible, II, 154.
Tribouz, tracas, ennui, V, 240.
Trichart, trompeur, II, 180.
Tricheor, (*cas suj.*) *trichiere*, trompeur, III, 175; IV, 116, etc.
Tricherie, *trycherie*, tromperie, II, 242, etc.
Tricherresce, III, 102, etc.
Trichiere. Voy. *Tricheor*.
Triers, derrière, V, 50.
Triole, trille, II, 198.
Tripot, intrigue, IV, 180.
Trippe, tripe, III, 145, 155.
« Tristan » (*Allusion au poème de*), I, 108, 319.
TROIE, en Asie-Mineure, I, 172.
Troie, *troies*, trois (*au jeu de dés*), III, 59; V, 75.
TROIES, Troyes, en Champagne, III, 59, 89, 90, 100.
« Trois (Des) Aveugles de Compiengne », *fabliau publié*, I, 70; (*notes et variantes*), II, 278.
« Trois Boçus (Des) », *fabliau publié*, I, 12; *cité*, IV, 232; VI, 242; (*notes*), II, 275.
« Trois (Des) Chanoinesses de Couloingne », *fabliau de* WATRIQUET, *publié*, III, 137; (*notes*), III, 366.
« Trois (Des) Chevaliers et del Chainse », *fabliau de* JACQUES DE BAISIEUX, *publié*, III, 123; (*notes*), III, 364.
« Trois (Des) Dames », *fabliau publié*, IV, 128 (*autre version des* « Trois dames qui troverent un vit », V, 32); *cité*, VI, 155; (*notes*), IV, 274.
« Trois (Des) Dames de Paris », *fabliau de* WATRIQUET, *publié*, III, 145; (*notes*), III, 368.
« Trois (Des) Dames qui trouverent l'anel », *fabliau* : 1re *rédaction publiée*, I, 168; *citée*, VI, 276; (*notes*), II, 296; — 2e *rédaction publiée*, VI, 1; *citée*, VI, 272, 276; (*notes*), VI, 153; — 3e *rédaction* (*in-*

complète) *publiée*, VI, 154; *citée*, VI, 272, 276.

« Trois (De) Dames qui troverent .I. vit », *fabliau publié*, V, 32 (*autre version des* « Trois Dames », IV, 128); *cité*, VI, 155; (*notes*), V, 304.

« Trois (Des) Femmes qui trouvèrent une image », *le même que de* « Trois Dames qui troverent .I. vit ».

« Trois (Des) Larrons ». Voy. « Barat (De) et de Haimet ».

« Trois (Des) Meschines », *fabliau publié*, III, 76; (*notes*), III, 341.

« Trois (Les) Souhaits », *conte de La Fontaine*, V, 369.

Trompe (*bailler la*), tromper, I, 12.

Tropé, troupeau, III, 230, 244.

Trosser. Voy. *Trousser*.

Trot (*ne pouvoir*) *ne galot*, n'être capable de rien, VI, 86.

Trouble, troublé, IV, 79.

Trous, trognon, I, 2.

Trouser. Voy. *Trousser*.

Troussel, portemanteau, III, 91.

Trousser, trouser, trosser, trouxer, I, 77; II, 16, etc.

Troussevache (rue), à Paris, II, 125.

Trouveor, trovor, conteur, trouvère, I, 8; V, 245.

Trouveüre, trouvure (*angl.-norm.*), *trovour* (*id.*), trouvaille, IV, 83, 128, 129.

Trouxer. Voy. *Trousser*.

Trovor. Voy. *Trouveor*.

Trovour. Voy. *Trouveüre*.

Truander, mendier, I, 2, etc.

Truant, mendiant, III, 153; misérable, méprisable, III, 94, 423.

Truel, filet, III, 70.

Trueve, trouvaille, IV, 238.

Trufe, truffe, trufle, plaisanterie, badinage, III, 116, 117, etc.; histoire plaisante, III, 137, etc.

Trufer, truffer, se moquer de, I, 76, etc.

Truffeur, celui qui débite des bagatelles, II, 242.

Trufle. Voy. *Trufe*.

Trugle, truble (*sorte de filet*), II, 325.

Trumel, jambe, IV, 181.

Trumelere. Voy. *Tremelere*.

Truple (*angl.-norm.*), trouble, folie, VI, 198.

Trycherie. Voy. *Tricherie*.

Tuelle. Voy. *Touaille*.

Tuertis, torche, VI, 6.

Tuiel, tuyau, I, 292.

Tuis (?), muni d'un tuyau, troué, III, 57.

Tuterel, *nom d'un ménestrel*, I, 10.

Tybert, *nom d'homme*, II, 204.

Tyois. Voy. *Tiois*.

Tywler (*angl.-norm.*), fabricant de tuiles, II, 247.

U

Ues, hues, oes, besoin, usage, I, 171, etc.

Uis, us, wis, huis, porte, I, 19, 21, 115, etc.

Uller, usler, hurler, I, 150; II, 340, etc.

Umelier (s'), s'adoucir, III, 272.

« Une (D') seule fame qui à son

con servoit cent chevaliers de tous poins », *fabliau publié*, I, 294; *cité*, III, 285; (*notes et variantes*), II, 306.
URIEN, père d'YVAIN, *personnage de la Table ronde*, III, 17.
Us. Voy. *Uis*.
Usler, brûler, II, 154.
Usler. Voy. *Uller*.

V

Vain, *vein*, bon à rien, malade, I, 285, 287, etc.
Vaine, veine, *au fig*. cours d'eau, bras de fleuve, III, 71.
Vaingnon. Voy. *Gaignon*.
Vaintre. Voy. *Veintre*.
Vair, varié, de différentes couleurs, qui reflète plusieurs couleurs, (*en parlant du cristal*), I, 238; gris-bleu, (*en parlant des yeux*), I, 138, 139; II, 95; gris-pommelé, (*en parlant d'un cheval*), I, 30; en petit-gris, (*en parlant d'une fourrure*), V, 64; (*pris substantivement*), *la fourrure même*, petit-gris, II, 124, 126.
« Vair (Le) Palefroi », *fabliau publié*, I, 24; (*notes*), II, 276.
Vaissel, *vassal*, cruche, VI, 102, 129.
Vakielle, petite vache, II, 161.
VALIER (S.), II, 67.
Valiere, petite vallée, creux, *au fig*. IV, 137.
Vallet, *vaslet*, enfant mâle, II, 155; jeune homme, I, 83, 250, etc.; jeune marié, III, 68.
« Vallet (Du) aus douse fames », *fabliau publié*, III, 186; *cité*, VI, 274; (*notes et variantes*), III, 382.
« Vallet (Du) qui d'aise à malaise se met », *fabliau publié*, II, 157; (*notes*), II, 328.
Valleton, *valeton*, tout jeune homme, II, 347, etc.
Vallot, jeune homme, III, 224.
Value, valeur, IV, 167.
Vaner. Voy. *Vener*.
Vangement. Voy. *Vengement*.
Vantance, vantardise, IV, 66.
Vanterre, vantard, IV, 57.
Vardecors, (*robe courte avec demi-manches*), III, 150.
Vasal, *vassal*, jeune homme, V, 21, etc.; courageux, III, 170, 171.
Vaslet. Voy. *Vallet*.
Vassal. Voy. *Vaissel*.
Vaucel, petite vallée, I, 267.
Vavassor, vavasseur (*officier féodal gérant un fief*), I, 220, 255, etc.
Veage, voyage, II, 223.
Vece, vesce, II, 127.
Vechien, voisin, II, 200.
Veel, veau, V, 135, etc.
Veele (*angl.-norm.*), vieille, II, 184.
Veer, défendre, empêcher, refuser, I, 42, etc.
Vein. Voy. *Vain*.
Veintre, *vaintre*, vaincre, III, 187; IV, 156.
Veïr, *vir*, *ver* (*angl.-norm.*), voir, I, 173; II, 160, etc.
Velimos, parcheminé, IV, 318.
Vendage, vente, I, 157.

Vendenge (fouler la), passer sur le corps, VI, 150.
Vendoise, (*sorte de carpe*), II, 10, 13; (*au sens de* peu de chose), I, 91.
VENDOSME, Vendôme, IV, 80.
Vendue, vente, III, 216.
VENELAUS, VENELAS, *amante de* GAUVAIN, III, 16, 19.
Veneor, valet de chien, VI, 97.
Vener, vaner, vanner, V, 25.
Vengement, vangement, vengeance, I, 100, 256, etc.
Venoison, gibier, I, 220, etc.
Venredi aouré, vendredi saint, V, 80.
Venteler, s'agiter au vent, II, 19.
Ventement, vantardise, III, 187.
Venteor, fanfaron, III, 191.
Venteuse, ventoise, ventouse, I, 289, 291; *au fig.* IV, 196.
VENTILAS, *nom d'un chevalier*, V, 44, 45.
Ventoise. Voy. *Venteuse*.
Ventousierre, poseur de ventouses, I, 5.
Ventrée, plénitude de ventre, IV, 119, 121.
Ventreillier, aller à la selle, IV, 121.
Ventresche, ventre, IV, 321.
Venvole, girouette (?), II, 202.
Ver. Voy. *Veïr*.
Verai, vrai, I, 24, etc.
Veraiement, vraiment, I, 30, etc.
VERCELAI, Vezelay, V, 151.
Vere (prime), printemps, VI, 46.
Vergié, verger, I, 256, etc.
Vergoigne, vergoingne, honte, III, 89, etc.
Vergoignier (se), avoir honte, II, 82.
Vergunder, déshonorer, honnir, II, 233.
Vermeil, de teint rose, VI, 101.
Veroil, verrou, I, 203, etc.
Vert de Douai, (*sorte de drap*), II, 13.
Verté, vérité, I, 116, etc.
Vertir, tourner, II, 9.
Vertoillier, boucher par une bonde, *au fig.* I, 235.
Vertu, force, I, 326.
Vertuel, bonde, IV, 315.
« Vescie (Le) à prestre », *fabliau de* JACQUES DE BAISIEUX, *publié*, III, 106; (*notes*), III, 357.
Vesie, vessée, vessie, III, 116; *vendre la vessée*, tromper, V, 296.
Vesprée, soir, I, 74, etc.
Vesque, évêque, III, 219, etc.
Vessée. Voy. *Vesie*.
Vesteüre, vêtement, III, 263, etc.
Vesti, vêtu, II, 199, etc.
Veule, vuele, volage, léger, mou, I, 264; IV, 2, 31.
« Veuve (La) », *fabliau de* GAUTIER LE LONG, *publié*, II, 197; (*notes et variantes*), II, 338.
Viaire, visage, I, 29, 62, etc.
Viande, victuaille, I, 99; *au fig.* IV, 145.
Viaus, au moins, IV, 24, 123.
Viele, (*sorte de* violon), I, 5, 8, 10, etc.
Vieler, jouer de la vielle, I, 49; II, 125; IV, 115, etc.; accompagner sur la vielle, I, 145.
« Vielle (De la) escoillie ». Voy. « Dame (De la) escolliée ».
« Vielle (De la) qui oint la palme au chevalier », *fabliau publié*,

V, 157; (*notes et variantes*), V, 347.
« Viellette (De la) » *ou* « de la Vielle Truande », *fabliau publié*, V, 171; *cité*, VI, 277; (*notes et variantes*), V, 350.
Vier, vider, IV, 265.
Viés, viez, vieux, vieille, I, 51; II, 4, etc.
Vif, vivant, II, 93.
Vigrous, vigoureux, III, 188.
Vil, de basse naissance, II, 217.
Vilain, paysan, I, 132, etc.; méprisable, I, 183.
« Vilain (Du) à la coille noire ». Voy. « Coille (De la) noire ».
« Vilain (Du) Asnier », *fabliau publié*, V, 40; (*notes*), V, 305.
« Vilain (Du) au buffet », *fabliau publié*, III, 199; (*notes et variantes*), III, 387.
« Vilain (Du) de Bailluel », *fabliau de* JEAN DE BOVES, *publié*, IV, 212; *cité*, VI, 276; (*notes et variantes*), IV, 331.
« Vilain (Le) de Farbu », *fabliau de* JEAN DE BOVES, *publié*, IV, 82; (*notes et variantes*), IV, 238.
« Vilain (Du) Mire », *fabliau publié*, III, 156; *cité*, VI, 174; (*notes et variantes*), III, 370.
« Vilain (Du) qui conquist paradis par plait », *fabliau publié*, III, 209; *cité*, VI, 274; (*notes et variantes*), III, 395.
« Vilain (Du) qui donna son ame au deable », *fabliau publié*, VI, 34; (*notes*), VI, 159.
« Vilain (Du) qui quida estre mors ». Voy. « Vilain (Du) de Bailluel ».
Vilanie, déshonneur, VI, 9, etc.
Vile, ferme, V, 85.
Vilein. Voy. *Vilain*.
Vilenel, vilain, V, 312.
Vilenois, vilain, V, 307.
Vilete, petite maison des champs, II, 48; ferme, IV, 11.
Vilonie, action vile, I, 268, etc.
Vilotier, de mauvaise vie, V, 331.
Vilté, vité, viuté, vilenie, action honteuse, VI, 111; mépris, I, 219; pauvreté, VI, 119.
Vimon, *pièce d'un fer de moulin* (?), I, 152, cf. *Jemble* (*p.-ê. pour* VIMOU, Vimeu, VI, 271).
VINCENT (S.), III, 245; V, 119, 177.
VINCESTRE, Winchester, dans le Hampshire, I, 58; II, 277; IV, 32.
Vingnée, récolte de vin, II, 140.
« Vins (Des) d'ouan », *dit publié*, II, 140; (*notes*), II, 323.
Viole, grand violon, III, 271.
Vir. Voy. *Veïr*.
VIRE, I, 178.
Virenli, virelai, I, 143.
Vis, avis, I, 16, 37, etc.
Vis, visage, I, 301; II, 98, etc.
Viser, voir, II, 21.
Visetere, prêtre visiteur de couvents, VI, 269.
Viseus, *vizious*, bien avisé, I, 114; II, 162, 329, etc.
Visnage, voisinage, I, 101.
Vitaille, victuaille, V, 126, etc.
Vité. Voy. *Vilté*.
Vite, vie, V, 173.
Viument, vilement, I, 99.

Viuté. Voy. *Vilté*.
VIVIEN DE BOURGOGNE, (*Allusion volontairement fautive à* VIVIEN D'ALESCHANS), I, 4; II, 271.
Vizious. Voy. *Viseus*.
Voe (*male*), perdition, IV, 80.
Voer, faire vœu de, III, 260.
Voidie. Voy. *Voisdie*.
Voie (*toute*), *totes voies*, toutefois, cependant, I, 109, 118, etc.
Voiete, sente, II, 48.
Voillance, volonté, I, 37, etc.
Voir, vrai, I, 14, etc.; vraiment, I, 6, etc.; *la voire*, la vérité, I, 10, 212, etc.
Voirement, vraiment, I, 134.
Voirre, verre, II, 126.
Voisdie, *voidie*, ruse, trahison, fourberie, II, 21, 241, etc.
VOL (S.), S. Voel, IV, 161.
Voleïlle, oiseau, VI, 100.
Volenteus, désireux, I, 97.
Volet, petit voile, VI, 154.
Vomite, vomitif, IV, 199.
Vouchier, avoir des nausées, *au fig*. V, 107.
Voutis, cambré, III, 6.
Vuel, volonté, I, 92.
Vuele. Voy. *Veule*.
Vuidier, quitter, I, 36, etc.
Vuihot, *wihot*, *huihot*, mari trompé, II, 40, 41; IV, 51, etc.
Vuingnier, pleurer (*en parlant d'un chien*), IV, 36.
Vuisquier, échapper en glissant, I, 258.
VUISTASSE. Voy. EUSTACHE D'AMIENS.
Vuit, vide, III, 91, etc.; sans argent, I, 202.
Vuitanche, honte, II, 76, 77, etc.
Vuoutié, cambré, I, 318.

W

Wagour (*angl.-norm.*), gageure, II, 196.
Waide, guède (*plante servant à la teinture*), II, 126.
Waingnere, laboureur, travailleur, II, 159, 160, 329. Cf. *Gaaignier*.
Waires, guère, V, 302.
WALESTROT. Voy. GALESTROT.
Want, gant, II, 165, 330.
Warandir, garantir, IV, 17.
Warder. Voy. *Garder*.
Warnir, garnir, IV, 30.
Waste. Voy. *Gaste*.
Wastelet. Voy. *Gastelet*.
WATRIQUET BRASSENEL de COUVIN, *auteur de fabliaux*, III, 137, 140, 143, 145.
Wihot. Voy. *Vuihot*.
Wilecomme (*angl. welcome*), bien venu, V, 235.
WIMER (MONT), Mont-Aymé, en Champagne, II, 350.
Wis. Voy. *Uis*.

Y

YDIER, *personnage de la Table ronde*, III, 15, 21, 22, 23.
YDOINE, *nom de femme*, V, 215, 217, 218, 219, 220, 221, 222, 223, 224, 225, 226, 227, 228, 231, 232.

Yerre, lierre, III, 102.
YFAME, YFAMAIN, *nom de femme*, I, 198, 199, 200, 201, 202, 203, 204, 205, 206, 207, 209, 218.
YLAIRE (S.), S. Hilaire, V, 127.
YNDE, Inde, V, 246; de l'Inde, V, 252.
YONE, Yonne, II, 260.
YPOCRAS, Hippocrate, III, 161.
YPRE, Ypres, en Flandre, III, 91, 92, 100.
YSABELINE, YSABELON, *nom de femme*, III, 73.
YSABIAU, YSABEL, ISSABEL: 1° *nom d'une voisine*, II, 208; — 2° *femme de* CONSTANT DU HAMEL, IV, 166, 172, 180, 182, 190, 194, 197; — 3° *nom d'une nonne*, VI, 154.
YSANE, ISANE, *nom d'une servante*, V, 58, 59, 60, 61, 62, 63.
YSENBART LE MAUREGLÉ, *nom de champion*, I, 10.
YSEUT, YSOUT, Yseult, *héroïne du roman de* « Tristan et d'Yseult », I, 319; V, 173.
YVAIN, *personnage de la cour du roi Arthur, héros de la Table ronde*, III, 9, 11, 17.
Yvuire, ivoire, II, 125.

TABLE DES FABLIAUX

CONTENUS DANS CE VOLUME

		Pages
Fabliau CXXXVIII.	Des .iii. Dames qui troverent l'anel au conte (par Haisel)	1
— CXXXIX.	Du Prestre teint (par Gautier)	8
— CXL.	De la Dame qui se venja du Chevalier	24
— CXLI.	Du Vilain qui donna son ame au deable (par Richart Bonier)	34
— CXLII.	Des .iiii. Prestres (par Haisel)	42
— CXLIII.	De l'Oue au Chapelein	46
— CXLIV.	Du Prestre et du Mouton (par Haisel)	50
— CXLV.	Du Prestre et du Leu	51
— CXLVI.	De Fole Larguece (par Philippe de Beaumanoir)	53
— CXLVII.	Du Chevalier qui fist les cons parler (par Guerin)	68

Pages

Fabliau CXLVIII. De la Coille noire . . . 90
— CXLIX. De la Dame escolliée . . 95
— CL. Le Dit dou Soucretain (par Jean le Chapelain) . . 117
— CLI. Du Chevalier qui recovra l'amor de sa dame (par Pierre d'Alphonse) . .. 138
— CLII. De Celui qui bota la pierre (seconde rédaction). . 147

Notes et Variantes du sixième volume . . 153
— CLIII. Du Chevalier qui fist les cons parler (version anglo-normande) 198
— CLIV. Dou Sagretaig (fragment). 243

Appendice (fabliaux de Jean de Condé) :
— CLV. Des Braies le Priestre . . 257
— CLVI. Le Dit doü Pliçon . . . 260
— CLVII. Le Dit de le Nonnete . . 263

Additions et Corrections des six volumes. 270

Glossaire-Index 279

A PARIS

DES PRESSES DE D. JOUAUST

Rue de Lille, 7

M DCCC XC

www.ingramcontent.com/pod-product-compliance
Lightning Source LLC
Chambersburg PA
CBHW050430170426
43201CB00008B/615
9782012766891